广西数字经济发展研究

Research on the Development of Digital Economy

梁洁 ‖ 著

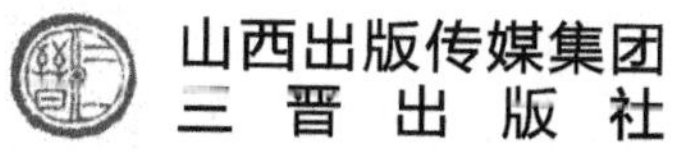
山西出版传媒集团
三 晋 出 版 社

图书在版编目（CIP）数据

广西数字经济发展研究 / 梁洁著. --太原：三晋出版社，2023.10

ISBN 978-7-5457-2820-0

Ⅰ.①广… Ⅱ.①梁… Ⅲ. ①信息经济—经济发展—研究—广西 Ⅳ. ①F492.3

中国国家版本馆CIP数据核字（2023）第215593号

广西数字经济发展研究

著　　者：梁洁
责任编辑：张路

出 版 者：山西出版传媒集团·三晋出版社
地　　址：太原市建设南路21号
电　　话：0351-4956036（总编室）
0351-4922203（印制部）
网　　址：http://www.sjcbs.cn

经 销 者：新华书店
承 印 者：武汉鑫金星印务股份有限公司

开　　本：720mm×1020mm　1/16
印　　张：23.75
字　　数：240千字
版　　次：2023年10月　第1版
印　　次：2023年12月　第1次印刷
书　　号：ISBN 978-7-5457-2820-0
定　　价：89.90元

作者简介

梁洁，女，壮族，广西桂林人，1987年4月出生，中南民族大学经济学院中国少数民族经济专业博士研究生，广西财经学院工商管理学院教师，主要研究方向：民族经济、数字经济、区域经济。主持完成广西高校中青年教师科研基础能力提升项目、广西科技界智库重点课题、广西社会科学界智库重点课题等市厅级以上课题5项，在《改革战略》《桂海论丛》《广西职业师范学院学报》等省级以上期刊公开发表学术论文12篇。

目　录

第一章　数字经济的内涵、发展规律及趋势

一、数字经济的内涵

1996年，“数字经济之父”唐·泰普斯科特（Don Tapscott）在其著作《数字经济：智力互联时代的希望与风险》（*The Digital Economy: Promise and Peril in the Age of Networked Intelligence*）中提出了“数字经济”这一术语，概括总结了数字经济的12个特征，但并未直接给出数字经济的具体定义。关于数字经济概念界定的研究主要集中在国际组织和各国统计局的研究成果和工作报告中，基本上是在SNA框架下进行探讨。其中，讨论最为深入和最具影响力的是OECD和BEA的研究。

（一）OECD关于数字经济的概念界定

OECD（经济合作与发展组织）对数字经济的概念进行了全面认识和界定，其在数个报告中阐述了它的观点。然而，值得注意的是，OECD未能提供一个一致的数字经济定义，部分原因是这个领域正在快速发展和演变。

20世纪中期以来，伴随着计算机、电子技术以及信息技术的涌现和快速发展，经济运行和人类生活方式发生重要变化。为了对这类由信息技术带来的经济社会变革进行统计观测，OECD从1992年开始发布系列出版物《信息技术展望》，描述信息技术货物和服务

供需的快速增长，反映信息技术对产出水平和结构、职业和就业的影响，以及对经济和社会转型的支撑作用。随着互联网技术的不断发展，以及传统固定电话和移动通信技术向网络信息技术的转化，信息经济已经不能完全满足对基于网络信息技术的新型经济业态的描述。2012年，OECD将《信息技术展望》系列出版物更名为《互联网经济展望》。OECD定义的互联网经济是一个十分宽泛的概念，涵盖互联网支持的所有的经济、社会和文化活动，包含所有互联网连接带来的用途和好处。

近年来，数字技术在各行业广泛渗透，从电子商务到自动驾驶、大规模开放的在线课程、电子记录和个性化医疗、社交网络等，数字技术影响了零售、交通、教育、医疗、金融、社交媒体等各个领域。为了对数字经济中供需双方的融合趋势和政策发展进行更全面的概述，向政府部门提供监管和决策依据，OECD于2015年开始将系列出版物更名为《数字经济展望》。OECD认为，围绕数字经济的最大困惑是对其概念定义缺乏一个共识。2018年OECD在《数字经济测度框架》中提出了定义数字经济的新视角，即通过交易的性质来界定一项经济活动是否属于数字经济。如果交易通过电子订购或者电子交付的方式实现，则对应的经济活动属于数字经济，OECD这种概念界定与数字化最明显的表现形式相吻合。根据OECD的理解，数字经济是基于数字计算技术的广泛应用，包括计算机、软件，以及互联网和其他相关网络。这种经济形式越来越多地贯穿在经济生活的各个方面，并且为新型商业模式提供了支持。OECD强调，数字经济是一种依赖于电子设备来创建、记录、处理和传输信息的经济体系。这包括基于电子技术的新的交流和交易形式，能够产生新的增长驱动因素，并且对全球经济可能产生重大影响。

从信息经济到互联网经济，从互联网经济到数字经济，充分体现出OECD对数字经济的认识经历了一个逐步探索和深化的过程，这一研究过程也是对数字经济发展脉络的刻画。伴随着信息技术的不断更迭及其与国民经济各行业的不断融合，数字经济已经不仅仅局限在产业经济层面，而是一种基于数字技术运行的新型经济形态。

（二）BEA关于数字经济的概念界定

BEA（美国商务部经济分析局）是最早开始探索数字经济相关问题的政府机构之一。1998年和1999年，美国商务部经济与统计署（Economics and Statistics Administration，ESA）连续发布了两份数字经济报告*The Emerging Digital Economy*和*The Emerging Digital Economy* II。Landefeld和Fraumeni（2001）在向美国联邦经济统计咨询委员会提交的会议论文中对数字经济进行了界定，具体包括信息技术生产行业（IT-producing Industries）、信息技术使用行业（IT-using Industries）以及电子商务（Electronic-commerce）[①]。

为了更好地反映快速变化的技术对美国经济的影响，BEA在数字经济统计测度方面不断探索改进，2018年3月发布了数字经济测度框架体系。2018年3月，BEA在《数字经济定义和测度》（*Defining and Measuring the Digital Economy*）中首次构建了数字经济卫星账户，并

① Landefeld, R. A., & Fraumeni, M. B. (2001). Digital economy：Toward a new concept for the analysis of economic growth. NBER Working Paper No. 5863. National Bureau of Economic Research.

进行了规模测算，之后每年修正更新，逐步将其范围从“以数字化为主”的商品和服务扩展到包括“部分数字化”的商品和服务。BEA报告通过三个步骤来分析数字经济的估算方法：首先是定义数字经济的概念，其次依照数字经济的定义来划定研究商品和服务的范围，最后估算相关产品和服务的产出、增值、就业、补偿和其他指标[①]。

BEA指出，数字经济是一个非常动态的领域，不断地发展和演变，其根本是基于互联网以及相关的信息通信技术进行的各种经济活动。它包括的服务如电子商务、广告、云计算和应用，还包括硬件和软件元素。这些活动正在快速变化和发展，而且每一天都在出现新的技术和模式。理想情况下，数字经济的定义应该允许根据它所包含的内容随时间进行更新。

（三）G20杭州峰会关于数字经济的概念界定

2016年G20杭州峰会提出了数字经济的定义，“数字经济是指以使用数字化的知识和信息作为关键生产要素、以现代信息网络作为重要载体、以信息通信技术的有效使用作为效率提升和经济结构优化的重要推动力的一系列经济活动[②]。”

（四）中国信息通信研究院关于数字经济的概念界定

中国信息通信研究院（CAICT）认为，数字经济是以数字化的知识和信息作为关键生产要素，以数字技术为核心驱动力，以现代信息网络为重要载体，通过数字技术与实体经济深度融合，不断提高数字

① BEA. (2018). Defining and Measuring the Digital Economy. Retrieved from https://www.bea.gov/data/digital-economy/defining-and-measuring-the-digital-economy

② G20官网. 二十国集团数字经济发展与合作倡议[EB/OL] [2023-1-3]. http://www.g20chn.org/hywj/dncgwj/201609/t20160920_3474.html.

化、网络化、智能化水平，加速重构经济发展与治理模式的新型经济形态。根据《中国数字经济发展白皮书(2022年)》的定义，数字经济分为数字产业化和产业数字化两部分。数字产业化是数字经济的基础部分，也即信息通信产业，包括电子信息制造业、电信业、软件和信息技术服务业、互联网行业等四个子行业；产业数字化是数字经济的融合部分，是传统产业应用数字技术所带来的生产数量和效率的提升，其新增产出是构成数字经济的重要组成部分。

中国信息通信研究院认为，“数字经济是以数字化的知识和信息为关键生产要素，以数字技术创新为核心驱动力，以现代信息网络为重要载体，通过数字技术与实体经济深度融合，不断提高传统产业数字化、智能化水平，加速重构经济发展与政府治理模式的新型经济形态。”中国信息通信研究院在2021年发布的《中国数字经济发展白皮书》中，指出数字经济发展包括四个部分，即数字产业化、产业数字化、数字化治理、数据价值化，试图确定数字经济的外延。

（五）国家统计局关于数字经济的概念界定

2021年6月，国家统计局发布的《数字经济及其核心产业统计分类(2021)》首次确定了数字经济的基本范围，为我国数字经济核算提供了统一可比的统计标准。其中，数字经济是指以数字化技术为基础，以数据为核心要素，以信息网络为载体，以创新驱动为动力，以提高生产率和优化资源配置为目标的经济活动。

具体来说，该分类将数字经济分为5个大类：数字产品制造业、数字产品服务业、数字技术应用业、数字要素驱动业和数字化效率提升业。

根据数字经济不同时期的发展形态和研究角度的不同，国际上对数字经济的研究经历了信息经济、互联网经济、数字经济等不同新型经济形态的探索过程。一方面，由于当今世界科学技术进步迅速、经济发展日新月异、数字经济的发展是动态的且变化速度超过了以往传统的任何一种经济形式，仅从一个或几个方面去定义数字经济是一件非常困难的事情，因此目前世界上对数字经济的内涵概念还没有形成统一的共识。另一方面，尽管不同时期不同机构关于数字经济相关概念内涵的表述有所差异，但各机构均将数字技术视为数字经济的核心驱动力。

经过对OECD（经济合作与发展组织）、BEA（美国商务部经济分析局）、G20杭州峰会、中国信息通信研究院以及中国国家统计局的数字经济相关研究的回顾，我们可以发现以下几点：

1. 数字经济的界定所涵盖的范围广泛：这种广泛的范围包括了以数字化为基础的经济活动，如电子商务、云计算、数据分析和社交媒体等，也包括利用数字化技术改变和优化传统经济领域的活动。

2. 数字技术是数字经济的核心驱动力：无论是OECD、BEA还是中国的研究机构和统计部门，都强调了数字技术对推动数字经济的重要性。这包括电子设备的使用、数字化的知识和信息、云计算和大数据等。

3. 大数据和信息网络被视为数字经济的关键要素：许多组织都强调，现代信息网络和大规模的数据收集、处理和利用是数字经济不可或缺的一部分。

4. 研究数字经济有助于经济决策：以上机构的相关研究往往用于指导经济政策的制定，例如如何刺激数字技术的发展，如何处理数字经济带来的挑战等。

5. 数字经济的定义在不断变化和更新：数字技术和行业的快速发展和变化意味着数字经济的定义也需要随时更新以适应新的发展。

借鉴国际上相关概念界定，结合中国数字经济发展现状和已有的分类实践，本文认为，数字经济是以数字化的知识和信息为关键生产要素，以数字技术创新为核心驱动力，以现代信息网络为重要载体，以提高生产率和优化资源配置为目标，加速重构经济发展与政府治理模式的新型经济形态的一系列经济活动。

二、数字经济相关研究

"数字经济"这个词组首次出现在唐·泰普斯科特所著《数字经济：智力互联时代的希望与风险》一书中，并将数字经济描述为一个以信息技术为基础，以数字化、网络化、智能化为特征，以创新为驱动，以数据为核心，以人为中心的经济形态①。

Don Tapscott因此被公认为"数字经济之父"。20世纪90年代，美国出现了经济高增长、低通货膨胀、低失业率的繁荣景象，多数人将其主要归功于"新经济"。这种三高两低(即高经济增长率、高劳动生产率、高企业效益率、低失业率、低通货膨胀率)并存的经济现象，被称为美国"新经济"。这种经济模式以知识经济为基础，以信息技术为主导，推动了美国经济的快速发展 。因此，数字经济与"新经济"有着密切的关系。1998年，美国商务部发布了*The Emerging Digital Economy*报告，正式揭开了美国数字经济的发展序幕，

① Tapscott, D. (1996). The Digital Economy: Promise and Peril in the Age of Networked Intelligence. New York: Oxford University Press.

并开始设计测量指标、搜集数据，将数字经济纳入官方统计中[①]。此后，又陆续发布了*The Emerging Digital Economy* Ⅱ和*Digital Economy 2000*等，“数字经济”概念在全社会开始广泛使用。2002年起，“digital economy”一词出现在世界经济论坛每年发布的*The Global Information Technology Report*正文中。OECD连续多年测度数字经济，在若干报告的标题中也使用数字经济，如*Measuring the Digital Economy*：*A New Perspective*[②]。

（一）国外数字经济研究

为了解国际学者对于数字经济研究的热点与趋势，本小节以国际核心期刊文摘数据库 Web of Science 作为数据来源，利用国际上知识图谱分析普遍使用的 Citespace 软件，对数字经济在全球范围内的研究概念进行知识图谱分析。以“TS="digital economy" OR TS="digital economics"”为检索词，在Web of Science数据库核心合集中进行高级检索，检索时间为2022年11月4日，检索结果为1244条。

首先采用主题词共现分析，对当前数字经济研究中的热点词汇建立共现网络，可视化结果如图1-1所示。其中频数大小表示关键词共现的频率，从图中可以看出，数字经济（digital economy）、创新（innovation）、影响（impact）、技术（technology）、信息（information）、绩效（performance）、增长（growth）、管理

① United States Department of Commerce. (1998). The Emerging Digital Economy. Retrieved from https://www.commerce.gov/sites/default/files/media/documents/digital_economy.pdf

② OECD. (2002). Measuring the Digital Economy: A New Perspective. Retrieved from https://www.oecd.org/pdc/policy/3567849.htm

（management）、互联网（internet）、模式（model）、大数据（big data）是共现频次较多的词汇。

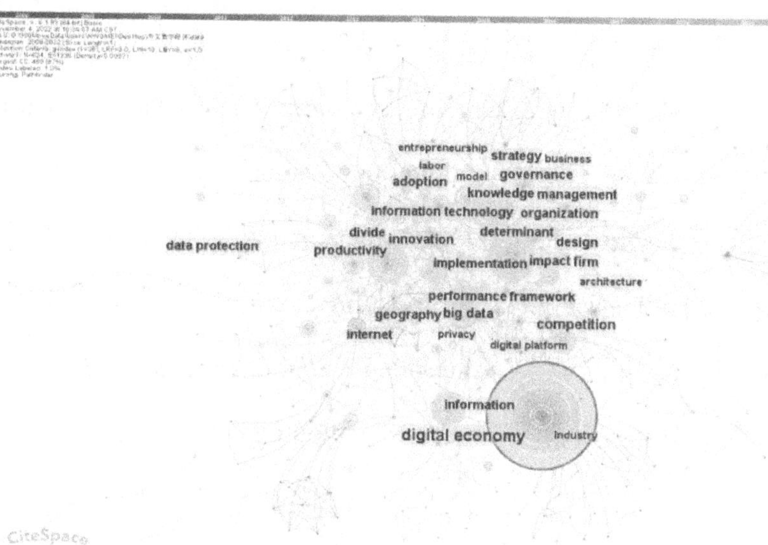

图1–1　国外数字经济研究热点词汇

表1–1　国外数字经济研究热点词汇共现频率表

频数	中心度	最早出现年份	热点词汇
390	0.23	2008	digital economy
118	0.09	2014	innovation
102	0.05	2009	impact
90	0.02	2016	technology
79	0.10	2010	information
67	0.07	2017	performance
61	0.02	2020	growth
56	0.10	2011	management
55	0.08	2009	internet
54	0.02	2010	model
52	0.16	2015	big data

在上述主题词共现的基础上，进一步对主题词进行了聚类分析，发现聚类结果较好的有13个类别，分别是商业模式（Business model）、数字化转型（digital transformation）、数字经济（digital economy）、共享经济（sharing economy）、碳排放（carbon emissions）、数字创新（digital innovation）、生产力下降（productivity decline）、动态能力（dynamic capability）、空间溢出效应（spatial spillover effect）、动机（motivation）、零工经济（gig economy）、影响因素（influencing factor）、数据保护（data protection）、分布式计算（distributed computing）。

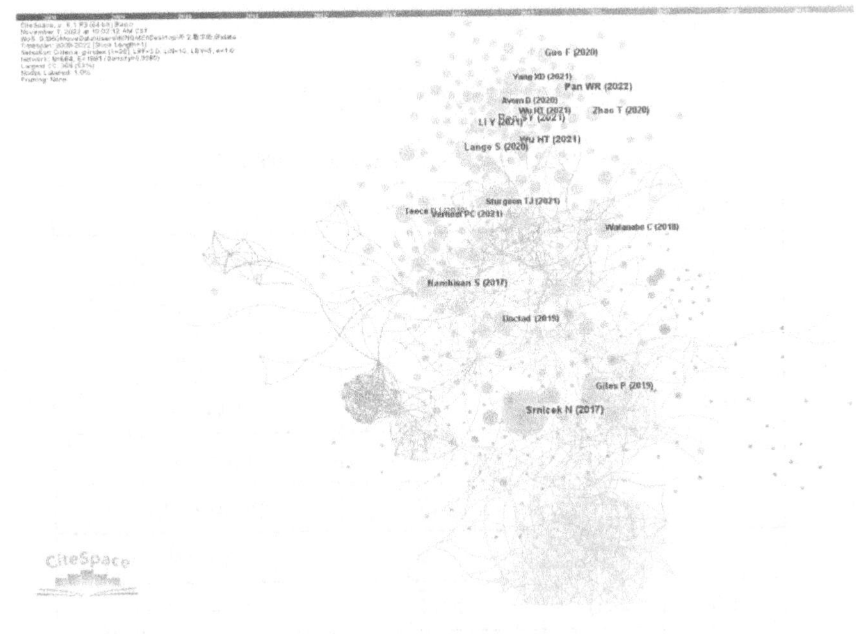

图1-2 国外数字经济相关研究作者共被引

一些重要的文献可能未被收录于 Web of Science 数据库中，但是可以根据被 Web of Science 数据库收录的论文的引用情况加以反映。因此，本文对数据集进一步进行了共被引分析，以识别数字经济研究中重要的作者（图1-2）。

由图1-2可以看出，数字经济相关研究中被引最多的文献主要来自Srnicek N、Ren SY、Pan WR、Wu Ht等学者。

Srnicek N（2017）在*Platform Capitalism*中提出数字经济是指那些越来越依赖信息技术、数据和互联网来打造商业模式的企业，其横跨制造业、服务业、交通运输业、采矿业和电讯业等传统行业。他认真研究了一些新的商业形式，从20世纪70年代的长期衰退到20世纪90年代的快速繁荣，以及从2008年金融危机的后续影响中追踪它们的起源，认为随着制造业盈利能力长期下降，数据对于企业及其与工人、客户和其他资本家的关系变得越来越重要，资本主义已经视数据为维持经济增长和活力的一种方式[①]。Ren SY和Wu Ht（2021）认为互联网技术打破了传统地理空间的界限，大幅缩短了区域间的时空距离，最大限度地整合了各种资源，因此数字经济时代，网络信息技术、能源互联网等网络经济新形态的快速发展可能会对能源消费产生影响[②]。Pan WR（2021）认为数字经济指数与省级TFP呈正非线性关系，表明数字经济是提高全要素生产率的创

①Srnicek, N. (2017). Platform Capitalism. New Internationalist. Retrieved from https://newint.org/magazine/item/platform-capitalism/

②Ren, S., & Wu, H. (2021). The impact of network economy on energy consumption. Energy Policy, 143, 126579. https://doi.org/10.1016/j.enpol.2021.122684

新驱动力①。Goldfarb A（2019）认为数字技术降低了数据的存储、计算和传输成本。并降低了与数字经济活动相关的搜索成本、复制成本、运输成本、跟踪成本和验证成本②。Lange S（2022）认为数字化增加了能源消耗③。

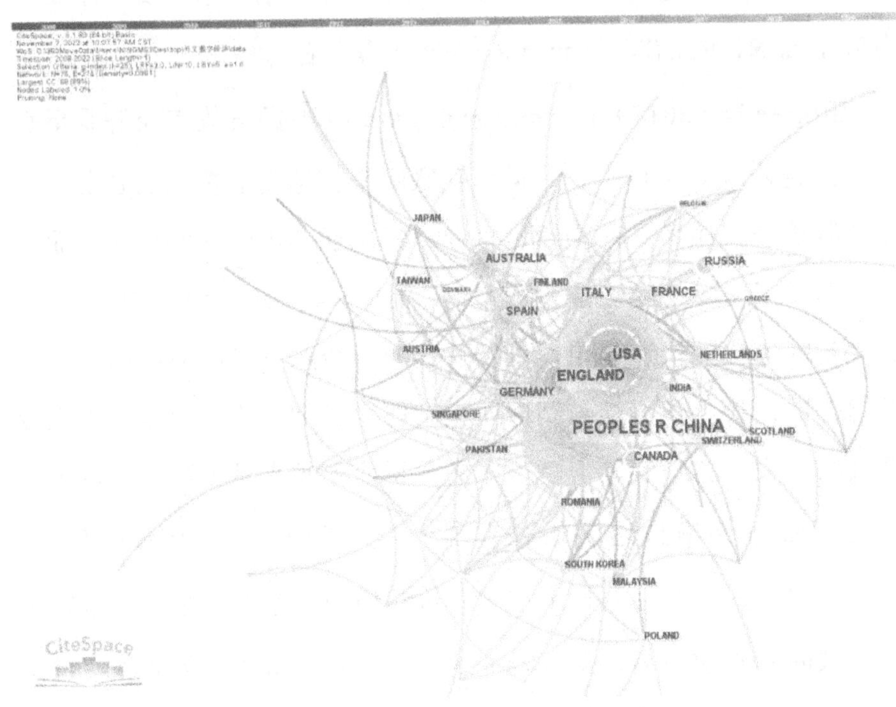

图1-3 国外数字经济相关研究文献被引

①Pan, W. R. (2021). Digital economy index and provincial total factor productivity: Evidence from China. Journal of Cleaner Production, 268, 131795. https://doi.org/10.1016/j.jclepro.2021.114768

②Goldfarb, A. (2019). Digital technologies and the transformation of work. Journal of Economic Perspectives, 33(4), 27−48. https://doi.org/10.1257/01420678−201903020−x

③Lange, S. (2020). The digital divide and energy consumption: A review of the literature. Energy Research & Social Science, 16(1), 34−48. https://doi.org/10.1515/erss−2020−0019

（二）国内数字经济研究

选取国内最大的中文期刊数据库中国知网（CNKI）作为数据来源，以2022年10月13日为文献检索时间节点，以“数字经济”为关键词，文献来源限定为中文社会科学引文索引期刊范围（CSSCI），进一步人工剔除专访、书评、期刊选题指引等不相关内容，得到4166篇文献作为研究数据。

发文量在一定程度上反映了某研究领域的理论水平和发展速度。从发文量年度分布情况（见图1-4）来看，国内发文数量整体为L型上升趋势，相关研究于2000年起步，前期发展缓慢，但近5年来呈指数级增长态势，发文数量激增。结合我国发展情况可知，2017年数字经济一词首次出现在政府工作报告中，这极大地激发了国内学者从多领域、多视角、多层次对数字经济展开研究。

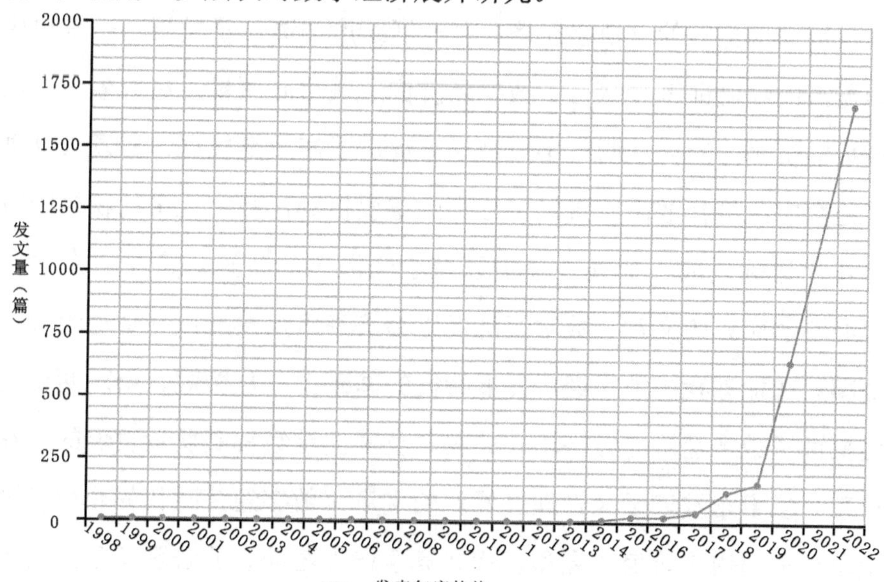

图1-4　国内数字经济相关研究发文趋势

数字经济研究领域被引频次最高的四篇文献是《数字经济、普惠金融与包容性增长》（1309次）、《数字经济、创业活跃度与高质量发展——来自中国城市的经验证据》（661次）、《数字经济促进经济高质量发展：一个理论分析框架》（475次）、《数字经济时代的企业管理变革》（438次）。张勋于2019年发表在《经济研究》上的《数字经济、普惠金融与包容性增长》一文将中国数字普惠金融指数和中国家庭追踪调查（CFPS）数据相结合，评估互联网革命所推动的数字金融的发展对包容性增长的影响，发现中国的数字金融在落后地区的发展速度更快，而且显著提升了家庭收入，尤其是对农村低收入群体而言，数字金融的发展帮助改善了农村居民的创业行为，并带来了创业机会的均等化，数字金融特别有助于促进低物质资本或低社会资本家庭的创业行为，从而促进了中国的包容性的增长。赵涛发表于《管理世界》的《数字经济、创业活跃度与高质量发展——来自中国城市的经验证据》探讨了数字经济促进城市高质量发展的效应及其背后的机制，研究表明数字经济显著促进了高质量发展，激发大众创业是数字经济释放高质量发展红利的重要机制，数字经济的积极影响存在"边际效应"非线性递增以及空间溢出的特点。荆文君发表于《经济学家》的文章《数字经济促进经济高质量发展：一个理论分析框架》在梳理我国数字经济发展特征的基础上，从微观、宏观两个层面探讨了数字经济与经济增长的关系及其促进经济高质量发展的内在机理。戚聿东发表于《管理世界》的文章《数字经济时代的企业管理变革》提出用户价值主导和替代式竞争作为驱动企业管理变革的两个根本力量，不仅推动着企业目标的转变和治理结构的创新，而且推动着企业内部管理模式的一系列变革，包括组织结构趋于网络化、扁平化，营销模式趋于精准化、精细化，生产模式趋于模块化、柔性化，产品设计趋于版本化、迭代化，研发模式趋于开放化、开源化，用工模式趋于多元化、弹性化。

从作者发文数量来看，发文数量多于10篇的作者如表（1-2）

表1-2 学者在数字经济研究领域发文数量表

篇数	最早发表年份	作者
26	2019	戚聿东
21	2019	陈兵
20	2020	任保平
19	2020	杨东
15	2021	姚战琪
14	2020	唐要家
13	2020	夏杰长
13	2020	沈克印
12	2020	刘翠花

从作者间合作行为来看，核心作者戚聿东、杨东与刘翠花，姚战琪与夏杰长均存在多次合作，在数字经济学研究领域形成了稳定的研究团队和合作关系。通过关键词共现得到节点674个，连线2135条，网络密度0.0094。从节点数量众多和连线数量可得，国内数字经济研究涉及的领域非常广泛，关键词较多，但是关联强度不大。关键词出现频次和关键词的中心性往往代表着领域内基础研究的方向。关键词频次最高的前12位依次分别为：数字经济、数字技术、数字贸易、人工智能、大数据、平台经济、数字化、数据要素、数字金融、反垄断、数字鸿沟、数据和区块链。

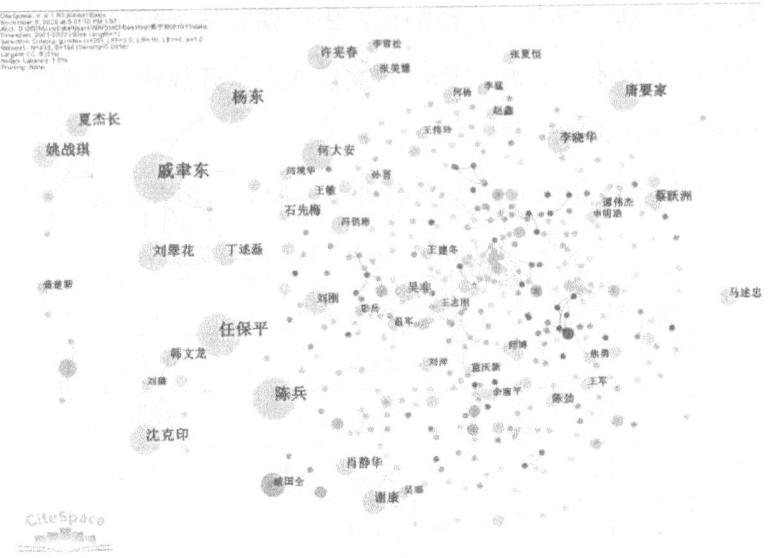

图1–5 数字经济相关研究作者情况

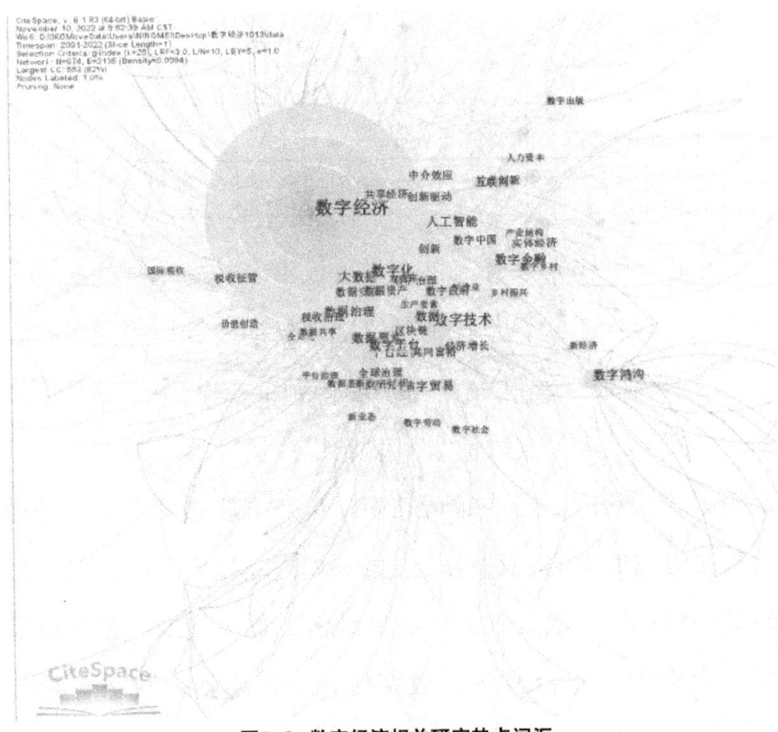

图1–6 数字经济相关研究热点词汇

如作者戚聿东关注数字货币、就业、数据要素。作者陈兵关注数字经济领域垄断行为，建议引入多元利益动态平衡机制，更新反垄断法的理念，关注互联网市场生态竞争系统的健康运行，主张对超级平台施行“强监管、早监管、长监管”的规制模式，探索建立审慎科学的“预防+事中事后+持续”的规制逻辑，革新SSNIP和CLA，结合SSNDQ和SSNIC，强调非价格因素和用户体验在超级平台反垄断法适用时的实际价值和作用。作者任保平主要关注数字经济赋能高质量发展的研究，认为数字经济已经成为高质量发展的引擎，数字经济引领高质量发展的逻辑是在企业层面形成了新的盈利模式，实现了范围经济与规模经济的结合，在产业层面促进了产业组织模式和产业结构的变化，推动了新产业组织成长和产业融合，在宏观经济层面优化了资源配置方式，提高了规划和决策的科学性；数字经济引领高质量发展的机制是由质量变革、效率变革、动力变革三大机制来实现的；数字经济引领高质量发展的路径在于促进企业数字化转型，引领微观经济领域实现高质量发展，促进数字经济与实体经济的深度融合，引领中观经济领域实现高质量发展，打造平台经济和新业态经济，引领宏观经济的高质量发展，完善支持体系，引领数字经济高质量发展支持系统的构建，促进新型基础设施建设，完善数字经济引领高质量发展的基础条件。姚战琪认为发展数字贸易是促进中国出口技术复杂度提升的重要途径，其发现信息化水平、政府科技支出占比、进出口贸易、劳动生产率通过数字贸易对出口技术复杂度产生显著的间接效应，但政府科技支出对中国数字贸易综合竞争力的影响最小；同时，数字贸易通过人力资本对出口技术复杂度产生显著的间接效应，R&D强度在数字贸易与出口技术复杂度之间起中介作用；数字贸易通过R&D强度对中国产业结构升级产生显著的间接效应，其对产业结构的作用能通过人力资本、R&D强度进行传导。

研究主题反映了一个领域的学术研究重点，本文尝试通过关键词聚类分析的方法探寻我国数字经济领域的研究主题。在上文关键词共现的基础上，进行聚类并按照关键词提取聚类标签，通过关键词聚类分析，结合上述研究结果及对该领域的了解，可以将已有数字经济领域的研究主题总结为：

研究热点的演化过程体现出学科领域内的研究脉络和发展趋势，关键词共现聚类分析的时间线图是解释研究热点相互联系及演化趋势的重要方式（季煦等，2021），可以从时间维度和聚类维度直观展现不同时间段的研究热点以及未来的研究方向（赵涛和普小龙，2020）。本文在关键词共现聚类分析的基础上，借助时间线图展现研究热点演化的过程，如图1-7所示。

从图中可看出#0数字经济是关注最为持续的话题，其研究内容从早期网络经济、因特网、交易费用演变为近年的商业模式、机制分析和生产率研究；#1数字金融的研究内容从数字化到经济增长再演变为融资约束、门槛效应；#2反垄断主题则从初期的经济风险发展为平台治理、数据确权和平台监管；#3数字乡村主题研究内容则由数字政府、数字技术演变为乡村振兴、元宇宙；#4数字贸易的研究主题由电子商务、数字产业演变为跨境电商、国际合作；#5税收征管的关注对象由税制改革、税权划分到智慧税务、以数治税；#6数字鸿沟主题的关注对象则由贫富差距、信息化演变为数字融合、信息革命以及数字创新、旅游业；#7人工智能主题从早期的实现路径、人工智能转而关注碳中和、融合发展；#8区块链主题从初期的产业发展、金融科技到金融安全和监管。

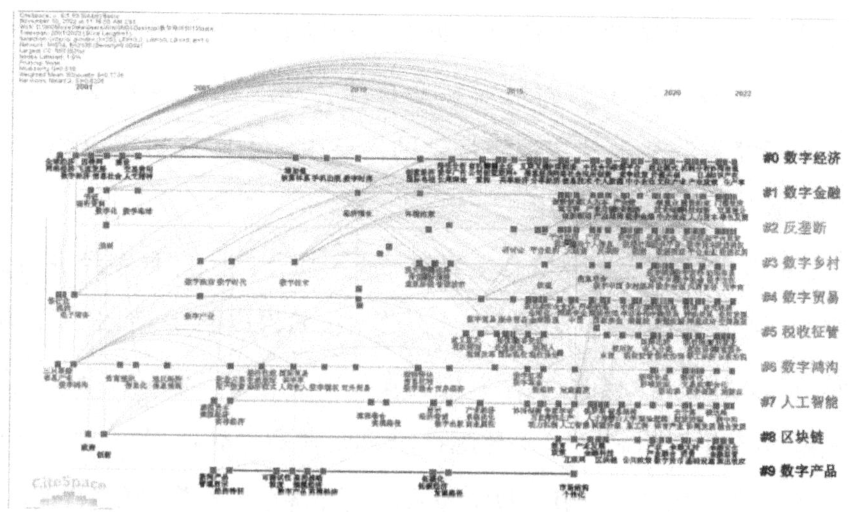

图1-7　国内数字经济研究关键词共现聚类

三、数字经济相关理论

数字经济将为主流经济学带来一场数字化革命。目前，我国的数字经济研究主要停留在对其进行描述性研究，而对其进行分析性研究和理论创新的工作相对不足。2022年1月，国务院印发的《“十四五”数字经济发展规划》提出要求：“深化数字经济理论和实践研究，完善统计测度和评价体系。”加强数字经济发展的重大理论问题研究，不仅有助于我国抓住新一轮科技革命和产业变革，还可以推动形成更具学理化和系统化的数字经济理论体系，为中国经济学的构建和发展做出贡献。

一是数字经济基础理论。基础理论问题既包括数字经济理论体系的构建，以及深入研究数字技术对经济的影响机制，如产权理论、消费者理论、厂商理论、市场理论、均衡理论和统计核算理论等方面。数字经济理论体系不是推翻新古典经济学的架构，而是在深化数字经济的概念、内涵和特征的认识，加强数字技术和数据要素对经济发展影响的机理研究，创新经济学研究方法体系三个方面下功夫，将数字经济的新假设、新特征、新产业、新业态、新模式、新研究方法整合到主流经济学的内核中，不断完善主流经济学的“护城河”和“保护带”。

二是数字经济增长理论。主要依靠无形资本投入的数字经济增长事实上正在颠覆传统经济增长理论，数字技术提高全要素生产率的机理亟待深入研究，比如，人工智能究竟如何促进生产效率提升、如何影响就业等并不明确。学术界亟待着重研究驱动数字经济增长的要素、增长的逻辑和动力源，数字技术影响经济增长和资源配置的基本规律与作用机制，数字经济对实体经济的冲击与风险化解机制，如何克服“鲍莫尔病”和“数字鸿沟”实现包容性增长，数字技术和数字经济的新特征对宏观调控理论的影响等。构建数字技术影响的数字生产力理论框架和纳入数据要素的生产函数，是研究数字经济增长理论的两个突破口。

三是数字经济创新理论。大数据和人工智能等数字技术改变了产品创新、流程创新、组织创新和商业模式创新，开展数字创新管理研究，有助于指导创新管理实践和重构创新管理相关理论。创新理论需要基于数据和数字技术进行重构，着重研究新技术、新产业、新业态、新模式的创新机制，数字技术和数据要素改变数字产品、生产方式和商业模式的创新机制，数字创新与传统领域的融合机制，数字经济推动质量变革、效率变革、动力变革“三大变革”的理论体系等。

四是数字经济的收入分配理论。数据要素成为关键资源，数据的特性冲击了产权理论，所有权不再是收益分配的唯一依据。数字经济的分配理论也需要基于数字技术应用和数据要素两个维度进行重构，着重研究数字技术对就业和分配的影响机制和传导机制、模拟和预判未来的影响，同时研究对创业创新、城乡收入差距、培育中等收入群体、增加农民收入的作用机制，以及数据作为生产要素的分配机制等。

五是数字经济的产业组织理论。数字经济改变了产业理论的假设条件、产业的组织形式、产业的聚集形态，研究中引入博弈论、运用大数据开展实证研究成为趋势。当前，理论界需要创新实证分析与推理演绎的研究范式，加强平台经济的成长模式和规律、数字平台生态系统构建和治理研究，跟踪研究数字经济的产业组织模式、产业生态演进、产业结构升级的典型事实并提炼出新理论。

六是数字经济的政府规制理论。数字技术和数据要素应用引起生产函数和消费函数的变化，数字经济的市场垄断与竞争出现新情况，对传统反垄断规制的理论根基提出了挑战。亟待着重研究超级平台的垄断及不正当竞争问题，政府反垄断的制度、机制和效率问题，数字经济运行的风险防控的理论与方法等。

综上所述，数字经济需要围绕数字技术和数据要素对经济发展的影响，采用大数据分析、机器学习、统计推断、数字孪生模型和数理模型推导等定量分析方法，在中国情境下搭建起涵盖微观主体、产业和宏观整体三个层次的数字经济理论框架。这不仅有助于我们理解和把握数字经济的发展规律，为解决实践问题提供理论支撑，推动政府治理创新，更能为主流经济学的创新发展贡献中国智慧。

四、我国数字经济总体发展态势

（一）我国数字经济发展现状

从整体上看，我国数字经济从消费互联网开始发展，利用庞大的网民基础，以及数字经济的效率优势，在应用技术、商业模式等方面不断创新，在提升经济效率、推动社会及治理数字化等方面发挥巨大的作用。到2020年，我国数字经济增加值占GDP的比重达38.6%，其增长速度达到GDP增速的三倍以上。从整体上看，我国数字经济发展呈现出以下特点：

1.数字基础设施发展居于世界一流水平

在数字经济发展过程中，我国高度重视基础设施建设，经过多年的努力，我国建成最大的数字基础设施网络，无论是在数量，还是在普及率等方面，都达到世界一流水平。

在移动互联网时代，我国发挥后发优势，其发展速度非常快。在4G时代，我国紧跟国外脚步，2013年年底，我国开始向三大运营商同步发放4G牌照。2015年之后，在国家“提速降费”的政策支撑下，移动互联网建设与普及迅速推进，成为4G（移动宽带）普及最为迅速的国家，到2019年年底，4G用户总数达到12.8亿户，占移动电话用户总数的80.1%，移动宽带的占比超过发达国家平均水平，是全球4G发展史上普及最快的国家。从基站建设来看，截至2021年6月底，我国已建成584万个4G基站，覆盖99%的国土面积。同时，我国移动宽带在农村地区也迅速普及，覆盖超过99%的行政村。

2019年6月中国发放了5G牌照。在5G建设过程中，我国处于全球领先地位。到2021年9月，我国5G基站数量超过100万个，占全球总数的70%以上。5G终端手机连接数量超过3.92亿，占全球的比重达到80%。数字基础设施建设带动了网速的提升和费率的下降，我国移动宽带的速率在全球139个国家和地区中排名第四位。2020年下半年以来，随着5G建设进程加快，移动网络单位流量平均资费下降10%。全球移动通信系统协会（GSMA）监测，我国移动通信用户月均支出（ARPU）5.94美元，低于全球的11.36美元平均水平。数字基础设施，无论是在数量，还是在普及率等方面，都达到世界一流水平。

移动宽带的高速发展带动了移动流量使用量的快速增长。2014年至2020年，我国移动互联网接入流量从20.6亿GB，增长到1656.0亿GB，增长了79.4倍（见图1-8）。2021年上半年，移动互联网接入流量仍保持快速增长，达到1033.0亿GB，同比增长近四成。

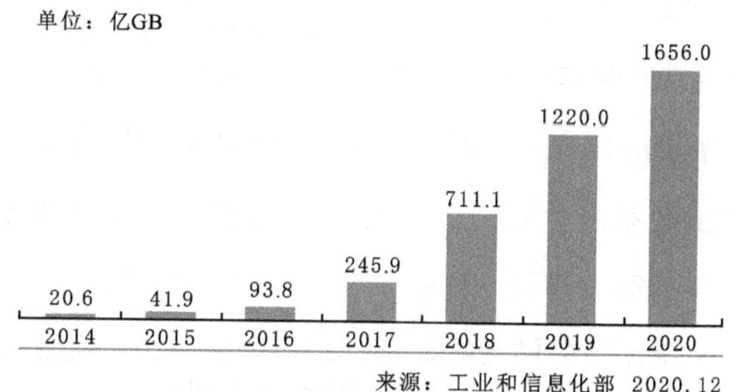

图1-8　移动互联网接入流量

固定宽带也获得了较大的发展空间。截至2021年4月，我国光纤宽带用户占比达94%，千兆光网覆盖家庭超过1.2亿户，固定宽带端到端用户体验速度达到51.2Mbps。速率在全球176个国家和地区中排名第十八位。

从表1-3可见，在软性基础资源方面也获得了快速增长。中国的IPv4数量持续保持稳定的增长，中国的IPv6数量则表现出非常迅速的增长态势，2020年12月的IPv6数量是2016年12月的2.5倍还要多。中国的域名和CN域名的数量从2016年到2019年呈现增长的趋势，但是在2020年却出现了下降，这是因为2020年中国加大了对互联网空间的治理力度，对很多不合法的域名和CN域名进行了整治。虽然域名数量有所下降，但是中国的网页数量依旧呈现稳定的增长态势，表明中国的互联网资源实质上依旧保持良好的发展状态。此外，我国的国际出口带宽数也呈现高速增长态势。

表1-3 中国互联网基础资源

	2018.12	2017.12	2018.12	2019.12	2020.12
Ipv4（个）	338,102,784	338,704,640	385,643,966	387,508,224	389,231,618
IPv6（块/32）	21,188	23,430	43,985	50，877	57，634
域名（个）	42,275,702	38,480,355	37,927,527	50,942,295	41,977,611
CN域名（个）	20,608,428	20,845,513	21,243,478	22,426,900	18,970,054
国际出口带宽（Mbps）	6,640,291	7,320,180	7,371,738	8,827,751	11,511,397
网页数量（亿个）	2,360	2,604	2,816	2,978	3,155

数据来源：CNNIC历年《中国互联网络发展状况统计报告》

2.数字经济总量持续增加，成为经济增长动力之源

我国数字经济规模一直保持着比GDP更快的增长速度。根据中国信通院提供的数据，“十三五”时期，数字经济增加值从22.6万元，增长到2020年的39.2万元，对经济增长的贡献率接近70%。

根据国家统计局提供数据显示，2015年至2020年我国经济发展新

表1-4 中国数字经济规模及其占GDP比重

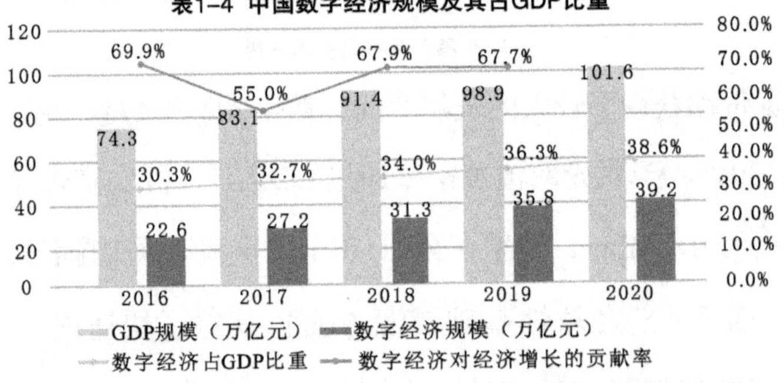

数据来源：国家统计局《中国统计年鉴2020》《2020年国民经济和社会发展统计公报》，前瞻产业研究院《2020年中国数字经济发展报告》、中国信息通讯研究院《中国数字经济发展白皮书》（2020年）（2021年）

动能指数从119.6、146.9增长到440.3，年均增长29.5%。从新动能指数的分项来看，代表数字经济的网络经济指数增长最快，对总指数增长的贡献最大，2020年对总指数增长的贡献率为81.7%。2020年我国“三新”（新产业、新业态、新商业模式）经济增加值为16.9万亿元，占GDP的比重为17.08%，较2017年增长了1.38个百分点，平均每年增长0.4个百分点。由此可见，数字经济已成为中国经济增长的重要动能。新冠肺炎疫情发生以来，数字经济更是为经济增长提供了强有力的支撑。从电子设备制造、软件和信息技术服务业等产业的增速看，2021年以来的增长速度达到20%，明显高于GDP的增长率，对经济增长的贡献日益增加。

3.数字经济创新能力持续提升，为打造科技创新新动能提供重要基础

数字经济总量的增长，也带动了数字经济技术创新能力的提升。云计算是数字经济发展的新基础设施，也是社会信息化建设的算力基础。近年来，我国云计算快速发展，云计算市场迅速扩张，公有云市场发展尤其迅速，其规模由2016年的170.1亿元上升至2020年的900.6亿元；私有云市场规模由2016年的344.8亿元上升至2020年的791.2亿元。在2016年，公有云市场规模还只有私有云市场的一半；到2019年，公有云市场规模已经超越私有云市场（见图1-9）。

在超级计算机方面，中国也成功跃升至世界先进国家的行列。2016年，中国研发的“神威太湖之光”，成为当时世界最快的超级计算机。在2020年6月的全球超级计算机Top500榜单中，“神威太湖之光”以高达125.4PELOPS的峰值浮点性能位居世界第四，另一台由中

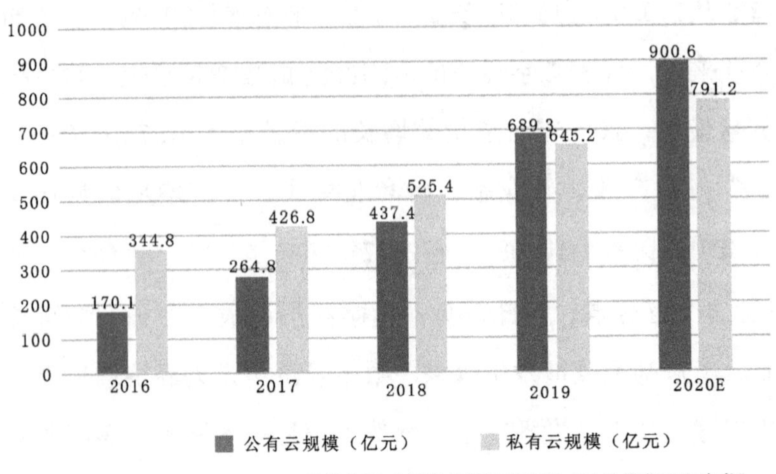

图1-9 中国云计算市场规模

国研发的超级计算机“天河2号”以高达100.7PELOPS的峰值浮点性能位居世界第五。同时，全球最强的500台超级计算机中，中国有215台，居全球首位。在通信领域，中国在技术方面也居世界首位。中国所拥有的5G标准必要专利数量占比超过38%，位列全球首位；5G应用创新案例已超过10000件，是全球5G应用最广泛的国家。在6G通信技术领域，当前全球专利申请量超过3.8万项，其中我国专利申请量超过1.3万项，占比35%，为全球第一。工业互联网快速发展，我国较具规模的工业互联网平台已有100家，连接设备数超过了7000万台（套），工业App数量超过了59万个。人工智能领域快速超越。人工智能专利申请量快速上升，到2020年，已达到389571件，占全球的比重接近四分之三（74.7%）。在人工智能论文数量方面，我国以24万篇的总量已远远超过美国（15万篇），论文的引用率（20.7%）也于2020年超过美国（19.8%）。技术快速进步的背后，是中国风投的快速发展。根据麦肯锡的估计，中国的风险投资总额从

2011年至2013年的120亿美元（占全球总额的6%）飙升至2014年至2016年的770亿美元（占全球总额的19%），其中380亿美元投资于海外。在虚拟现实、自动驾驶、3D打印、机器人、无人机和人工智能等关键数字技术领域跻身全球风投投资者前三名。

4.消费互联网持续扩大，平台数量不断增加

依托庞大的用户规模，我国消费互联网快速扩大。根据CNNIC发布的第48次《中国互联网络发展状况统计报告》，我国网民规模达10.11亿，互联网普及率达71.6%，互联网普及率超过全球平均水平。各种消费互联网应用的用户数量快速增长。网络购物用户规模达8.12亿，渗透率达到80.3%。网上外卖、在线旅行预订、在线办公、在线教育、在线医疗规模分别达4.69亿和3.67亿、3.81亿、3.25亿、2.39亿。各种消费互联网的扩张，极大地便利了居民生活，推动了互联网产业的发展。2021年1月至9月，我国网上零售额达到91871亿元，同比增长18.5%。其中，实物商品网上零售额同比增长15.2%，占同期社会消费品零售总额的比重为23.6%。而且，也应该看到，我国消费互联网的商业模式创新也快速演进，为数字经济发展提供了新动力。例如，直播电商作为一种在中国产生并壮大的新商业模式，呈现出高速增长的态势。而到家服务、生鲜电商、社区团购、线上线下联动等新商业模式也快速成长，正在成为数字经济的新增长领域。

数字经济快速发展也推动了平台数量的快速增长。根据中国信息通信研究院监测，截至2020年年底，我国价值超10亿美元的数字平台企业达197家，比2015年新增了133家，平均每年新增26家。从市值来看，我国大型数字平台总价值达到3.1万亿美元，占全球的24.8%，居全球第二位（见图1-10）。截至2021年9月底，全球有超

过830家独角兽公司。估值最高的40个独角兽，有20个企业来自美国，10个来自中国。

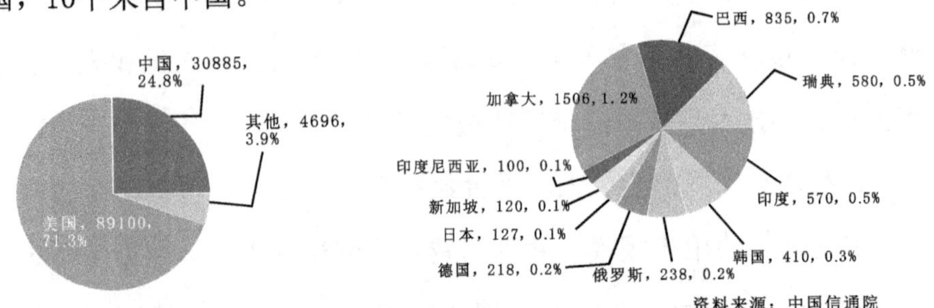

图1-10 全球高价值平台的分布

（二）各级政府加快布局数字经济

数字经济已在党和政府的文件中频频出现，比如：“十四五”规划建议中提出“发展数字经济，推进数字产业化和产业数字化”；重点围绕数字基础设施、数据要素、产业数字化转型、数字产业化、公共服务数字化、数字经济治理体系、安全体系、国际合作等方面开展工作。到2025年，中国数字经济核心产业增加值占GDP比重达到10%。2021年政府工作报告中指出“协同推进数字产业化和产业数字化转型”。

区　域	省市	发展目标
京津冀	北京	2022年，数字经济增加值占地区GDP比重达到55%
	天津	2023年，数字经济占国内生产总值(GDP)比重全国领先
	河北	2025年，全省电子信息产业主营业务收入突破5000亿元
长三角	上海	2025年，全面推进城市数字化转型取得显著成效，国际数字之都建设形成基本框架；2035年，成为具有世界影响力的国际数字之都
	浙江	2025年，浙江数字经济发展水平稳居全国前列、达到世界先进水平，数字经济增加值占GDP比重达到60%左右
	宁波	2025年，力争全市数字经济总量突破1万亿元，实现数字经济核心产业增加值达到3000亿元，核心产业增加值占地区生产总值比重15%以上
	杭州	2025年全市规模以上数字经济核心产业企业营业收入达到2万亿元，增加值达到7000亿元并力争向万亿元迈进，增加值占GDP比重达到30%
	南京	2025年，数字经济核心产业增加值占地区生产总值比重超过10%
	无锡	2024年，数字经济核心产业增加值达到2500亿元，占GDP比重超过14%
珠三角	广东	2025年，数字产业集群营业收入超过10.7万亿元，推动超过5万家规上工业企业实施数字化转型，带动100万家企业上云、用云
	深圳	2025年，全市数字经济产业增加值达到2200亿元
	佛山	2035年，全市数字经济总体规模达2万亿元

图1-11 全国各大重点城市加大数字经济战略布局

（三）我国数字经济产业链分析

数字经济产业链包括数字产业设备建设（即数据价值化）、数字产业化、产业化数字、数字化管理。

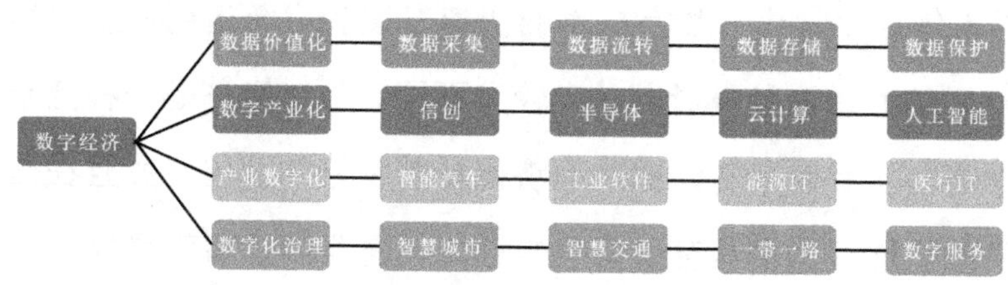

图12 我国数字经济产业链

数字产业设备建设包括基站天线、射频器、光模块、基站、光纤光缆、网络工程建设、网络优化与运维。

现阶段，我国数字产业设备建设代表企业包括通宇通讯、武汉凡谷、瑞谷光网、创和通讯、宜通世纪、三维通信、深南股份等。

数字产业化包括人工智能、5G、大数据、云计算。我国数字产业化稳步发展。根据数据显示，2022年，我国数字产业化规模为9.48万亿元，同比增长13.53%。占数字经济比重为18.26%。

现阶段，我国数字产业化代表企业包括旷视、海思半导体、中芯国际、深南电路、金山云、阿里云、正元智慧等。

产业数字化包括工业互联网、智能制造、车联网、平台经济、智慧农业、数字货币。根据数据显示，2022年，我国产业数字化规模为42.42万亿元，同比增长14.09%，占数字经济比重为81.74%。

现阶段，我国产业数字化代表企业包括蓝思科技、绿盟科技、富士康、福耀玻璃、均胜电子、东软集团、阿里巴巴、京东、神州信息等。

数字化治理则包括但不限于以多主体参与为典型特征的多元治

理，以“数字技术+治理”为典型特征的技管结合，以及数字化公共服务等。

（四）我国数字经济发展的趋势

进入信息化时代，数字技术的快速发展和广泛运用催生出数字经济，与以往的经济发展形态具有较大不同。数字经济是一种全新的经济和业态。从目前来看，数字经济保持着良好的发展，并且在国内社会经济的发展过程中具有重要战略意义，需要给予高度重视。

趋势一，数字经济的普及性将进一步提速。全世界范围内的数字经济发展，使得不同类型的资源要素得到了优化配置，使得社会中的生活生产制造变得更加智能，专业分工也变得更加精细化，对于经济效益具有很强的提升作用和效果。目前来看，数字经济已经深入社会经济发展和人民群众的日常生产生活当中，成为不同类型企业经营方式全要素、全流程优化和升级的重要动力。不同企业在积极适应的同时，也使得数字经济在不久的将来会进一步普及，在数字化转型中继续行动。目前国内70%以上的中国前1000企业都已经将数字化转型发展作为重要的核心战略。

趋势二，数字经济服务性将进一步扩大。新时期的数字经济发展，随着数字经济的深入程度不断提升，相对应的数字经济产品不断迭代更新，此时无论是社会发展还是广大的人民群众，对于数字经济相对应的服务需求会变得更高。因此，在数字经济发展过程中，不同企业需要以更快的速度对市场变化、受众群体用户的需求进行反应，同时以更好的办法对服务进行调整。因此，在数字经济发展的过程中，数字经济对应的相关服务产业将会进一步扩大。一些专营于数字经济服务的企业，在这一趋势之下能够得到很好的发展。

趋势三，数字经济规范性将进一步提升。在数字经济的发展过程中，虽然对国民经济发展、广大人民群众的生产生活起到了重要的促进作用和效果，但是数字经济发展过程中仍旧存在着一定的问题，严重情况下还会造成经济层面的损失，社会经济的发展也会受到比较大的负面影响，而我国本质上是一个高度严谨的法治国家，各个领域各项工作强调的都是有法可循和有法可依。换而言之，快速变化的数字经济对相应的法律完善和机构监管提出了更高要求。未来国内的数字经济立法将会进一步加快，并且逐渐成为支持和促进数字经济发展的重要组成部分。

（五）我国数字经济背景下四大战略

第一，提升数字经济核心竞争力。在数字经济逐渐成为世界经济主流的趋势之下，需要提升国内数字经济的核心竞争力，其中需要重视宽带网络的建设和优化工作，这有利于数字经济的长期增长和发展，并且在关注数量增长的同时，还需要重视服务质量的全面提升，从而应对社会发展和用户群体更高的服务需求，这也可以有效体现出国内数字经济发展“以人为本”的重要原则和理念，对于数字经济的可持续发展也具有重要意义。简单来说，未来有关方面需要逐渐推动国内的光纤接入网建设，在此基础之上建立高速、共享和大众化的宽带网络，为国内的数字经济战略发展提供重要的物质技术基础。这是支持数字经济发展的一个重要、必要前提。

第二，加快数字化转型与创新脚步。数字经济与以往的经济发展模式相比，最明显的特征之一就是“创新”，这一点是毋庸置疑的。因此，在新时期国内的数字经济战略发展过程中，需要高度重视企业和市场整体的数字化创新，为此国内不同的地方政府部门需要高度重视数字经济的重要意义，并且主动迎接这一重要的发展趋势，加大企业在数字化建设、创新层面的投入。与此同时，为了对企业和市场数字化创新的持续推进起到重要的保障作用，有关方面还需要重视数字经济立法，使得企业和市场经济竞争处于一个规范化状态当中，这也是新时期国内数字经济发展过程中的一个必然要求。

第三，强化数字经济标准化建设。在数字经济建设和发展的过程中，系统性、协调性、开放性的城市数字化转型标准体系至关重要，简单来说就是加强标准化建设，其中重点需要强化建立数据资源产权、交易流通、跨境传输和安全保护等标准规范，推动平台经济、共享经济标准化建设，支撑数字经济发展。这也是新时期国内数字经济建设和发展的一个不二选择。

第四，加强数字经济人才机制建设。任何工作本质上都是由人来实现和完成的，21世纪的发展和竞争，本质上依旧是人才的发展和竞争，在数字经济发展趋势之下，对于高质量人才资源的需求、要求更高。因此，在国家数字经济发展过程中，依旧需要重视人才培养工作，必要情况下需要加强人才引入，构建属于我们自己的数字经济人才队伍，为国家不同的数字经济发展战略提供对应的支持。这一点对于数字经济的可持续发展具有重要现实意义和价值，国内政府部门也需要给予高度的重视。

（六）数字经济对中国经济发展的贡献

近年来，中国数字经济蓬勃发展，数字经济总体规模从2015年的18.6万亿元增长至2019年的35.8万亿元，增长92.4%。与此同时，数字经济占GDP的比重从27.0%上升至36.3%，数字经济对GDP的贡献率从54.4%提升至67.6%。中国数字经济总体规模大、发展速度快的特点，及其在国民经济中的重要地位，使得数字经济成为推动中国经济增长的核心动力。

与此同时，中国数字经济发展处于世界领先地位。第一，从数字经济的体量来看，2019年世界数字经济总体规模为31.8万亿美元，其中美国凭借强大的技术创新优势，实现数字经济规模13.1万亿美元，蝉联全球第一，中国凭借突出的国内市场优势，实现数字经济规模5.2万亿美元，位居世界第二。第二，从数字经济在国民经济中的地位来看，2019年世界数字经济占GDP比重为41.5%，其中高收入国家数字经济占GDP比重为47.9%，中高收入国家数字经济占GDP比重为30.8%，中低收入国家数字经济占GDP比重为17.6%。国家经济发展水平和数字经济在国民经济中的地位正相关。中国数字经济在国民经济中的地位（36.3%）高于中高收入国家平均水平；但相较于高收入国家，中国数字经济仍有较大发展空间。第三，从数字经济对经济增长的作用来看，2019年世界数字经济名义增长5.3%，GDP名义增长2.3%。数字经济已成为推动全球经济发展的新动力。细分国家来看，中高收入国家数字经济增长8.7%，略高于中低收入国家（8.5%），远高于高收入国家（4.5%）；中国数字经济增长14.5%，GDP增长7.3%。无论是从数字经济增速来看，还是从数字经济对经济增长的作用来看，中国均远高于中高收入国家和高收入国家，中国数字经济增长强劲，领跑全球。

但突如其来的新冠肺炎疫情对经济增长产生了巨大冲击。面对萎靡的国内需求市场和严峻的国际经济形势，2020年中国政府制定了“加快形成以国内大循环为主体、国内国际双循环相互促进的新发展格局”的强国战略。其中，充分发挥中国超大规模的市场优势，扩大内需是战略基点。数字经济对于打通国内大循环、拉动内需、促进消费具有重要意义。以新电商平台拼多多为例，拼多多通过低价瞄准中国数量庞大、长期被忽视的三四线及以下的城市、乡镇人群，并利用微信等互联网平台增加用户黏性，成功刺激国内需求。2020年拼多多年活跃买家数7.9亿，较去年同比增长35%，活跃买家年度平均消费额为2115元，较去年同比增长23%。拼多多成功抓住了下沉市场，释放出了需求潜能。在疫情期间，中央广播电视总台发起“品牌强国工程”2021年助力湖北公益直播带货活动，中央广播电视总台央视主持人朱广权和淘宝主播李佳琦组成的“小朱配琦”为湖北农产品直播带货。整场公益直播累计观看量达1000多万人次，仅2小时就帮助销售价值3144万元的湖北特色农副产品。利用直播的方式推广当地农产品，不仅开拓销售渠道，提振农企信心，而且有助于提升农产品附加值，打造农产品品牌，振兴当地经济。在数字经济时代，由于网络效应，中国巨大的人口规模成为中国数字经济发展的基础，也是中国区别于其他国家的数字经济发展优势。可以认为，双循环中内循环的潜力是巨大的，数字经济是促进内循环的重要推力，数字经济有助于培养经济增长新动能。

数字经济也助力政府数字化治理，拉动消费和经济率先从疫情中恢复。在后疫情时代，为了刺激消费，中国地方政府通过支付宝等移动支付平台以及美团等生活服务平台向公众发放消费券，并向低保、特困和建档立卡贫困人口等困难群众定向发放专用消费券。消费券具有乘数倍增效应，能够减少中低收入人群在疫情中所受的经济损失，稳定中低收入人群消费，短期内提振整体消费。但不同于2008年中国应对金融危机时发放纸质消费券，此轮消费券均为“数字消费券”，发放依托互联网平台。数字消费券是数字经济在政府治理上的应用，充分体现了数字经济的优势。第一，数字消费券节省发行成本，使用更加方便。第二，基于平台强大的算法和数据，平台可以精准发放消费券，并实时追踪数字消费券的使用地点和方式。这有利于平台精准识别人群的消费需求。第三，政府通过监测数字消费券的使用可以调控人群聚集度并评估消费券政策效果。数字消费券政策的成功为今后地方政府实施类似的宏观经济政策提供了参考。

（七）中国数字经济发展的问题和难点

数字经济是驱动新形势下经济增长、提升中国国际地位的核心动力。但中国数字经济也呈现出地区、产业和行业，以及代际间不平衡发展的问题，同时平台经济的蓬勃发展也会滋生企业垄断现象。

1. 中国数字经济发展不平衡

第一，中国数字经济发展呈现地区上的不平衡。包括数字经济发展水平以及数字化人才分布两方面。地区数字经济发展水平和地区经济发展水平正相关。在省际层面上，从数字经济的体量来看，北京、上海、广东、江苏、浙江、福建等省份2019年数字经济总体规模超过1万亿元；江西、陕西、广西等省区超过5000亿元。从数字经济在地区经济中的地位，即数字经济占GDP比重来看，北京和上海均已超过50%，数字经济在地区经济中发挥主导作用；广东、浙江、江苏等省份也已超过40%；广西和四川等省区超过30%。从数字经济对地区经济增长的作用，即数字经济增速来看，贵州和福建超过20%，领跑全国；浙江和重庆等省市也已超过15%；其他绝大多数省市在10%～15%之间。在城乡层面上，中国城市和农村经济发展的显著差异导致了城乡之间存在明显的数字鸿沟：一二线城市数字经济发展水平高，而三四线城市以及乡村数字化水平仍然较低；数字经济首先在一二线城市展开，并助力城市经济增长，然后向三四线城市以及乡村渗透。数字经济与地区经济发展水平的正相关关系，以及数字经济对地区经济增长的正向作用将拉大地区经济发展的不平衡：经济发达地区的数字经济发展水平高，数字经济对经济增长的作用强，经济增长潜力大，地区经济发展差距扩大。

数字化人才地区分布和地区经济发展水平正相关。数字化人才是中国全面数字化转型的核心驱动力，数字化人才分布也决定了地区数字经济未来发展的潜力。和数字经济发展水平一致，数字化人才分布也和地区经济发展水平正相关。京津、长三角和珠三角地区是数字化人才的重要集中地，2016年第三季度至2017年第三季度，16.6%的数字化人才集中在苏州，15.6%集中在北京，6.7%集中在深圳。同时，数字化人才流动也呈现出向经济发达地区聚集的趋势。2014～2016年，上海、深圳、杭州、北京和苏州等城市数字化人才净流入，成都、西安、武汉、广州和南京等城市数字化人才净流出；上海和深圳不仅吸纳了来自一线城市（北京和广州）的数字化人才，还吸纳了二线城市（杭州和南京）的数字化人才。数字化人才分布在经济发达地区，并向其不断集聚的现象，扩大了地区数字经济发展不均衡以及经济增长的差距。

数字经济发展的地区不平衡是地区资源禀赋和产业结构等多方面因素共同作用的结果。一方面，数字经济时代下的技术创新对人才、知识和技术更新速度的要求比较高，经济发达地区拥有丰富且先进的人才、技术资源，因此技术创新首先发生在经济发达地区。另一方面，不同产业数字化的难易程度不同，因此地区产业结构的差异决定了地区数字经济发展的差异。

第二，中国数字经济呈现产业和行业发展的差异。数字产业化和产业数字化是数字经济发展的核心，其中数字产业化是数字经济发展的先导产业。2019年，中国数字产业化总体规模达到7.1万亿元，同比增长11.1%，占GDP比重7.2%。中国数字产业化进一步向高质量发展迈进。但细分行业发现，数字产业化具有明显的行业差异。软件产业和互联网行业占数字产业化比重持续增加，分别较上年增加2.15%和0.79%，电子信息制造业和电信业占比持续减少。

由数字产业化演进升级到产业数字化是数字经济发展的必然趋势。2019年中国产业数字化总体规模达到28.8万亿元，同比增长16.6%，占GDP比重的44.4%。数字技术进一步强化传统产业产出增长、效率提升。但细分产业发现，产业数字化具有明显的产业差异。从产业数字经济占比来看，服务业中数字经济占行业比重的平均值在2016年为29.6%，此后上升至2019年的37.8%；相应地，工业中数字经济占行业比重的平均值从16.8%上升至19.5%；农业中数字经济占行业比重的平均值则从6.2%上升至8.2%。从数字化人才的行业分布来看，中国46.6%的数字化人才来自信息与通信技术（ICT，Information and Communication Technology）基础产业，20.9%来自制造业，6.8%来自金融业，6.6%来自消费品行业，而仅有0.1%来自农业。服务业是产业数字化发展程度最高且增速最快的领域，这主要归功于金融业和零售业数字化的快速发展。由于服务业是中国经济增长的第一引擎，服务业数字化成为中国经济增长的一大亮点。2019年，服务业占GDP比重为54.3%，服务业对GDP的贡献率为63.5%；2020年中国共享经济市场交易规模约为33773亿元，同比增长约2.9%，预计在2021～2025年，中国共享经济的年均增速保持在10%以上；预计到2030年，平台经济将为中国创造税源规模77万亿元～110万亿元。而目前中国农业数字化水平低，一方面是因为农业生产技术设备投入不足，农业生产经费难以支撑现代信息技术设备的使用；另一方面是因为中国农业生产以小规模为主，对于中小型农户而言，数字农业生产工具以及设备成本太高。

第三，中国数字经济发展存在明显的代际差异。年轻群体是数字经济时代的主角和主要获利者，而老年群体则是“数字贫困户”。截至2019年年末，中国60岁和65岁以上人口比重均超过轻度老龄化社会的标准；国家统计局预计在“十四五”期间，中国将进入中度老龄化社会。中国数字化进程的不断加快与人口老龄化的不断深化共同导致了严重的代际数字鸿沟。代际数字鸿沟是指父代和子代在新技术采纳、使用以及与之相关的知识方面的差距，是传统代沟在数字时代的延伸。

代际数字鸿沟主要来源于以下几方面：一是老年人互联网普及程度仍不完全。截至2020年12月，60岁以上网民占比11.2%，低于60岁以上人口比重（18.1%）7个百分点。二是老年人学习能力下降，或受文化水平限制，对新科技、新事物的接受和操作能力变差。三是受传统观念、收入等影响，老年人智能手机使用率低，且对于新事物持比较保守的态度，对于新数字产品的购买意愿较低。四是目前数字化发展仍未充分，现有数字产品和服务更多考虑年轻人的需求，未能兼顾到老年人的需求和习惯。

代际数字鸿沟不仅会造成老年人出行、就医、消费、文娱、办事等生活上的不便与不适应，而且会限制老年人享受数字经济发展所带来的收入、就业方面的红利。以“健康码”为例，在常态化疫情防控下，健康码是人们出行、就医等必备的通行证。对于年轻人来说，填写或出示健康码只需要花费一两分钟，但对于老年人来说，这可能让他们举步维艰：一方面，部分老年人没有智能手机，无法填写健康码，另一方面，老年人尽管有智能手机，但是对智能手机功能并不熟悉，不会填写或出示健康码。为方便老年人生活，国务院2020年制定《关于切实解决老年人运用智能技术困难的实施方案》，提出应完善健康码管理，便利老年人通行。比如，简化健康码操作，方便老年人操作；鼓励有条件的场所为老年人开设“无健康码通道”；推进健康码与身份证、社保卡、老年卡、市民卡等整合，逐步实现“刷卡”或“刷脸”通行。

2. 数字经济催生寡头垄断

首先，数字经济时代下，平台型企业具有发展优势。根据2020胡润世界500强榜单，在全球市值最大的10家公司中，有7家拥有基于平台的商业模式，其中包括中国的腾讯控股和阿里巴巴。这7家公司的总市值约占“胡润世界500强”总市值的17%，且在不同领域拥有非常强大的市场地位。2020年，腾讯旗下的微信拥有月活跃用户12.25亿，腾讯网络游戏收入1561亿元。2019年第四季度，阿里巴巴的支付宝和腾讯财付通的合计交易规模占移动支付市场总交易规模的94%，其中支付宝占比超过50%。2019年，阿里巴巴在网络零售市场的份额超过50%，其中从平台服务收入看，阿里巴巴的网络零售平台服务收入占中国10家主要网络零售平台合计服务收入的71.17%，从平台商品交易额看，阿里巴巴的网络零售平台商品交易额占中国境内网络零售商品交易总额的61.83%。

平台型企业的迅速崛起主要是由于三方面的原因。第一，网络效应，包括直接网络效应、间接网络效应和跨边网络效应（李晓华，2019）。直接网络效应指一种产品或服务的用户量越多，该产品或服务给用户带来的价值越大。以腾讯的微信为例，随着用户量和日活量的提升，用户可以方便地联系到想联系的人。间接网络效应指一种产品或服务的互补品越多，该产品或服务给用户带来的价值越大。以任天堂Switch主机为例，游戏数量越多，Switch价值越高。跨边网络效应指平台一侧用户的价值取决于平台另一侧的用户数量。以滴滴出行为例，更多的乘客意味着网约车司机可以减少空载时间，增加收入，这吸引更多的司机加入网约车平台，更多的司机意味着乘客可以更快匹配到合适的司机，减少等待时间，降低价格，这吸引更多的乘客使用。同时，网络效应有助于降低平台运营成本，实现规模经济。第二，提取、控制和分析数据的能力。平台型企业作为连接应用型企业和消费者的中介和基础设施，可以记录和提取与用户进行的在线操作、互动和交易相关的数据，并进行大数据分析。利用海量数据资源以及先进的数据分析手段增强平台竞争力，通过不断精准定位消费者对产品的需求，判断最新的消费趋势，并对消费者所需要的商品进行针对性营销。第三，蒲公英效应，即指平台向不同行业延伸和渗透（李晓华，2019）。一旦用户习惯使用平台某一服务，用户转向其他替代平台的成本增加（Klemperer, 1987；Farrellandklemperer，2007）。此时，平台可以不断拓展行业边界以提供不同的集成服务，如社交、购物、医疗等，进而增加用户对于平台的依赖度以及构建完整的生态系统。以腾讯的微信为例，2011年腾讯推出微信，主打社交功能，包括文字、图片、语音消息传送、查找附近的人等；随着微信社交功能的不断完善以及用户规模的扩大，微信逐渐平台化，朋友圈和API接口开放增加用户互动和活跃度，订阅号和服务号为用户提供一种新的信息传播的方式；此后微信强化平台化，在微信群中推出抢“新年红包”功能，成功从社交关系入手进入移动支付领域，并通过“微信绿包”将移动支付进一步社交化；目前微信已搭建了一个较为完整的生态系统，涵盖社交娱乐、金融理财、生活服务、交通出行、购物消费等多个领域。

其次，平台型巨头企业不断采取措施巩固自身支配地位。第一，收购潜在竞争对手。以滴滴出行为例，2016年滴滴出行收购优步中国，合并后的新滴滴占专车市场份额约95%。第二，拓展互补产品和服务或新产品和服务。以美团为例，2018年美团收购摩拜以开拓共享单车市场，并与滴滴在共享单车市场展开激烈竞争。第三，增加研发投资和人才投资。以阿里巴巴为例，在研发投资方面，从总量来看，2018年阿里巴巴研发投入36亿美元（约249亿元人民币），位居国内上市公司第一，全球创新1000强第45位，从研发强度来看，阿里巴巴研发投入占收入比重排名全球第一；在人才投资方面，2017年阿里巴巴成立达摩院，主攻核心基础技术研究，目前在人工智能、芯片技术、自动驾驶、量子计算等领域取得了显著的技术成果。第四，通过大型补贴引流。以拼多多为例，2019年6月拼多多独创并推出“百亿补贴”活动，成功扭转活跃用户环比增速下降的趋势；2020年拼多多将“百亿补贴”活动向科技产品倾斜，大力营销智能家居领域产品。第五，自孵化或战略投资具有新生产力代表性的初创企业（连一席，

2020）。以京东为例，截至2020年11月，京东集团孵化出了京东数科、京东健康、京东物流、京东工业品，以及爱回收五只独角兽企业；2020年京东战略投资兴盛优选，通过社区团购打入下沉市场。

最后，部分领域平台化的发展模式最终可能会造成“赢者通吃”，即寡头垄断的局面。平台型寡头垄断可能会对市场竞争秩序、平台内经营者利益、创新创造活力、消费者福利等带来影响。第一，排除和限制相关市场竞争。由于平台经济具有网络效应和规模经济，潜在竞争者要发展市场需拥有一定规模的用户。平台型寡头企业拥有巨大的流量和数据资源优势，基于资源优势可以直接打压竞争对手。比如，平台型寡头企业通过滥用市场支配地位中的“二选一”行为以限制平台内经营者进入相关竞争性平台，或者通过不合理的过度补贴手段抢占市场份额以排除潜在竞争者进入市场。平台型寡头企业限制和排除相关竞争对手以及潜在竞争者的行为，破坏了公平和有序的市场竞争秩序。第二，损害平台内经营者的合法权益。平台型寡头企业对相关竞争对手和潜在竞争者的打压限制了平台内经营者多栖经营发展。当平台拥有绝对话语权时，平台往往通过提高服务价格或降低平台内经营者的收益分成等方式以获取超额利润，或强迫平台内经营者签订“霸王条款”。以滴滴出行为例，滴滴起先主要依赖于对网约车司机进行巨额补贴以抢占市场份额；在2016年滴滴出行收购优步中国后，新滴滴几乎完全垄断了专车市场，随即便减少对司机的鼓励补贴。第三，抑制创新创造活力。平台基于资本优势、数据垄断与流量垄断优势，通过算法等技术手段，对其垄断地位进行强化。当市场上出现具有新生产力代表性的初创企业时，平台通过战略投资的方式控股企业，占领新兴领域。对于部分初创企业而言，初创企业丧失独立自主性后，后续将难以良好发展。第四，损害消费者利益。平台为了抢占市场份额和战略投资初创企业，需要花费大量资金，即“烧钱”竞争，在实现垄断既定局面后，平台将这部分成本转嫁给消费者。此外，平台上积累了海量的消费者个人数据，这些信息也成为平台的私有资源。大数据杀熟、售卖消费者信息、威胁消费者等现象屡见不鲜。

反垄断不仅是完善社会主义市场经济体制的内在要求，也是促进数字经济高质量发展的内在要求。2021年2月，国务院反垄断委员会正式发布《关于平台经济领域的反垄断指南》，明确要营造公平竞争秩序、激发创新创造活力、维护各方合法利益、促进行业健康发展等。2021年4月，国家市场监督管理总局对阿里巴巴在中国境内网络零售平台服务市场滥用市场支配地位的“二选一”垄断行为作出行政处罚。经国家市场监督管理总局查证，“阿里巴巴自2015年以来，滥用其在中国境内网络零售平台服务市场的支配地位，禁止平台内经营者在其他竞争性平台开店或者参加促销活动，排除、限制了相关市场竞争，侵害了平台内经营者的合法权益，损害了消费者利益，阻碍了平台经济创新发展”。国家市场监督管理总局责令阿里巴巴停止违法行为，并以2019年销售额4%处以罚款，合计182.28亿元。这一事件引起了公众广泛关注。此次事件是中国平台经济领域第一起重大典型的案件，不仅罚金创下了中国反垄断罚款的历史记录，而且标志着平台经济领域反垄断执法进入了新阶段，未来国家在继续鼓励和促进平台经济发展的同时，将加强对于平台型企业的反垄断调查和处罚。

五、世界数字经济发展格局

数字经济的快速崛起，带动了信息产业、通信产业、互联网产业以及各种基于数字技术的新产业的大发展，涌现出大量的商业新场景、新业态、新模式，很大程度上改变了世界经济结构。世界数字经济的总体发展格局是，数字技术决定了数字经济发展的水平和规模，数字经济渗透率不断提升，越来越多的产业受到数字经济发展的影响，参与数字经济发展的国家和地区形成不同方阵，彼此竞争激烈，但数字经济治理相对滞后。

（一）全球数字经济发展格局

发达国家领先，中美欧三足鼎立。发达国家和高收入国家的数字经济领先优势明显。从2021年数据来看，发达国家和高收入国家的数字经济规模占全球数字经济总规模的比例超过七成（图1-13）；同时，主要发达国家的数字经济在其国民经济中的占比都在50%以上，有的甚至可达65%。虽然发展中国家的数字经济总体规模没有发达国家高，但近年来受益于经济基数较小、人口红利释放等因素，发展中

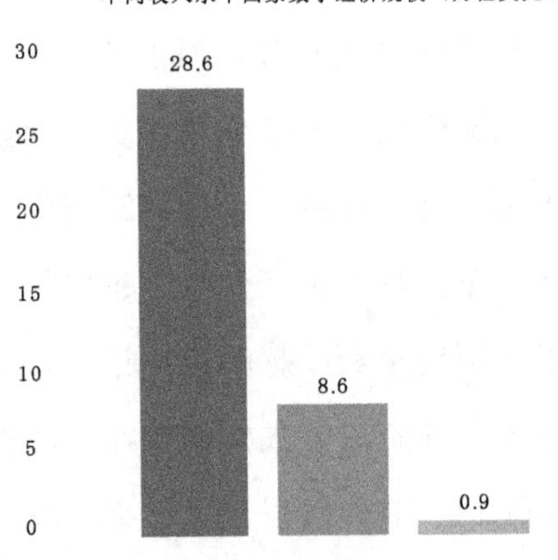

图1-13 2021年全球不同收入水平国家组别数字经济规模

国家、中高收入国家、中低收入国家数字经济同比增速最快，发展中国家的数字经济正在迎头赶上。

全球数字经济发展已基本形成中美欧“三极”格局，而中美欧三大经济体在数字经济上的表现也是有所差异的。目前，美国数字经济规模蝉联世界第一，是全球数字经济发展的领头羊，数字经济占整体GDP比重超过65%。这是由于美国等发达国家产业数字化转型起步较早、技术应用较强、数字产业渗透力较高，因此美国的数字经济发展成效充分，数字企业全球竞争力、数字技术研发实力遥遥领先。中国数字经济实现了跨越式发展，目前的数字经济规模仅次于美国，拥有全球最大的数字市场和数据资源，数字产业创新活跃。欧盟凭借其在数字治理上的领先优势，成为中、美之外全球数字经济的“第三极”。

（二）世界数字经济发展格局的主要特征

1. 数字技术的进步对于数字经济的发展起着决定性作用，成为决定数字经济发展水平和规模的密钥所在。

算力、算法、数据构成数字经济的三大核心要素，这三大要素归根到底取决于计算技术、电子信息技术、通信技术、大数据技术的发展水平和创新能力。发展数字经济，首先是要在底层技术上构筑起雄厚的基础，形成支撑数字经济的硬实力。例如，数字经济离不开对数据的处理、计算和存储，这就需要有先进的芯片承担逻辑管理和高速运算的功能，或是把大量的数据存储起来，这都取决于半导体技术水平和半导体产业的发展。没有尖端半导体技术和强大的半导体产业，数字经济的发展就必然有局限性。同样道理，通信技术水平和相关基础设施建设也决定了数字经济的发展水平。世界数字技术发展的新动向和重大创新，必将在技术方向和产业结构上深刻影响数字经济的发展。

2.数字经济在不同阶段具有不同的发展热点，总的来看是热点不断和更新迭代。

从20世纪90年代中期到现在，数字经济大致经历了三个发展阶段，每一个阶段都有标志性的发展热点。第一个阶段是从1993年美国开始建设“信息高速公路”到2007年苹果公司推出智能手机，前后大约15年。这一阶段数字经济的热点是电子商务、电子书、电子报刊、企业流程再造，美国的亚马逊公司和中国的阿里巴巴公司就是在这一时期创立并逐渐形成世界影响力。第二阶段是从2008年3G智能手机出现到2019年5G通信时代启幕，前后约12年。这一阶段数字经济的热点是网络音乐、网约车、智能手机、3D打印等，“移动互联”和大众参与是热点的典型特征。有了智能手机和3G、4G通信，人们成为数字经济的消费者（用手机下单）和生产者（发布个人媒体内容）。第三阶段是从2020年开始到现在，以5G通信正式普及为标志。这一阶段数字经济的典型特征为“万物互联”，热点是人工智能、云计算、区块链、新一代工业互联网等。在万物互联的时代，物联网将会形成更大的产业规模，并将创造高达19万亿美元的市场价值，而现在全世界的GDP总额不过100多万亿美元。另外，元宇宙、量子计算、量子通信等新一代热点也正在逐渐形成。

3.许多经济体兴起数字经济热潮，发展上处在不同方阵，竞争态势日趋加剧。

随着数字经济成为全球性经济热点，包括广大发展中国家在内的越来越多的国家参与到数字经济的浪潮之中。这与许多国际机构倡导发展数字经济有很大关系，联合国、世界银行都分别有促进发展中国家和不发达国家发展数字经济的专门项目。不过，数字经济在全球发展很不平衡，各经济体之间形成了水平和规模不一的方阵。总体来看，美国、中国和欧盟处在第一方阵，这是从技术和规模两个维度综合而论的。美国拥有数字领域主要的关键核心技术，位于数字经济的发展前沿。中国数字经济规模巨大，在部分领域具有一定先发优势或比较优势，拥有无限的发展潜力。欧盟在数字经济方面虽然有所落伍，但经济基础发达，发展数字经济的资源十分丰富，数字经济体量也很大，所以欧盟作为整体仍可算作第一方阵。从单个国家来说，日本、韩国、新加坡、德国、荷兰等处在第二方阵，这些国家在数字经济的某些领域具有相当优势，甚至处在世界领先位置，如韩国在存储芯片领域、德国在智能制造领域、荷兰在高端光刻机领域就处于世界领先水平。其他发达国家和部分发展中国家处在第三方阵，基本上是跟随世界数字经济的潮流。大部分发展中国家处于第四方阵，数字经济刚刚起步，基础薄弱。还有一些落后的国家不属于任何方阵，仍远离数字经济。与此同时，各个方阵之间，尤其是各个方阵内部，围绕数字经济而展开的竞争十分激烈。例如，欧盟在数字经济领域虽然相对落伍，却制定了一系列颇有雄心的发展规划，目标十分宏大，包括到2030年半导体产业增加值要占到全球20%，而现在欧盟的这个指标只有10%。

4. 数字经济发展鸿沟加剧了世界发展不平衡，全球数字经济治理相对滞后。

一方面，数字经济在部分国家繁荣发展，人工智能软件和高速网络随时可用，给人们学习、生活与工作带来巨大便利；另一方面，在一些落后国家和地区，民众尚未广泛享受到数字经济带来的福利。据世界银行的评估，目前世界上还有20亿人口不具备上网条件，教育、就业、生活等基本处于数字经济兴起前的形态。世界发展本来就不平衡，数字经济发展上的差异又加剧了这种不平衡。数字经济的全球治理相对滞后，实现良性治理仍缺乏有效机制。除了发展不平衡这一问题亟待加强治理外，有关数字经济的标准、规则、规制等问题也是治理的重点，在这些问题上，国际缺乏合作，全球性协调机制尚未建立起来。在数据产权、数字市场、数字贸易、数字税等焦点问题上，基础性制度建设起色不大，各个经济体之间矛盾不少、纠纷不断。少数国家凭借自身实力优势，强行推行霸权主张和做法，更加不利于数字经济全球治理的制度建设。

（三）世界数字经济发展格局的基本趋势

第一，科技创新继续推动数字经济朝纵深方向发展，大量数字新产品将不断问世，算力更强、算法更先进、数据更加海量的数字经济新模式也将大量涌现。科技创新是无止境的，推动数字经济发展的各种技术创新不仅不会中断，反而会继续加快。与算力相关的“摩尔定律”提示，在生产成本不变的情况下，芯片功能每隔两年左右升级一代。尽管很多人早就预言“摩尔定律”将失效，但从集成电路技术创新的节奏看，至少未来10年内，芯片算力将会继续沿着“摩尔定律”的曲线向上攀升。芯片的工艺水平如今已到3纳米，2纳米也将很快实现规模化生产，而且，比利时的半导体研究机构IMEC发布报告，预测2036年将实现0.2纳米的技术，说明摩尔定律仍将有效。今后的数字经济，科技含量将更高，不仅将更为广泛地替代原有的经济模式，而且也迭代旧有的数字经济，如同软件升级一样，呈现连续性的升级换代过程。第二，数字经济的发展继续快于世界经济的整体发展，渗透力更强，对世界经济全局的影响更大。在数字技术和数字经济发展比较快的国家和地区，无论是数字产业化部门，还是产业数字化部门，发展的速度都明显快于经济的整体发展。在2016年至2021年的几年间，美国数字经济增长率平均为6.7%，高于经济增长率3个百分点左右。中国数字经济的增速更是明显快于经济增速。根据中国信息通信研究院的测算标准，近三年中国的数字经济增速要快于经济增长5个百分点以上。不仅数字经济居世界前两位的大国如此，在许多规模不大的国家，数字经济也呈现出超前发展态势。只有130万人口的爱沙尼亚，经济数字化水平在欧洲首屈一指，其不仅拥有一流的数字化基础设施，而且培育出多个以数字技术为支撑的“独角兽”企业，其中包括全球知名的Skype。全球范围内，数字经济快于整体经济的增长将是一个基本趋势，而且这种现象将维持较长的时期。

第三，在各种新数字技术的推动下，产业变革将会加速演进、融合发展，人与数字经济的相融伴生将成为时代的显著特征。今后一二十年，新一代互联网、人工智能、区块链、元宇宙、云计算、量子信息等新技术的成熟，必将催生更多新产业，并推动原有产业沿着数字技术创新路线实现升级。数字经济时代的产业变革，一方面，融合了多种先进技术和不同领域的创新成果；另一方面，随着新业态和新模式的出现，产业间的融合更加深入，例如亚马逊和阿里巴巴早已走出了网上书店和购物平台的单一模式，进入包括云计算在内的多种商业模式。在新一代的数字经济形态下，人的参与感更强，融入程度更深，大量个性化的人工智能装置和数字环境问世也将为时不远。

第四，数字经济发展全球化与碎片化的趋势并存，关键产业链地区化甚至国家化现象突出，国际产业分工与合作面临严峻挑战和考验。数字技术本身是高度全球化的，一些重要的先进产业如半导体产业，就是国际分工与合作的结果，数字贸易更是摆脱了物理海关进行跨境流动，这些都是数字经济发展全球化的一面。但同时，在少数西方国家人为实施“脱钩”政策的影响下，数字经济近年来又呈现出碎片化的发展态势，全球性产业链与市场正经历分裂。以半导体产业为例，原来采用严密国际分工的全球产业链正在向有局限的区域性产业链转变。现在，不仅美国要建立完整的芯片产业链，推动制造环节回流美国，连基础相对薄弱的欧盟也要建立完整的芯片产业链，为此将投下巨资。这样一种碎片化的产业格局重塑，不仅降低了产业发展效率，而且也使多年来形成的国际产业分工体系受到严重损害。

第五，中国和美国将继续保持世界数字经济的领先位置，全球将出现数字经济发展的两大中心，两大中心周围将出现各自的数字经济板块。美国正全力保住数字技术领先优势，把数字经济当作重点竞争策略，并积极拉拢欧盟、日本、韩国、澳大利亚等国为联盟，通过“断供”和“围堵”的方式打压中国的关键数字产业。中国数字经济规模巨大，具有自身发展优势，正在走科技自立自强的道路，将以新型举国体制力求突破关键核心技术，其中包括数字经济领域的关键核心技术，以增强发展的安全性和稳定性。今后，中国数字经济的发展不仅规模更大，而且科技支撑能力将会显著增强。

六、西南地区发展数字经济的经验和规律

（一）西南地区数字经济发展状况

1. 四川数字经济发展

四川数字经济发展较为迅速，数字经济产业规模逐年扩大，数字

经济在GDP中的比重不断提高。四川省政府也积极出台一系列政策鼓励数字经济发展，支持数字化产业创新和创业。四川省数字经济领域主要涵盖互联网、电子商务、移动支付、大数据、智能制造、云计算等领域。例如，成都市被列为中国数字经济50强城市之一，数字经济成为国民经济的新引擎，已经形成了一批领军企业和独角兽企业。同时，四川省也在推动数字化农业、数字化服务业、数字文化产业等数字经济在各领域的应用。可以说，四川数字经济发展潜力巨大，正在成为新的经济增长点。2022年，四川省数字经济全面赋能。网络强省、数字四川、智慧社会加快建设，大数据、云计算、物联网运用更加广泛。设立数字经济发展基金。如期完成国家数字经济创新发展试验区建设任务。启动建设全国一体化算力网络成渝枢纽节点，算力排名全球前十的成都超算中心纳入国家序列，中国·雅安大数据产业园成为全国首个“碳中和”绿色数据中心。全省数字经济核心产业增加值达到4324亿元。

（1）数字经济核心产业具有重要的基础性、支撑性作用

2022年，四川数字经济核心产业增加值达4324亿元，占GDP比重提升到7.6%，数字经济核心产业主体的电子信息产业营收达1.62万亿元，全国一体化算力网络成渝枢纽节点启动建设，国家超算成都中心性能全球前十。

如果说近年数字经济已成为高质量发展的“助推器”，那么数字经济核心产业则是“助推器”里的“主燃料”，虽然其增加值只占到数字经济的20%左右，但最为关键的原创性数字技术研发生产活动，都在这个范畴里面，为数字经济发展提供了数字技术、产品、服务、基础设施和解决方案。发展数字经济核心产业，对于提高数字经济领域自主创新能力，加快构建现代化产业体系，推动“四化同步”发展

有重要的基础性、支撑性作用。

四川发展数字经济核心产业，具有产业基础优、创新能力强、数据资源多、应用场景广、基础设施好、政策供给足等优势。翟刚认为，要实现数字经济高质量发展，必须要有高质量的核心产业。要做到这一点，首先就要牵住自主创新这个“牛鼻子”，加快突破集成电路、工业软件等领域关键核心技术，以数字经济核心产业的技术进步，带动产业能级整体跃升和更广泛领域的融合应用。其次要夯实数字基础。抢抓“东数西算”机遇，加快建设成渝枢纽节点，统筹布局“双千兆”网络、工业互联网等基础设施，提升超算、智算、边缘计算等先进算力比重。

（2）产业规模高速增长已渗透到社会治理等方方面面

当前，数字经济已成为继农业经济、工业经济之后的主要经济形态。把握住数字经济发展先机，才能抢占未来发展的制高点。

第一，发展态势更好。我国数字经济产业规模高速增长，创新能力不断增强，生态体系持续优化，市场前景广受认可。第二，驱动作用更明显。当前，数字经济已成为高质量发展的新引擎，渗透到产业发展、社会治理等方方面面，数字化转型越来越显性。第三，高位推动更加有力。2022年是政府工作报告第六次提及“数字经济”，在政策、人才、资金等方面对数字经济持续加码。《数字中国建设整体布局规划》等顶层设计出台，给数字经济发展描绘了更加清晰的蓝图。组建专业化的国家数据局，有利于各条块数据加快整合、数据基础设施加快建设、数据价值加快转化，推动数字经济蓬勃发展。

（3）打通信息化大动脉赋能千行百业数智化转型

信息和能量是驱动人类文明进步的两条主线，正由相对独立发展向彼此融合创新演变，为数字经济的蓬勃发展提供了强劲的动力。作为建设现代化产业体系的重要组成部分，数字经济正在成为重组要素资源、重塑经济结构、改变竞争格局的关键力量。

如：移动通过信息基础设施建设赋能千行百业数智化转型，推动全省第二产业的大型企业开展“5G+工业互联网”应用场景改造、中小微企业上云，将带动信息产业直接投入超626亿元。

建好信息高速，才能打通经济社会发展信息大动脉。移动一直践行党的宗旨、履行央企责任、融入四川战略、服务治蜀兴川，高度重视助力四川数字经济发展，尤其在信息基础设施建设方面发挥着重要作用。移动积极打造“双千兆”网络，落实“东数西算”工程部署，完善“1+3+X”数据中心集群建设，积极承接面向成渝“双圈”的算力需求，构建泛在融合的算力网络。

此外，移动还赋能千行百业数智化转型。依托5G专网、行业平台等，为垂直行业及社会民生领域提供智慧工厂、智慧城市、智慧教育等数智化产品和信息化解决方案，培育了大批基于“5G+工业互联网”的数字化转型示范项目。微网优联5G+智慧工厂项目落地后，整体生产效率提升超50%。

为助力四川数字经济高质量发展，移动还将持续推进数字四川建设，用数字技术赋能四川新型工业化、农业现代化，服务成渝地区双城经济圈建设。“移动会进一步加大新基建，体系化地打造以‘5G+算力网络+能力中台’为重点的新型信息基础设施。创新构建‘连接+算力+能力’的新型信息服务体系。”

2. 重庆数字经济发展情况

2022年，重庆市国家数字经济创新发展试验区和新一代人工智能创新发展试验区建设扎实推进，数字经济核心产业增加值达到

2200亿元。科技型企业、高新技术企业、国家专精特新“小巨人”企业分别达到42989家、6348家、255家。开展制造业“一链一网一平台”试点示范，建成国家工业互联网数字化转型促进中心，新实施智能化改造项目1407个，新认定智能工厂22个、数字化车间160个，推动企业“上云”1.3万余家。专班推进汽车、电子等重点产业保链稳链和集群发展，制定实施世界级智能网联新能源汽车产业集群发展规划、软件和信息服务业“满天星”行动计划，加快布局卫星互联网、硅基光电子等产业新赛道，规上工业增加值增长3.2%，战略性新兴产业增加值增长6.2%，新能源汽车产量增长1.4倍，软件业务收入增长10.5%。新动能蓄势赋能，引领性作用增强。全市以创新发展为引领，大力推进数字经济相关行业发展，新动能保持良好增势。2022年1—11月，全市规模以上互联网平台、数字内容服务、信息处理和存储支持服务等营业收入分别增长120%、49.7%和55.0%。2022年，全市限额以上单位通过公共网络实现的商品零售额增长31.1%。工业转型升级成效显现，工业结构持续优化，体现了工业经济的“新”。战略性新兴制造业领跑全市工业。2022年增加值增长6.2%，快于全市规上工业3.0个百分点，占全市工业的31.1%，比重比上年提高2.2个百分点。同时，高新技术产品产量保持快速增长。新能源汽车增长1.4倍，光伏电池增长40.1%，工业机器人增长31.8%，液晶显示模组增长21.4%，服务机器人增长19.5%，为全市工业转型升级注入新动能。

（1）推动产业数字化提升智造水平

实验室里，一台机器人正在给一块汽车玻璃涂胶，旁边一台工业相机“目不转睛”地盯着机器人，相机后面的监控屏幕上同步呈现机器人涂胶画面。

这一充满科技感的生产场景，是重庆中科摇橹船信息科技有限公司（以下简称中科摇橹船）的日常作业工序。作为国内首家完整掌握光、机、电、算、软设计开发能力的人工智能企业，中科摇橹船主要为汽车制造、半导体等产业领域提供智能视觉装备及整体解决方案。

“此前我们与华为合作开发的检测平台运用人工智能算法，既缩短了检测过程，又提高了检测稳定性和准确性。”中科摇橹船产品交付中心负责人介绍，通过人工智能技术“加持”，目前企业正在为赛力斯提供软硬件系统架构，搭建运行环境，助力这家重庆车企提升智能制造水平。

在赛力斯智能工厂，上千台机器人高速运转。在这里，冲压一套汽车部件仅需5秒，2分钟即可下线一辆新车。

“效率提升得益于生产线智能化改造。”赛力斯集团董事长张兴海说，智能工厂以数字化为驱动力，结合人工智能、物联网、云计算等技术，实现关键程序100%自动化。

锚定智能制造，2023年重庆市计划再建10个智能工厂、100个数字化车间，为更多企业插上“数字化翅膀”。

（2）培育新兴产业壮大数字产业

两江新区明月山上，“中国复眼”一期项目4个天文雷达高高耸立，遥测深空。2022年年底，它们拍摄到国内首张地基雷达三维月面图，拓展了人类深空观测边界。

逐梦太空，当前重庆正瞄准技术前沿布局卫星互联网产业。今年3月，明月湖数字经济暨卫星互联网创新发展大会上，重庆数创园揭牌，吸引首批50家数字企业落户。

一手锻长板，一手补短板。去年7月，重庆市启动实施软件和信息服务业“满天星”行动计划，按下软件产业发展“加速键”，一批数字企业蓬勃兴起。

在西部（重庆）科学城金凤软件园，近一年来汇聚了一大批软件企业，预计到2025年将集聚软件从业人员6万人；

在九龙坡，重庆数字大厦从2022年8月投用以来，已吸引了40多家数字企业入驻，“数智赋能”效果初显；

在渝中，重庆数字经济产业园集聚浪潮、趣链等一批数字经济头部企业，带动全区今年一季度软件业务收入实现两位数增长；

“壮大数字产业，发展战略性新兴产业，推动数字经济与实体经济深度融合，是发展数字经济的应有之义。”市经信委主任蓝庆华表示，重庆市将积极完善“芯屏端核网”全产业链，不断提高产业能级完善产业链条。

（3）夯实数字底座完善数字基建

发展壮大数字产业，加快推动数字产业化、产业数字化，需要完善的数字基础设施作为支撑。为此，近年来，重庆市持续加快5G、数据中心、物联网等数字基础设施建设，不断夯实数字底座。比如，两江新区水土新城汇聚了中国移动（重庆）数据中心等一批数据中心，具备8万个机架、近40万台服务器支撑能力，成为西部地区集中度最高、规模最大的云计算基地。作为国家首批5G规模组网建设和应用示范城市之一，重庆的5G发展同样跑出“加速度”——目前全市已开通5G基站7.3万个，每万人拥有5G基站数名列西部第一。在企业智能化改造进程中，工业互联网是重要工具，标识解析体系则是工业互联网的“神经中枢”。截至目前，工业互联网国家顶级节点（重庆）累计标识注册量达到200.3亿，累计解析量152亿，接入企业节点数2.17万个。重庆市将继续推动5G和千兆网协同发展，深化拓展中新国际数据通道应用，积极参与“东数西算”工程，助力产业链上下游企业协同发展和数字化转型，推动数字经济高质量发展。

3.贵州数字经济发展情况

贵州数字经济发展情况较为优秀。贵州省政府积极推动数字经济发展，大力发展数字经济产业，加速数字基础设施建设，提升信息化水平。2022年，贵州省加快发展大数据产业，全力推进全国一体化算力网络国家（贵州）枢纽节点和“东数西算”工程，贵阳大数据科创城集聚大数据及关联企业超过400家，华为数字经济创新中心落地贵州，华为云营业收入增长超过200%，软件和信息技术服务业收入增长90.5%，电子信息制造业增加值增长45.9%，数字经济增速连续七年居全国第一。新增省级“专精特新”中小企业228户、国家级“小巨人”企业17户。

（1）持续夯实数字底座

加快推进“东数西算”工程，统筹网络、算力、应用基础设施建设，加快国家级数据中心集群建设，提升通算、智算、超算等复合型算力，加快传统基础设施智能化改造，深入推进IPv6部署应用，全力建设面向全国的算力保障基地。

贵州将持续壮大数字产业，高质量建设贵阳大数据科创城，打造云服务“首位产业”，大力发展智能终端、电子元器件、服务器等数字产品制造业，抢滩通用人工智能、元宇宙、区块链、北斗应用等新兴产业，创新发展电商、直播等平台经济，以贵阳大数据交易所为平台培育数据流通服务业，推动大数据电子信息产业发展壮大。

（2）持续加快数字赋能

为高质量发展安装“智慧大脑”，启动实施“数字赋能+N”模式，着力发展网络化、数字化、智能化生产制造的新模式，加快发展智能制造、建设数字乡村、发展智慧旅游、打造数字孪生城市，发展高效协同的数字政务，打造自信繁荣的数字文化，构建普惠便捷的数字社会，建设绿色智慧的数字生态文明，大力开发更多直接服务群众生产生活的数字技术应用场景，用数字赋能千行百业精彩蝶变。

（3）持续深化数字治理

打破“数据孤岛”，推动公共数据开放共享、开发利用，实现数据价值最大化。促进各类系统平台互联互通、业务高效协同，加大数字化产品和服务供给，打造智慧政务服务样板，实现政务服务“码”上办、掌上办、网上办，让政府办公更高效、群众办事更便捷。

（4）持续优化数字生态

完善技术标准体系，加大数据知识产权保护力度，加快培育数字科技人才，营造开放透明的政策环境，鼓励支持发展新业态、新模式，筑牢数字安全屏障，建设公平规范的数字生态，让创新活力竞相迸发、充分涌流，为数字经济发展注入不竭动力。

4. 云南数字经济发展情况

云南数字经济发展情况良好。近年来，云南坚持应用导向，大力推动信息技术、数字技术与实体经济深度融合，不断推进数字产业化发展、产业数字化转型，2022年全省数字经济核心产业实现营业收入3110亿元，同比增长52.6%。[①]云南也成了中国西南地区数字经济发展的重要平台。

在制造业数字化方面，云南首个工业互联网标识解析二级节点落地玉溪，培育认定烟草、钢铁冶金、化工、锡冶金、新能源车运营服务5个行业平台，2022年全省15个项目、案例成功入选国家两化深度融合、工业互联网相关试点示范，53家企业通过两化融合管理

①工人日报：《今年云南数字经济核心产业营业收入有望达3700亿元》

体系贯标，组织实施30个智能制造示范项目，华能元谋物贸5G+智慧光伏电站项目、华能糯扎渡5G+智能水电厂项目纳入国家能源领域优秀案例。

在数字农业方面，建成云南农业农村大数据中心，建设数字农业示范基地39个，数字农业优秀应用平台10个，114个县（市、区）列入全国电商进农村综合示范县，数量位居全国第一，2022年农产品网络零售额407亿元，同比增长13%。

此外，服务业领域数字化应用不断深化。智慧旅游加快发展，数字商贸不断拓展，智慧物流持续推进，130家景区实现刷脸或扫码快速入园，135家景区完成智慧化升级改造并验收达标，“云上营家”智慧供应链平台等智慧物流平台建成运营，磨憨智慧口岸试点、京东集团昆明“亚洲一号”现代综合物流产业园、中通快递西南（昆明）智能科技电商产业园等物流新基建项目加快实施，云南省中小企业融资综合信用服务平台建成运营，数字资源整合共享取得实效。

（二）西南地区数字经济发展的共性特征

随着信息技术的迅猛发展和互联网的普及，数字经济已成为全球经济发展的重要引擎之一。作为中国内陆地区的西南地区也没有例外，数字经济在这片土地上蓬勃发展，呈现出一些鲜明的共性特点。

第一，政府鼓励扶持是西南地区数字经济发展的重要特点之一。各省市政府纷纷出台相关政策，大力支持数字经济的发展。这些政策不仅鼓励企业创新，提供创业支持，还通过减免税费和资金扶持等形式，提供了强有力的保障，促进了数字经济的快速发展。政府的积极参与和支持为数字经济在西南地区的兴起奠定了坚实的基础。

第二，信息产业的统筹发展是西南地区数字经济发展的特点之一。各省市着眼于数字经济的未来趋势，积极发展数字化信息产业。

特别是云计算、大数据和人工智能等新兴产业，成为各地重点培育和发展的领域。通过引进和培养高层次人才，加大科技创新投入，形成了多元化的产业生态系统，为经济增长和产业升级注入了新动能。

第三，加大数字基础设施建设也是西南地区数字经济发展的共性特点之一。为了满足数字经济的需求，各地积极推进数字基础设施建设，提供更高速、更普及、更稳定的网络服务。无论是网络带宽、数据中心还是智能物联设备等，这些基础设施的不断完善和升级，为数字经济的发展提供了坚实的基础，也为人们的生活和工作带来了极大的便利。

第四，加强人才培养是西南地区数字经济发展的关键。各地积极推进数字化教育，大力培养数字经济人才。高校和科研机构重视数字经济学科建设和人才培养，建立了一批优质的数字经济人才队伍。同时，吸引高端人才来到西南地区，进一步推动了数字经济行业的创新和发展。人才的引进和培养为数字经济的未来发展提供了强有力的支撑。

第五，推进数字政府建设是西南地区数字经济发展的重要特点之一。各地政府积极推动数字政府建设，通过信息化手段提升政务服务水平和效率。数字政府与数字社会的互动和融合推动了政府与企业、公众之间的紧密连接，形成了便利、高效的数字治理模式。数字政府的建设为数字经济的蓬勃发展提供了有力支持。

这些特点为数字经济在西南地区的快速崛起提供了有力支持，也为西南地区的经济社会发展带来了新的机遇和挑战。

（三）西南地区数字经济发展的先进经验

西南地区数字经济发展的先进经验主要体现在以下几个方面。

第一，政策引导方面，各省市政府积极出台数字经济发展相关政策，以推动数字经济产业的发展。政府鼓励企业加大投入力度，提供税费减免和财政支持等政策，为数字经济的快速发展提供了良好的环境和保障。

第二，基础设施建设方面，各地注重提升数字基础设施水平，加强网络带宽和速度的提升，推动数字技术在各行各业的应用。特别是在云计算和物联网等领域，加大投入，提供更快速、更稳定的网络服务，为数字经济的发展提供了扎实的基础。

第三，产业生态方面，各地积极发展数字化信息产业，推动数字技术与传统产业融合发展。通过引进数字经济企业和技术创新，形成了多元化的数字经济产业生态。例如，西南地区以电子商务、数字娱乐和智能制造等为重点，培育壮大了一批知名的数字经济产业集群。

第四，品牌建设方面，西南地区多个城市正在积极打造数字经济品牌，通过丰富的产业人才资源和政策优惠，吸引更多的数字经济企业和投资者。例如，成都以打造中国西部数字经济中心为目标，吸引了许多知名企业与创业者聚集于此，推动了数字经济的快速发展。

第五，人才培养方面，各地着力推进数字化教育，培养数字经济人才，并建立了数字化人才库，为数字经济发展提供了人才支持。通过加大对高层次人才的引进和培养力度，提升数字经济领域的人才质量和数量，进一步推动了数字经济的蓬勃发展。

这些经验不仅为西南地区的数字经济发展提供了重要的支撑，也为其他地区的数字经济发展提供了有益的借鉴。

（四）西南地区适合发展的特色数字经济业态

西南地区作为我国重要的经济区域，具备了承载特色数字经济业态发展的潜力和优势。以下将介绍西南地区适合发展的特色数字经济业态。

首先，云计算和大数据是西南地区适合发展的数字经济业态之一。西南地区在信息技术方面的基础较好，具备了发展云计算和大数据的条件。通过建设云计算中心和数据中心，提供高效的数据存储、处理、分析和管理服务，能够为企业和机构提供更精确、更高效的信息支持，推动数字经济的快速发展。

其次，西南地区适合发展电子商务。该地区拥有丰富的农产品资源和旅游资源，而电子商务可以提高产品和服务的销售效率和规模。通过电子商务平台，可以实现供需的精准匹配，提供便捷的购物体验和高效的物流配送，促进农产品和旅游产品的销售和推广，带动相关产业的发展。

最后，西南地区拥有独特的民族文化和历史文化资源，适合发展数字文化创意产业。数字文化创意产业涵盖了数字游戏、数字艺术、数字娱乐等多个领域，可以利用先进的数字技术，创造出丰富多样的文化产品，并通过互联网和移动平台进行传播和推广。例如，结合西南地区的少数民族文化和民间艺术，可以开发出具有地域特色的数字游戏和数字艺术作品，丰富人们的文化生活，促进文化产业的繁荣。

这些业态的发展将充分利用该地区的资源优势和信息技术基础，推动数字经济的繁荣发展。同时，适应市场需求的创新发展模式也将为西南地区带来更多机遇和活力。

第二章　发展数字经济的战略意义

数字经济是继农业经济、工业经济之后的主要经济形态之一，是高质量发展之路的助推引擎。党的十八大以来，党中央高度重视发展数字经济，将其上升为国家战略，数字经济正逐渐成为把握新一轮科技革命和产业变革新机遇的战略选择。习近平总书记指出，面向未来，我们要站在统筹中华民族伟大复兴战略全局和世界百年未有之大变局的高度，统筹国内国际两个大局、发展安全两件大事，充分发挥海量数据和丰富应用场景的优势，促进数字技术和实体经济深度融合，赋能传统产业转型升级，催生新产业、新业态、新模式，不断做强、做优、做大我国数字经济。这一重要论述为我国发展数字经济指明了前进方向，提供了根本遵循，对推动构建新发展格局、建设现代化经济体系、构筑国家竞争新优势具有重大战略意义。

一、以数字经济发展推动构建新发展格局

数字技术、数字经济推动各类资源要素快捷流动、市场主体重构组织模式、各类市场主体加速融合，实现跨界发展，打破时空限制，延伸产业链条，畅通国内外经济循环。因此，数字经济的健康发展有利于增强区域发展的平衡性、协调性，从而推动构建以国内大循环为主体，国内国际双循环相互促进的新发展格局。

（一）增强发展新动能

数字经济打破了传统经济模式中存在的时空限制，降低了信息的非对称性与非完整性，以其特有的渗透率以及发展效率推动产业结构全面升级，缩短了产业链优化的进程。落后地区凭借信息追赶方面的后发优势，可以利用低成本的信息沟通与扩散实践实现“蛙跳式”发展。数字经济为我国经济社会持续健康发展提供了强大动力。在第五届数字中国建设峰会开幕式上发布的《数字中国发展报告（2021年）》显示，2017年到2021年，我国数字经济规模从27.2万亿元增至45.5万亿元，总量稳居世界第二，年均复合增长率达13.6%，占国内生产总值比重从32.9%提升至39.8%。虽然目前依然存在发展不平衡、不充分和不规范等问题，但随着传统发展模式的转变，区域发展的动能不断增强，短板弱项持续补齐，我国数字经济治理水平正在显著提高，逐渐走出一条高质量的发展道路，为构建新发展格局奠定坚实基础。

（二）畅通经济大循环

生产、分配、交换、消费是经济活动的四大要素。各要素环节畅通，以生产促进消费，以消费促进生产，是整个国民经济有序运行的前提条件。习近平总书记指出：“经济活动需要各种生产要素的组合在生产、分配、流通、消费各环节有机衔接，从而实现循环流转。”数字经济以其高速成长、高能扩散和高效影响的优势推动了生产方式、生活方式和治理方式的深刻变革。进入新时代，我们必须加快建设以5G网络、全国一体化数据中心体系、国家产业互联网等为抓手的高速泛在、天地一体、云网融合、智能敏捷、绿色低碳、安全可控的智能化综合性数字信息基础设施，打通经济社会发展的信息“任督二脉”，以数字促循环，以循环谋发展。

二、以数字经济发展推动建设现代化经济体系

现代化经济体系是由社会经济活动各个环节、各个层面、各个领域的相互关系和内在联系构成的一个有机整体。数字经济通过高创新性、强渗透性、广覆盖性贯穿了经济发展的各领域，不仅提供了新的经济增长点，而且是改造提升传统产业的有力支点，日益成为加速建设现代化经济体系，推动经济高质量发展的重要引擎。

（一）激活经济增长新动能

进入数字经济时代，数据资源成为关键的生产要素，带来新产业的涌现，也实现了产业在空间上的重新布局，为欠发达地区提供了新的发展机遇，逐渐成为现代化发展的核心竞争力。在传统生产方式中，地理环境、资源禀赋对生产力的发展产生了诸多阻碍，限制了做大“蛋糕”的可能性。大数据、人工智能、物联网、区块链等技术如雨后春笋般不断涌现，激发了新业态和新模式的全面发展。《数字中国发展报告（2021年）》显示，2017年到2021年我国数据产量从2.3ZB增长至6.6ZB，全球占比9.9%，位居世界第二。大数据产业规模从2017年的4700亿元增长到2021年的1.3万亿元，实现快速增长。可以说，数据对提高生产效率的乘数作用不断凸显，成为最具时代特征的生产要素，其爆发增长、海量集聚蕴藏了巨大的价值，为智能化发展带来了新的机遇。

（二）帮助传统产业创新发展

数据对传统生产方式变革产生了重大影响。实体经济和数字经济融合发展成为经济现代化发展的必然趋势。实体经济是一国经济的立身之本，是财富创造的根本源泉，是国家强盛的重要支柱。而数字经济以其强大的创新性、流动性和共享性对传统产业进行了全方位、全链条的改造，实现了工业化、信息化、城镇化、农业现代化的“并联”发展，提高了全要素生产率，对经济发展起到了放大、叠加、倍增的作用。在实践中我们必须坚持以数字技术与实体经济深度融合为主线，加强新型基础设施建设，完善数字经济治理体系，协同推进数字产业化和产业数字化，赋能传统产业转型升级，培育新产业、新业态、新模式，为构建数字中国提供有力支撑。

三、数字经济推动构筑国家竞争新优势

数字经济事关国家发展大局。当今时代，数字技术、数字经济是世界科技革命和产业变革的先机，是新一轮国际竞争的重点领域，是抓住先机、抢占未来发展制高点的必然选择。

（一）提升核心竞争新能力

数字经济激发了数字产业化和产业数字化的发展，推动了技术、模式、业态的多维升级，是我国构筑国家竞争新优势的强劲动力。纵观历史，历次技术革命都极大地促进了生产力发展，也深刻地改变了人们的生活方式，数字经济一方面与实体经济广泛融合，在成本、效率、质量、范围多方面实现了跨越式发展，有效打破了时空阻隔，提高有限资源的普惠化水平，极大方便了群众生活，为整个社会提供了更为丰富的物质产品和社会财富，让广大人民享受到看得见、摸得着

的实惠。另一方面，数字经济引发市场规则、组织结构、信用关系、产权制度、激励机制等方面发生根本性变化，激发制度体系与治理方式的持续创新，培育在发展中规范、在规范中发展的新常态，以数字经济构筑国家竞争新优势。《数字中国发展报告（2021年）》显示，我国5G实现技术、产业、应用全面领先，高性能计算保持优势，北斗导航卫星全球覆盖并形成规模化应用；芯片自主研发能力稳步提升，国产操作系统性能大幅提升；人工智能、云计算、大数据、区块链、量子信息等新兴技术跻身全球第一梯队；2021年，我国信息领域PCT国际专利申请数量超过3万件，比2017年提升60%，全球占比超过三分之一。

（二）促进国际广泛合作

进入新时代，世界各国日益成为一个相互联系、相互依赖、共同运动的经济有机体，而数字经济正在成为重组全球要素资源、重塑全球经济结构、改变全球竞争格局的关键力量，其不仅开拓了国际合作的广泛空间，发展成为世界经济合作的重要桥梁和纽带，而且极大地推动各国发挥各自的比较优势，助力实现互利共赢。目前我国倡议发起并加入《G20数字经济发展与合作倡议》《全球发展倡议》等国际合作协定，深入参与数字经济国际规则制定，在技术、标准和应用方面与有关国家开展交流合作，携手构建网络空间命运共同体。我们要把握数字化发展新机遇，大力推动数字经济发展顶层设计和体制机制建设，拓展经济发展新空间，推动我国数字经济健康发展。

四、广西发展数字经济的战略意义

提升经济效能和活力：数字经济通过应用互联网、大数据、人工智能等前沿科学技术，推动生产过程的数字化，使经济运行更高效、更灵活。通过整合线上线下资源，打破时空限制，促进生产效率提升，降低运营成本，从而提升全区的整体经济效能和活力。

培育新的经济增长点和发展动能：随着数字技术的快速发展和不断深化，新一轮科技革命和产业变革正在形成。数字经济正在推动产业转型升级，催生出新的商业模式和经济形态，如电子商务、远程办公、在线教育、数字娱乐等，为稳定经济、促进发展提供了新的机遇和可能。

实现区域均衡发展，打破地理限制：数字经济的发展模式不受地理位置限制，促进了资源的优化配置，提高了地理位置较差地区的发展机会，有助于缩小城乡、区域的发展差距，推动广西经济社会全面均衡发展。

提升扶贫工作的精确性和有效性：数字技术的运用使得扶贫工作更为精准、实效，通过数据采集、分析与评估，确保扶贫资源精准流向，避免形式扶贫，提升扶贫开发工作的效果，从而实现精准扶贫，精准脱贫。

提高公共服务能力和水平：数字技术的应用使公共服务更加便利，方便群众获取和享用各类社会服务资源。如通过线上平台处理事项，方便群众享用健康医疗服务、提升教育质量等，实现公共服务“数字化”，提高公共服务的覆盖面和效率，更加满足人民日益增长的对美好生活的需要。

保障社会稳定和安全：数字经济的发展有助于提高社会管理水平，借助数字技术可以精确预测和及时处理各种社会问题和风险，降低社会运行成本，增强社会稳定性和安全性。

促进环境的可持续发展：数字经济可以通过提供绿色、高效、低碳的技术解决方案，帮助行业实现能源节约和环保低碳发展，对实现可持续发展有着积极推动作用。

总的来看，数字经济在增强广西经济发展活力、推动产业结构调整、优化公共服务、保障社会稳定、实现可持续发展等方面具有重要战略作用，是广西未来发展的重要引擎。

第三章　广西数字经济发展现状

一、广西数字经济发展总体情况

（一）数字经济总体发展保持平稳增长，区域协调发展程度不断提升

1.数字经济总体发展保持平稳增长

数字经济规模不断提升。2022年，广西深入实施数字广西发展战略，围绕构建“一核双引一底四驱”数字广西建设发展格局，以数字化赋能产业生态，通过数字化转型整体驱动生产方式、生活方式和治理方式变革，充分发挥数字政府建设对数字经济、数字社会、数字生态的引领作用，助推数字广西建设高质量发展，数字经济发展取得良好成效。2022年，广西数字经济规模超9300亿元，数字经济成为广西经济高质量发展的重要引擎。

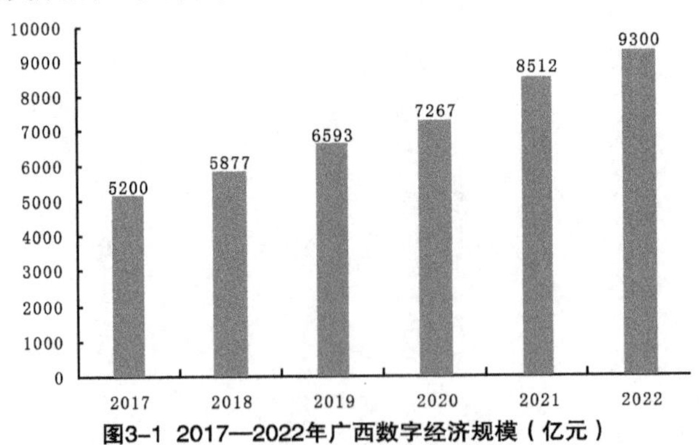

图3-1 2017—2022年广西数字经济规模（亿元）

数字经济规模增速是GDP增速的3倍多。2022年，广西数字经济规模增速超10%，高于同期GDP增长率7个百分点，比2017年增长78.85%；数字产业化和产业数字化分别增长14.21%和5.14%，数字广西战略取得显著成效，数字经济保持平稳增长态势。

表3-1 2017—2022年广西数字经济规模增速占比情况

年份	地区生产总值（亿元）	GDP增速（%）	数字经济增速（%）	增速在全国排名（位）
2017年	17790.68	7.1	27.1	—
2018年	19627.81	6.8	13.1	21
2019年	21237.14	6.0	12.7	13
2020年	22156.69	3.7	10.2	8
2021年	24740.86	7.5	16.7	9
2022年	26300.87	2.9	10	—

数字经济对经济增长拉动作用不断凸显。2022年，广西数字经济占GDP比重超35%，较上年提升0.9个百分点，保持连年上升的趋势。数字广西战略实施以来，广西数字经济快速发展，数字经济占GDP的比重逐年上升，由2018年的28.9%增长至2022年的35.36%，提高了6.5个百分点，数字经济对广西经济的拉动作用不断凸显。

产业数字化和数字产业化协同并进。2022年，广西发布《关于加快数字化转型发展深入推进数字广西建设的实施意见》，确定数字广西建设“一核双引一底四驱”的总体思路，深入推进数字化转型发展取得良好成效。广西产业数字化规模超7800亿元，同比增长5%左右，占数字经济比重超85%。数字产业化规模占数字经济比重14.21%，数字经济内部结构均衡性进一步提升。

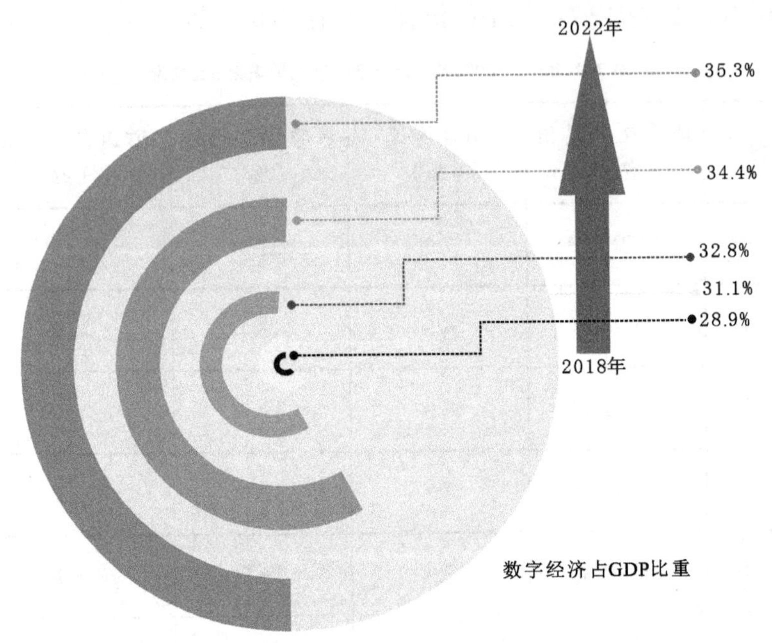

图3-2 广西数字经济占GDP比重变动情况

数字经济企业发展稳中有进。数字经济企业发展韧性强、活力足。2022年，广西现有数字经济企业数量约1.51万家，较上年同期增长约4%，企业数量稳住连年增长的基本态势。全区数字经济企业欠税情况明显改善，欠税额降幅超过56%，企业发展韧性较强。区内外数字经济企业资金活动交流频繁，数字经济企业“引进来”和“走出去”成效显著。区外数字经济企业在桂设立分支机构数已累计达685家。从对外投资情况来看，广东是广西数字经济企业最主要的投资目的地，2022年，广西累计在粤设立数字经济企业分支机构340余家，其次为上海和江苏。数字经济企业发展有力支撑广西经济社会发展，数字经济指数保持上升趋势，数字经济发展势头良好。

2.数字经济为经济稳增长提供强大支撑

数字经济投资提质增效。2022年，广西计算机通信和其他电子设备制造业投资增长29.0%，其中，电子及通信设备制造业投资增长67.4%，有效拉动投资落地见效。此外，5G基站、大数据中心、人工智能和工业互联网等数字经济新基建投资高速增长，2022年，新建成5G基站约2.4万座，按照平均每个基站造价40万估算，直接拉动投资超90亿元。2021—2023年上半年期间，通过自治区本级服务业发展专项资金已累计支持数字经济项目18个，支持资金规模达1.35亿元，带动项目投资超过17亿元，助力全区数字经济高质量发展。

数字经济消费释放新动能。数字消费显著提高供需匹配效率，随着数字基础设施的不断完善及居民消费习惯的改变，电商平台为消费者提供更为丰富的选择与更有保障的服务，消费场景和消费体验得到极大提升，越来越多消费者习惯于通过网络购买各类商品。2022年，全区实物商品网上零售额比上年增长15.0%，环比增长1.8个百分点，高于全国（6.2%）8.8个百分点，有力拉动消费增长1.2个百分点。实物商品网上零售额占社会消费品零售总额的比重为9.2%，比上年提高1.3个百分点。数字经济助力扩大传统消费规模，广西通过开展2022年广西消费节系列活动，推动各大银行、商户开展电商促销，引导消费者线上抢券、线下消费，广西消费热情显著提升，极大促进了消费潜力释放。

数字经济贸易再上台阶。在数字化技术赋能下，广西边境贸易快速发展，跨境电商发展迎来新的发展机遇，自RCEP协议生效以来，广西大力推进南宁、崇左跨境电子商务综合试验区建设，加快建设跨境电商海外仓，与东盟国家贸易规模迈上新台阶。广西全区边境贸易进出口额连续6年排名全国第一位，2018—2021年全区外贸进出口年均增长13%。

3. 数字经济区域协调发展程度不断提升

数字经济发展“核心”活力日益显现。作为广西数字经济发展的核心城市，南宁市在促进数字经济创新创业方面表现突出，呈现出“孵化多、寿命长、长得壮”的特点。2019—2022年，南宁市数字经济评估指数连续4年排名全区首位，数字经济核心发展区效应明显。2022年，南宁市培育了全区约35%的新增数字经济企业，远高于区内其他城市。从企业存活“寿命”来看，南宁市数字经济企业存活年限达7.5年，高于全区平均水平及广西其余城市。南宁市也是数字经济企业分布占比最高的广西城市，入驻南宁的数字经济企业占全区数字经济企业总量的48.3%。

数字经济发展“主轴”城市发展优势明显。2022年，广西各市抢抓构建新发展格局战略机遇，主动担当、积极作为，与数字广西建设重大战略部署同频共振，数字经济区域协调发展程度不断加大，其中南宁、柳州和桂林等重点城市发展成效显著。从广西数字经济发展评估结果看，广西数字经济发展整体水平继续保持上升态势，数字经济评估指数同比增长2.34%。设区市的数字经济竞相发展，数字经济评估指数超过70分的市由上年的4个增加到9个，各地数字化发展取得长足进步。南宁市作为数字广西建设的“领头羊”与“核心区”，建设步伐不断加快，各项指标得分均领先全区。柳州市充分发挥产业优势，大力推进实体经济与数字经济融合发展，工业数字化发展、数据资源开放共享表现突出，排名稳居全区第二。北海市积极推进电子信息产业发展，数字基础设施、数字产业化建设齐头并进，助推数字经济蓬勃发展，排名稳居全区第三。整体看（图3-3），各市数字经济发展评估得分平稳增长，不同梯队之间评估得分差距不断缩小，数字经济区域协调发展程度不断加大。

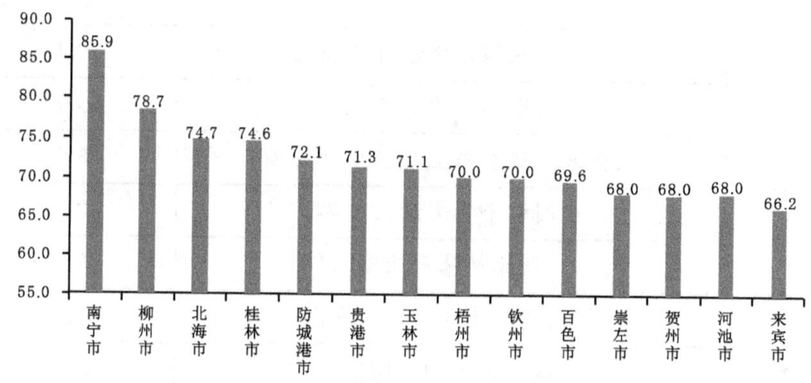

图3-3 广西各市数字经济发展评估得分及排名情况

数字经济产业集群效应逐渐显现。目前广西数字产业集群发展呈现“阶梯化”特征，根据产业集群的竞争力水平，具体划分为三个梯队：第一梯队的数字产业集群主要以南宁市内的数字经济园区为主，处于榜单前5名；第二梯队以柳州、桂林、北海等设区市的园区为主，分别排在榜单的6—13名；第三梯队数字产业集群在榜单中排名在14名往后，该梯队的数字产业集群多处于玉林、贺州、来宾、梧州等数字经济发展水平相对落后地区，但也有少数规模较小、竞争力水平较低的园区分布在柳州、桂林、北海等市。总体上看，第一、二梯队间园区竞争力水平差距不大（表3-2）。

表3-2 广西数字产业集群综合竞争力榜单

排名	园区名称	竞争力综合得分
1	中国东盟新型智慧城市协同创新中心	75.79
2	富士康南宁科技园千亿电子信息产业园	74.32
3	广投数字经济示范基地	74.01
4	中盟科技园	73.50
5	中国—东盟数字经济产业园	70.41
6	东盟网络视听基地	69.92
7	东盟地理信息与卫星应用产业园	68.57
8	中国电子北部湾信息港	60.72
9	桂林智慧产业园	59.47
10	柳州高新技术产业开发区	57.29
11	八戒工场柳州园区	57.27
12	桂林华为信息生态产业合作区	56.51
13	国家信息中心大数据工业应用柳州基地	56.46
14	惠科电子北海产业新城	55.63
15	桂林花江智慧谷	55.52
16	柳州大数据产业园	55.43
17	玉林数字经济城	55.11
18	华为数字小镇	54.63
19	贺州市平桂区大数据云计算生态科技产业园	53.15
20	梧州大数据产业基地	52.00
21	粤桂数字经济合作特别试验区	51.94
22	数字贺州产业园	51.54
23	京东（百色）数字经济产业园	51.19
24	中沛电子产业园	49.63

（二）“云边协同”存算基础设施加快布局，数字基础设施水平不断提高

1. 信息网络基础设施优化升级

信息通信网络基础设施不断完善。2022年，全区新建成5G基站2.4万座，累计建成5G基站6.7万座，千兆光纤端口65.8万个，全部行政村已实现5G和千兆光纤网络覆盖，在全国率先实现县以上区域全部覆盖“双千兆”网络，成为全国第一个所有设区市千兆光网均达标的省份。5G移动电话用户数达1785万，在西部省区排名第二，5G用户普及率达37%，城市地区平均每万人拥有5G基站数达到18个，公办医院（三级以上）、重点高校、文化旅游场所、火车站、干线机场、重点道路等重点场所5G网络覆盖率达98.5%。千兆光纤用户数累计424万户，城市家庭千兆光纤网络覆盖率达到221.9%，千兆以上宽带用户占比达到20.7%，居全国前列。光缆线路总长度达到260.5万公里，较上年末净增17.4万公里，建成开通3条国际通信海缆、12条跨境陆路光缆、13个国际通信节点。物联网终端用户高速发展，物联网用户数达4592.8万，较上年末净增1501.6万，其中车联网终端用户1168.9万、零售服务终端用户1020.5万、公共服务终端用户887.2万、智慧家居终端用户719.7万。IPv6规模部署和应用范围不断扩大，广西IPv6综合发展指数为71.85%、IPv6活跃终端占比75.91%、IPv6流量占比27.60%1，处于全国中游发展水平，IPv6服务渗透率不断提高。

2. “云边协同”存算基础设施加快布局

存算能力基础快速夯实。2022年，全区共有存量数据中心51个，在建数据中心11个，合计承载规模将近30万标准机架，其中超大型数

据中心6个、大型数据中心7个、中小型数据中心49个，PUE值低于1.8的数据中心有58个。桂林华为云计算数据中心、中国—东盟（钦州）华为云计算及大数据中心、中国移动（广西）数据中心、中国电信东盟国际信息园数据中心等大型、超大型数据中心建成运营，五象云谷云计算中心、中国—东盟人工智能计算中心加快建设实施。中国移动（广西）数据中心入选工业和信息化部公布的2022年国家新型数据中心典型案例名单。政务云网服务效能不断提升。广西电子政务外网五级纵向覆盖率100%、横向接入率76.3%。

3.融合基础设施升级改造有序推进

多层次工业互联网体系加快构建。2022年广西工业互联网平台普及率为14.78%，工业互联网标识解析二级节点（柳州）累计注册标识1.58亿个，解析量2254万次，累计接入节点企业达75家，涉及螺蛳粉、扶贫产品、车联网、智慧城市、汽车零部件等行业。广西工业互联网平台体系不断壮大，目前已建成园区、行业、企业横向联通、纵向贯通的工业互联网体系，覆盖39个工业大类行业，广西工业互联网（云）平台、广西工业互联网创新体验中心（梦工厂）、广西工业互联网安全态势感知平台3个公共基础性工业互联网平台建成运营。

北斗技术推动数字基础设施升级。广西最南端斜阳岛北斗卫星导航定位基准站投入运行，标志着广西完成了陆海一体基准站网建设，已实现厘米级高精度定位全区覆盖，达到国内领先水平。完成全区45座北斗地基增强基准站的升级改造工作，可向全区北斗卫星导航提供误差小于1米的高精度定位服务。搭建了“北斗+广播”高精准时空信息服务平台和广西北斗综合位置服务平台，在地质灾害监测、桥梁监测、建筑物变形、自动驾驶、无人机、智慧糖业、西江智能通航、城市精细化、东盟跨境运输等行业领域中形成应用示范，北斗技术持续深度融入新型基础设施建设，有效推动全区数字基础设施升级。

（三）数据资源融合应用持续深化，数据要素成为“数实融合”新动能

1.数据要素融合发展不断推进

数据要素市场化改革取得新进展。全区实施《广西加快数据要素市场化改革实施方案》，不断推进广西数据要素市场化改革评估和公共数据授权运营试点等工作，实现年度公共数据开放量、社会数据汇聚量、政务数据汇聚量明显提升。全区公共数据开放总量26.04亿条，广西开放数林指数2022年排名全国第五位。汇聚社会数据1.85亿条；自治区电子证照汇集数据2.21亿条，汇聚类型和数量排在全国第十名。2022年政务数据汇聚、公共数据开放比2021年增长112.03%。自治区第十三届人大常委会审议通过《广西壮族自治区大数据发展条例》，并于2023年1月1日起施行，这是广西第一部数据领域地方性法规。启动首席数据官制度和公共数据授权运营试点工作。北部湾大数据交易中心不断做大做强，交易规模超8000万元，成为全国16个大数据产业发展试点示范项目之一。

2.数据资源融合应用持续深化

数据融合应用不断拓展。全区持续实施数据要素融合“百千万工程”，认定工业类、农业类、服务业类、民生类、政府管理类等十大领域共计57个融合应用试点项目。数字化公共服务水平显著提升。“桂通办”“智桂通”等平台不断深化应用，实现纵向全贯通、横向全覆盖；构建全国首个集政、商、民、客为一体的移动生态开放体系。数字化公共服务水平提升，助力消除市场壁垒，促进广西更好融入国内大市场。不断探索行业应用新模式。广西共17个项目获2021年、2022年“绽放杯”5G应用征集大赛全国赛奖项，4个项目获全国首届“光华杯”千兆光网应用创新大赛奖项，4个项目入选全国2022年移动物联网应用典型案例库，1个项目入选国家“5G+智慧教育”应用试点项目名单，5个项目入选2022年工业互联网试点示范项目名单。探索合作新方式。广西通信管理局与中国（广西）自由贸易试验区钦州港片区管委会签订5G+工业互联网战略合作协议，共同推动园区内信息通信业与实体经济深度融合，助力打造数产融合资源高地。

（四）数字化转型步伐加快，产业数字化水平稳步提升

1. 农业数字化水平进一步提升

农村信息化基础设施不断完善。广西农村地区5G基站建设累计超1.74万个，千兆速率光纤互联网宽带通达自然村12.8万个，农村宽带接入端口数达1959万。全区所有行政村均实现5G网络和千兆光纤网络“双千兆”全覆盖，全部自然村基本实现4G网络全覆盖，20户以上自然村基本通达光纤网络。全区2447万互联网宽带用户中，农村用户占1043万，占比达42.62%。农业大数据应用不断加强，以广西农业农村大数据中心和广西农业云平台、农业农村大数据平台、农业全产业链平台等三大平台为基础，构建农业专项数据资源库，范围涉及农业生产、农产品流通、科技服务等领域，为广西大宗农产品生产和优势产业发展、产销信息分析预判、农资价格预警监测等提供决策依据，被农业农村部评选为全国“互联网+”现代农业百佳实践案例。

农业生产智能化水平不断提高。广西已累计建设智慧农业园（点）465个、各类农业大数据云平台30个、全产业链智慧种养规模项目65个，已有500多个果蔬种植基地实施智慧农业开发，智慧农业物联网终端用户数达到3.39万户。2022年，广西建成一批农业物联网示范基地，4家企业先后获评全国农业农村信息化示范基地，6个县区荣获全国县域数字农业农村发展先进县。农村电子商务日益活跃。广西农村电商经济持续向好发展，部分特色农产品电商产业已具备全国性竞争力。目前广西全区共有“淘宝村”22个，“淘宝镇”28个，2022年分别新增淘宝村、淘宝镇5个和8个，同比增长率分别为29.4%与40.0%，远高于全国平均水平的9.7%与10.6%。2022年，广西茉莉花茶、陈皮、中药材、山茶油等产业电商发展增速较快（表3-3）

表3-3 广西部分传统产业农产品线上销售规模增速

产业名称	2021—2022年线上销售规模增速
横州茉莉花茶	250%
柳州山茶油	55%
钦州中药材	50%
钦州陈皮	45%

2. 工业数字化转型不断走深向实

两化融合程度不断提高。2022年，广西两化融合发展指数为69.0分，排在全国32个省区的第二十七位，处于第三梯队，其中企业经营管理数字化普及率60.8%，关键工序数控化率50.7%，数字化研发设计工具普及率68.7%。数字化研发设计工具普及率、工业电子商务普及率、实现网络化协同的企业比例等指标稳步增长，不断追赶全国平均水平。2022年广西新增22家企业入选第四批专精特新“小巨人”企业名单，广西累计284家企业进入国家级专精特新“小巨人”企业培育库。智能制造发展取得明显成效。2022年，广西共有5家企业成为2022年度国家级“智能制造”标杆企业，同时广西6家企业的6个场景入选优秀场景名单，广西智能制造水平取得新突破。新认定广西智能制造标杆企业8家、智能工厂示范企业70家、数字化车间企业70家。累计建成智能工厂242个、数字化车间137个。工业互联网应用标杆不断显现。形成了“5G+钢铁”“5G+铝业”“5G+港口”等一批特色产业应用，打造188个工业互联网及智能制造示范应用场景。2022年，广西列入国家工业互联网平台创新领航应用案例等类别试点示范项目42个，较上年新增29个。支持柳州打造“广西工业互联网示范城市”，推动柳东新区等11个园区进行工业互联网示范园区建设；一批行业龙头企业数字化转型走在全区乃至全国前列。

3.服务业加速数字化智能化

电子商务加快发展。2022年广西实物商品网上零售额785.90亿元，比上年增长15.0%，占社会消费品零售总额的比重为9.2%，比上年提高1.3个百分点，网络消费规模取得新突破。广西电商参与主体数量愈发壮大，活跃程度显著提升。2022年，淘系电商平台上广西店铺数量突破6万家，年销售额百万以上的广西店铺超过3000家，年均增速高达51%。智慧物流发展速度不断加快。建成广西物流公共信息服务平台“行·好运”网，全国首个结合5G+网联协同驾驶技术的

5G云控物流项目在柳州落地，加快实现5G云控物流的商业化应用。率先在国内实现东盟海产品冷链公铁海联运，跨境物流服务平台、电子口岸公共信息平台、跨境金融服务平台等建成运行，大幅缩减通关环节和时间，跨境人民币业务迅速提升。凭祥陆上边境口岸型国家物流枢纽入选2022年国家物流枢纽建设名单。智慧文旅加快发展。目前“一键游广西”平台累计入驻景区景点1505个、酒店民宿1.06万家、旅行社291家、餐饮企业406家，慢直播覆盖景区243家，平台用户数破1146万，整合全区“吃、住、行、游、购、娱”等旅游资源超1.5万个，非遗文化产品1042个，聚合“行程规划、旅游日历、加油站、服务中心”等公共服务资源5359个。数字金融坚实推进。数字人民币生态不断完善，应用不断创新。2022年，南宁市、防城港市获批数字人民币试点，除了在商圈零售、民生缴费、智慧医疗等8大全国通用类场景以外，在自贸试验区、边境互市贸易、乡村振兴、特色文旅、兴边富民行动等特色类场景也实现应用落地。推广升级优化广西综合金融服务平台，加强与“桂信融”“信易贷”等平台联通，提升平台服务企业融资撮合水平。截至2023年6月，“桂惠通”平台累计注册用户超25万户，进驻金融机构111家，发布金融产品800余项，帮助企业融资7628亿元。“桂信融”平台接入机构134个，发布贷款产品255个，服务主体数量超80万家，服务融资金额超1.1万亿元。

（五）数字技术创新能力不断增强，数字产业化水平平稳增长

1.数字技术创新能力不断增强

数字技术创新平台建设取得良好成效。建成广西大数据技术研究院、中国—东盟信息港数字经济研究院、中国—东盟信息港大数据研究院等创新平台。2022年，中国—东盟信息港鲲鹏生态创新中心已发

展199家生态伙伴，完成499个解决方案的生态适配，推动区内15所高校开设鲲鹏课程。2022年全年新增电子信息领域科技创新平台10家，包括1个成果转化中试基地，5家新型研发机构，以及“广西智慧交通重点实验室”等4个电子信息领域自治区重点实验室，占2022年新认定自治区重点实验室总数的近20%。2020—2022年，中国—东盟（华为）人工智能创新中心、中国—东盟信息港鲲鹏生态创新中心、中国—东盟区块链创新中心3个平台共计向259个数字创新项目发放超1.5亿元现金补贴，为广西数字技术创新应用和产业发展提供了强大支撑。广西数字技术研究能力提升明显，数字技术相关领域专利申请量持续增加，数字技术基础研究领域不断取得新突破。2022年，全区研发(R&D)经费增长15%左右，综合科技创新水平指数提高到54.8%，其中，涉及物联网技术的相关专利数量为706件，较2020年增长29.3%。与周边省份相比，近10年来，广西专利申请数量均高于同期云南和贵州。

2.数字产业发展活力持续增强

软件和信息技术服务业持续快速发展。广西软件和信息技术产业总体增长快速，保持着较强的发展活力。数字广西战略实施以来，广西软件和信息技术服务业收入保持快速增长的趋势（见图3-4）。2022年，广西软件和信息技术服务业收入851.6亿元，同比增长25.42%，高于全国和西部地区平均水平（全国平均水平为11.2%，西部地区平均水平为14.3%），在全国排名第二位（贵州、广西），西部地区排名第二位（贵州、广西）。

电信业务收入与总量保持稳定增长。2022年，广西电信业务收入累计完成417.6亿元，同比增长8.0%，与全国平均增速持平。

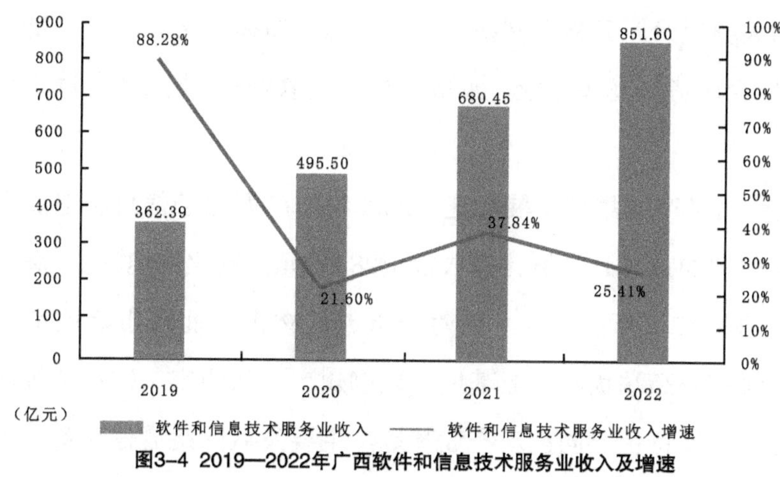

图3-4 2019—2022年广西软件和信息技术服务业收入及增速

电信业务总量（按照2021年不变单价计算）累计完成531.8亿元，同比增长23.7%，高于全国平均增速（21.7%）。四家电信企业完成固定资产投资109.5亿元，其中5G投资52.2亿元，5G投资在行业总投资中占比为47.7%。

互联网及相关服务业稳步发展。社会服务数字化、网络化、智能化、多元化、协同化得到进一步发展。2022年，广西规上互联网和相关服务增长42%，增速居全国前列。广西基于互联网的社会服务基本普及，全区数字基础设施支撑能力显著增强，城市和农村固定宽带接

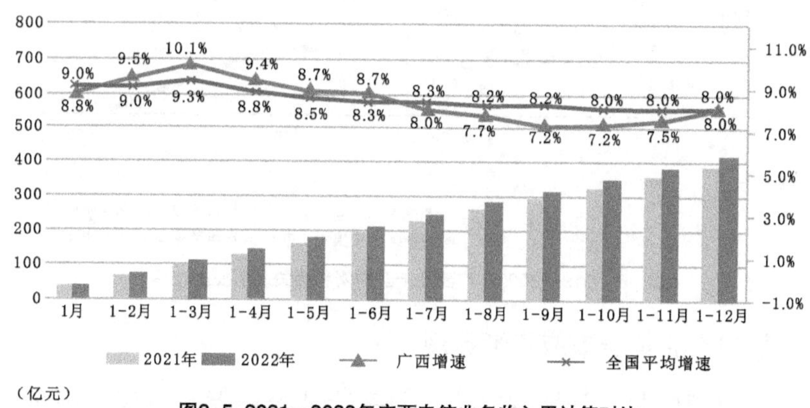

图3-5 2021—2022年广西电信业务收入累计值对比

入能力大幅提升，5G移动网络、物联网深度覆盖，培育壮大一批“互联网+社会服务”龙头企业，形成一批“互联网+社会服务”试点和示范平台。

电子信息产业集聚发展加速。2022年，广西电子信息制造业完成产值同比增加11.84%，累计完成投资289亿元，同比增速29%，高于全国（7.6%）21.4个百分点。以南宁市、桂林市、北海市等地市为依托，建设核心高端优势产业基地，以柳州市、梧州市、钦州市等地市为依托，建设特色协同创新产业基地，主要发展网络通信设备、手机零部件及终端、新型显示、智能终端、光通信及微波通信设备、汽车电子、电声、智能家居等八条重点产业链。加强产业跨境跨区域交流，推动广西电子信息产业由代加工向元器件制造端延伸，构建跨境产业链。

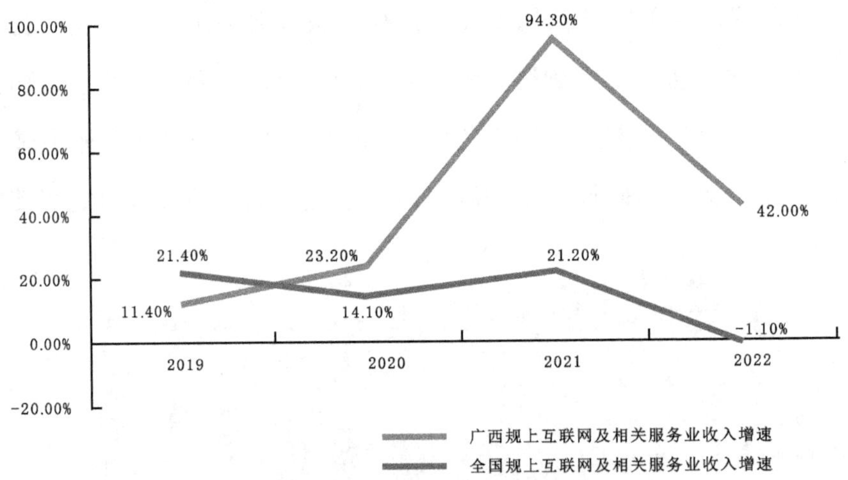

图3-6 2019—2022年广西规上互联网和相关服务业务增速

3.数字产业集群效应逐渐显现

以“南柳桂北”等地为龙头，数字产业集群竞相发展。南宁、桂林、钦州、柳州和北海数字经济专利数占全区比例接近六成。一条以南宁为核心，以柳州、桂林、北海为重要节点的“中轴”，已初步形成集聚优势。北海电子信息产业园、南宁·中关村创新示范基地、华为钦州数字小镇、桂林华为信息生态产业合作区、柳州大数据产业园、南宁启迪东盟科技城、中国—东盟信息港北投数字科技园、中越（凭祥）跨境电子信息产业园等数字经济园区加快建设，逐渐步入正轨，产业聚集效应初显。中国—东盟新型智慧城市协同创新中心累计入驻国内外数字经济企业和科研机构超过50家，孵化和培育国家高新技术企业7家。车联网先导区一期项目落地无人物流车场景、城市RoboTaxi（自动驾驶出租车）及智能网联景区体验场景、城市出行智能网联示范场景。

以“芯空屏端网”为重点，数字产业加快发展壮大。为加快推进数字产业化发展，提升广西产业数字化、智能化水平，广西围绕集成电路、空间信息、新型显示设备、网络通信设备、终端制造等产业，打造“芯空屏端网”数字制造产业链（表3-4）。从产业领域看，数字经济产业已成为广西战略性新兴产业的重要组成部分。广西累计认定战略性新兴产业企业764家，其中新一代信息技术产业、高端装备制造产业以及数字创意相关企业272家，占新兴产业企业的35.6%。从产业集群发展情况看，“芯空屏端网”产业集聚规模效应正逐步形成，“芯空屏端网”数字产业集群现有676家数字经济企业进驻，其中的336家数字经济企业进驻时间在2021—2022年。数字产业集群进驻企业现有软件著作权339个，专利申请数量1190个。中国—东盟数字经济产业园揭牌开园，目前与产业园签订合作协议的企业超70家，首批签约入园企业33家；中国—东盟新型智慧城市协同创新中心累计孵化培育1家广西瞪羚企业、1家自治区专精特新企业、2家自治区新型研发机构、2家CMMI企业、7家国家高新技术企业、7家上规入统企业、共取得200多项知识产权；中国—东盟地理信息与卫星应用产业园入驻87家企事业单位，累计完成产值超4.5亿元。

表3-4 “芯空屏端网”产业集群

产业集群	区域	依托园区	链主、龙头企业	主要产业
『芯空屏端网』产业集群	南宁	中国—东盟数字经济产业园、中国—东盟地理信息与卫星应用产业园、富士康南宁科技园千亿电子信息产业园、南宁国人通信产业园等	数广集团、中国东信、南宁富联富桂、麒麟软件、瑞泰精密(南宁)、南宁国人通信技术	集成电路、新型显示、通信设备、智能制造、智能终端、大数据、人工智能
	北海	中国电子北部湾信息港、惠科电子北海产业新城	凡普金科、中国网库、广西惠科科技	新型显示、通信设备、大数据、人工智能、电子商务
	柳州	柳州高新技术产业开发区	柳州东科智慧、耐世特汽车系统、株洲中车时代柳州分公司	智慧城市、网联车
	桂林	桂林华为信息生态产业合作区、桂林花江智慧谷电子信息创业产业园	桂林深科技、广西振芯科技	智能终端、云计算、物联网
	钦州	中国—东盟（钦州）5G智能终端产业园	智联北斗、鑫德利科技	5G产业、智能终端、人工智能、北斗
	河池	河池高端智能设备生产基地	中铁房桥、华威科技	智能终端、智能机器人、智能制造

产业集群发展生态不断优化。广西依托重点产业园区开展产业链招商，着力打造广西重点产业集聚区。积极引入华为、阿里、浪潮等50多家生态合作伙伴，并采取基金招商模式支持一批产业链项目落地广西；加快数字产业集聚发展服务平台建设，2022年新认定1个广西数字化促进中心，3家广西行业数字化转型促进中心；加强数字化人才引进，2022年广西人才活动周期间，通过实物展示、多媒体呈现、项目路演等形式，集中展出多个领域的100多个人才项目，精准对接区内14个设区市产业发展需求。2022年，广西海内外高端人才创业创新示范基地累计引进115名高层次人才，其中国家级专家59名。

（六）公共服务数字化水平持续提升

1.数字政务服务建设成效明显提升

数字政务基础设施加速布局。广西着力构建“一核驱动、五个管用、多维创新”数字政府新基座，打造数字政府“统一开发环境”，基于共建共享共用理念，推进“一网通办、一网通查、一号响应、一网通管、一机应用”的“五个管用”核心应用体系建设，围绕“政府搭基础、市场来创新”思路，引导各行业各领域积极利用数字政府资源开展多维创新。建成全国首个基于IPv6+技术的省级电子政务外网，自治区级电子政务外网互联网出口带宽由6G扩容至20G。根据中央网信办公布的2022年第四季度地方重点领域门户网站IPv6支持度测评结果，广西平均得分最高，支持度为99.62%，由第三季度的第十九名跃升至全国第一名。

数字政务服务品质不断升级。广西以“桂通办”平台为依托开展政务服务工作，截至2023年5月，已实现自治区、市、县、乡、村五级系统贯通，政务服务门户累计注册量达到4303万户，平台累计办件量超过1.4亿件，99.9%政务服务事项已实现“最多跑一次”，网上可办率超过99%。同时，依托“桂通办”平台，广西打造一站式全区惠企惠民政策服务平台，发布各类政策数量1.55万项，涉及农林牧渔业、采矿业、建筑业等19个行业领域；构建全区统一的企业电子印章公共服务平台，累计为全区36.9万家企业颁发了158.6万枚企业电子印章，提供了44万次签章服务，涉及公积金业务、社保业务、医保业务、商务贸易、金融贷款、药品采购等9个场景。在中国软件评测中心发布的2022年数字政府服务能力系列评估结果中，广西在省级数字政府服务能力评估中排名全国第十，自治区政府网站建设成效排名全国第三。

“六个通办”能力持续优化提升。2022年，广西创新推行“全链通办”，针对13项主题任务编制集成服务办理流程规范，实现最多可少跑腿5次、少提交19份申请材料、节省13个工作日的办结时间、减少70%的申请材料、压缩80%办事时间。持续巩固夯实“一门通办”，全区99.81%的政务服务事项进驻各级政务服务中心集中办理，实现企业群众“只进一扇门，能办百家事”。持续优化升级“一窗通办”，自治区、市、县三级已实现“一窗受理”全覆盖，“最多跑一次”政务服务事项约36.22万项，占事项总数的99.99%。持续拓展深化“一诺通办”，2022年全区新增95项承诺审批事项，累计已产生承诺审批办件61万件。持续优化健全“跨省通办”，在全国率先制定4项“跨省通办”配套制度，新增“跨省通办”事项目录超百项，91%“跨省通办”事项可全程网办。持续深入推进“全区通办”，2022年新增全区通办事项目录超220项，行使层级覆盖自治区、市、县三级，涉及企业开办、重大项目审批等多个领域，全面提升企业、群众办事便利度。

2. 社会生活数字化普惠水平不断升级

数字文化新场景加速构建。广西大力发展数字文化新体验，以元宇宙“镜身”“饰身”“替身”“永生”等技术为手段，打造商业模式下的文化景点的数字孪生体验馆，推出花山岩画元宇宙项目，设立“元游广西触见未来”文旅元宇宙体验展区，打造“刘三姐数字人”，以国内首个省级超写实文旅数字推广大使的身份在全网公开亮相，开启数字文化新场景体验。同时，广西加快公共文化服务数字化建设，依托全国智慧图书馆体系和国家公共文化云平台，提升覆盖全区的图书馆智慧服务和管理架构。在文化和旅游部全国公共文化发展中心公布的《国家公共文化云2022年度榜单》中，广西位居最具活力省份榜第四位。

“数智人社”模式不断深化。广西“数智人社”信息系统正式上线，着力打造人社服务“线上一网通、线下一门办”服务新格局，首次实现全区社保就业信息系统由“多张网”整合为“一张网”，形成全区连通、数据融通、业务贯通的一体化服务平台，人社业务基本实现“网上办”“掌上办”“家门口办”，有效助力政务服务便民化，2022年全区人社政务服务“好评率”为99.99%。同时，全区加快推行数字社保服务，推动社会保障卡“一卡通”普及和线上线下融合应用，2022年全区共1825.86万人签发电子社保卡，电子社保卡人口覆盖率达到36.25%。

“互联网+医疗”加快普及。广西持续扩展远程医疗网络，切实推动优质医疗资源下沉，远程医疗服务系统已覆盖全区14个设区市及全部县（市、区），覆盖二级及以上医院236家，与基层医疗卫生机构建立远程医疗服务的公立医院255家，2022年全年累计开展远程医疗服务数量达60万人次。全区已有南宁、桂林、柳州等9个设区市开设互联网医院共35家，累计预约诊疗量超305.79万人次，互联网医院新业态加速发展。同时，加快推广全区电子健康卡普及应用，2023年4月，全区各地、各医疗机构累计发放电子健康卡5881万张，累计用卡次数超3.8亿次，初步实现居民跨医疗机构就医信息互联互通的目标。

智慧教育加快推进。广西加快推进基础教育数字化转型，聚焦教育基础设施建设、广西教育网建设，全面建成广西教育网骨干网和广西教育网络中心，14个设区市实现专线教育网络互联互通，不断改善全区教育系统网络条件；全区中小学宽带网络接入率达100%，学校多媒体教室覆盖率达100%、班级覆盖率达98%。聚焦优质数字教育资源供给，建设“八桂教学通”平台，着力构建全区中小学数字资源公共服务体系，2022年，“八桂教学通”平台周访问量超过330万人次，周活跃教师数超过40万人，周上传资源数超过60万条，周授课使用近170万次；建成广西中小学云课堂平台，推动名师名校资源汇聚共享，全区已有1.6万所学校和26.1万名教师加入云课堂，为城乡一体化、规模化网络教研提供有力支撑。全区遴选确定基础教育信息化融合创新实验区20个、实验校60所，不断推动基础教育高质量发展。

3.数字城乡融合发展步伐持续加快

数字乡村发展成效显著。农业农村部发布的《中国数字乡村发展报告（2022年）》显示，广西公共安全视频图像应用系统行政村覆盖率和村级综合服务站点行政村覆盖率均高于全国平均水平，分别为86.4%和96.1%，排在全国31个省（区、市）的第十二位和第六位，村务治理现代化和村级综合服务方面发展成效突出。广西持续发挥数字应用助力巩固脱贫攻坚成果和乡村振兴有效衔接，乡村振兴大数据综合服务平台入选国家2022年大数据产业发展试点示范项目；横州市、恭城瑶族自治县、富川瑶族自治县、平果市等4个全国首批数字乡村试点顺利通过评估验收，其中3个试点在全国排名靠前；打造来宾凤凰镇万亩澳洲坚果基地智慧农业项目、河池红水河智慧渔业项目、百色田阳芒果产业园、隆安金穗集团火龙果种植基地等“双千兆”应用融合示范标杆项目，推动乡村振兴、智慧农业发展。

智慧广电深入推进数字城乡建设。广西大力实施智慧广电固边工程、智慧广电乡村工程、应急广播体系建设，已实现全区14335个行政村通广电光缆、通4K高清、通高速宽带，新建光缆线路总长10.7万公里，全区行政村总联网率达到100%。智慧广电与各行各业融合更加紧密，智慧县域、智慧社区、智慧党建、智慧政务、智慧旅游、雪亮工程、电商直播等一系列智慧应用在全区投入使用。“北斗+广播”、国家文化大数据中国—东盟区域中心、广电5G高新视频等一批智慧广电新基建项目相继启动，持续提高广大居民数字生活体验感。

（七）协同治理和监管机制不断强化，数字经济治理体系持续完善

1.强化协同治理和监管机制

广西持续强化跨部门、跨层级、跨区域协同监管。作为“互联网+监管”国家试点地区，形成线上线下全覆盖、各业务领域分工协作、齐抓共管的网络交易监管格局，全区“互联网+监管”平台加速建设，已覆盖全区14个通用监管系统，涵盖40多家行业监管系统，汇聚监管数据共7751.4万条，同步建设移动监管App，实现全区监管手段标准化、数字化、移动化。目前，广西已实现对市场监管、生态环

境、应急管理、自然资源、住房建设等十多个部门的企业安全生产、重大项目建设、自然资源管理等重点领域的非现场监管，成为第一批完成地方非现场监管系统与国家系统对接任务的省份，重点监管领域系统对接率100%，初步形成了纵向对接国家、横向覆盖行业的非现场监管网络，为实现对非现场监管资源的统一调度打下基础。广西已完成与国家“互联网+监管”系统的数据对接，成为首批正式接入国家信息系统的省份。

广西加强推进以信用为基础的数字经济市场监管。初步建立覆盖全区企业、自然人、社会组织、机关事业单位的社会信用体系框架和运行机制，基本形成比较完善的信用信息记录、整合和应用机制，自治区各有关部门、各重点行业信用信息系统基本建成并与自治区信用信息平台实现交换共享，基本建立政府部门联合奖惩机制，构建起以信用信息资源共享为基础、覆盖全社会的公共信用信息系统，以法规机制为保障的信用监管体系，失信联合惩戒机制全面有效运行，以信用为核心的新型监管机制基本建成。

2.增强政府数字化治理能力

数字赋能打通广西基层治理“末梢”。广西多地依托数字技术，精准防控治理风险，在市域治理中发现风险征兆、判断风险走向、推演风险处置，提高实时监测、科学预警、及时处置和主动服务的水平，有效提升了群众的安全感和幸福指数。持续利用“数据大脑”助力精准防控。各地用好大数据这个“显微镜”“透视镜”“望远镜”，建立健全大数据辅助决策机制，汇集社情、警情、案情、舆情等数据，精准分析线索，科学研判态势，超前谋划策略，主动监测违法犯罪动向，确保有的放矢、打准打透。在龙州县水口边境前沿、重点部位设置边海防监控探头177个、雷球联动监控平台3套，形成缜密的技防防线，实施“雪亮工程”赋能城市治理。

广西持续构建“全域覆盖、全网共享、全时可用、全程可控”的城市安防体系。已先后服务南宁、柳州、桂林、玉林、防城港等地市多个项目，以南宁市为例，目前南宁市汇聚24个部门156000路视频监控资源，在全国率先研发消防高空瞭望视频监控系统，监测覆盖全市800平方公里，选取20处制高点安装62倍数码变焦和火源识别探测智能摄像头，360度自动巡航扫描城市周边火点、烟雾，自动识别可疑热源形成报警信息，形成了邕城“数字望火楼”。广西多地配备“广西政法”企业微信平台、“智慧小区”视频监控平台，形成了线上线下融合、打防管控一体的社会治安管理新格局。群众通过手机微信扫描二维码，就可以把事件上报给网格员，网格员接报后立即到现场核查并协调处理，实现“信息多跑路，群众少跑腿”，形成“天网地格”治理体系，有效震慑违法犯罪行为。

（八）跨境互联互通不断推进，面向东盟国家的数字经济合作不断深化

1. 广西与东盟跨境互联互通不断推进

跨境数字基础设施建设应用取得进展。打通中国与东盟的国际通信大通道。2022年，亚太直达海底光缆（APG）、亚非欧1号国际海缆（AAEI）等多条海缆陆缆陆续投入使用。南宁国家级互联网骨干直联点运行管理不断优化，南宁国际通信出入口局稳定运行，南宁、柳州国际互联网数据专用通道建成运营；面向东盟国家建设运营了一批数据中心，分别在老挝、柬埔寨、缅甸等国家建设了海外云计算中心。北斗技术不断推广，面向东盟的应用场景加快落地。已建成面向东盟的北斗导航应用示范与产业化工程13个，中国—东盟跨境地质灾害监测系统已在柬埔寨、老挝、泰国、马来西亚等东盟国家进行示范应用。跨境道路应急救援服务项目的服务能力已覆盖泰国全境，并为国产车“出海”、跨境自驾车出行泰国提供7×24小时道路应急救援落地服务；跨境农产品溯源与在途监管项目，目前已在泰国榴莲、老挝香蕉等品类中进行了示范；国际跨境公路物流现代供应链一体化平台完成友谊关国际道路运输管理处、凭祥综保区管委会和大洲物流等9家跨境物流或货运代理公司的数据对接与打通工作，初步形成一个数据中台、一个基于北斗应用的业务平台。

2.广西与东盟的数字经贸合作取得新进展

面向东盟的数字贸易快速发展。广西积极参与中国的跨境电商综合试验区建设，推动关税优惠政策、通关便利化和物流合作等方面的措施落地见效，促进与东盟地区的跨境电商合作。2022年，广西跨境电商交易额达163.2亿元，同比增长60.8%。其中，南宁跨境电商综试区全年完成跨境电商进出口额137.86亿元，同比增长77.4%，占全区比重的84.5%。南宁跨境电商综试区依托国际陆海贸易新通道建设，已形成多线通达的跨境电商物流主干。钦州港片区建立了连接东盟的主要港口海运网络，崇左片区开通跨境公路物流线路22条、跨境铁路班列线路13条，跨境电商物流覆盖中南半岛。广西通往泰国曼谷、菲律宾马尼拉、马来西亚吉隆坡等8条跨境电商空运航线成功开通，初步构建面向东盟的快货圈。

跨境数字金融取得新突破。2022年，中国（广西）自由贸易试验区入驻的金融机构（企业）352家，是2018年的16倍；累计入驻企业

7.6万家；广西跨境人民币结算量2211.65亿元，同比增长20.23%，高于全国平均水平5.75个百分点。南宁市、防城港市的数字人民币试点获批通过，成为全国17个省市的26个试点地区之一。目前，广西正积极研究推出中国—东盟合作、中国—东盟博览会等8类广西特色类场景，打造面向东盟的“点面结合、自由贸易和边境贸易联动”的数字人民币应用先行示范区。形成“商圈+场景+研究+技术”中国（广西）自由贸易试验区南宁片区试点特色及“商圈+场景+边贸+监管”防城港边境贸易区试点特色，围绕边境贸易跨境支付场景开展探索。

3.面向东盟的技术和人文交流持续深化

与东盟国家的技术合作持续加强。打造了中国—东盟技术转移集聚区，建立包含超2700家成员的技术转移协作网络。推动成立中国—东盟信息港人工智能联合会、中国—东盟“数字丝路”智库联盟、中国—东盟信息港大数据研究院、中国—东盟信息港电子信息人才培养与科学创新联盟等，不断深化中国—东盟技术交流合作。中国—东盟技术转移中心与文莱、柬埔寨、印度尼西亚、老挝、马来西亚、缅甸、菲律宾、泰国、越南、新加坡等10个东盟国家分别建立了政府间双边技术转移工作机制，构建了覆盖东盟10国的技术转移协作网络，成员数已超过2800家；推动建立了中国—东盟传统药物研究联合实验室、国际岩溶研究中心等15个联合实验室和研究中心，促进了双方研究机构间长期稳定合作。广西—东盟的人文交流持续推进。广西与马来西亚拉曼大学、泰国朱拉隆功大学签订合作协议和备忘录，与新加坡、文莱等国家的高校开展线上游学，建立合作办学机制。中国—东盟新型智慧城市协同创新中心先后与新加坡、印度尼西亚、菲律宾、马来西亚等25个国家超过400批次的官方机构和企业开展交流，与新加坡高校合作打造的海外人才创新创业基地入驻海外机构和项目17家。广西连续7年举办中国—东盟博览会旅游专题展，邀请东盟10国旅游主管部门参展并轮流出任主宾国，为电子商务旅游、科技旅游、5G网络旅游等展示、交流、交易搭建平台，推动中国—东盟“旅游+教育”“旅游+文化”“旅游+交通”“旅游+健康”等行业融合发展。

（九）广西数字经济企业发展呈稳中向好态势

根据自治区信息中心（自治区大数据研究院）发布的《2022年广西数字经济企业大数据分析报告》，重点分析广西数字经济企业发展状况。报告显示，受疫情形势及宏观经济环境的影响，广西经济承受较大压力，但全区数字经济企业发展韧性强、活力足。2022年全区数字经济规模超过9000亿元，增速超9%，呈现稳中向好的总势头。

一是数字经济企业“寿命”显著提高。广西数字经济企业平均存续年限已从4.46年上升至6.85年，与广东、江苏和浙江等东部发达省份基本持平。充分反映全区数字经济企业发展呈“健康”态势，企业抗风险能力进一步增强。其中，南宁市数字经济企业存活年限达7.5年，高于全区其余城市。广西现有数字经济企业数量突破1.5万家，其中规上数字经济核心产业企业1280家，[①]企业数量稳住连年增长的总基调。

二是数字经济企业创新韧性十足。近年来，广西不断加大信息化方面的投入，一批基于物联网和区块链技术的平台开工建设，有力拉动全区数字技术创新。2022年前三季度全区数字经济企业专利数达到655件。一条以南宁为核心，以柳州、桂林、北海为重要节

①自治区大数据发展局：广西数字经济增速居全国前列

点的“中轴”，已初步形成创新集聚优势，正在辐射带动全区数字经济加快发展。随着2022年中国—东盟（华为）人工智能创新中心南宁分中心等11个市级分中心和中国—东盟信息港鲲鹏生态创新中心南宁分中心等9个市级分中心被相继认定，将有力推动数字技术创新活动向基层延伸。

（十）数字乡村工作取得良好成效

广西壮族自治区党委网信办多措并举深入实施数字乡村建设工作，取得良好成效。根据中央网信办关于国家数字乡村试点终期评估的通报，认为“广西壮族自治区高度重视国家数字乡村试点工作”，“广西壮族自治区4个试点地区数字乡村建设取得了重要进展，总体上处于全国较高水平”。

1.探索建立广西数字乡村建设“1+2+3+N”工作模式

“1”是建立“一套”行之有效的工作机制。成立自治区实施乡村振兴战略指挥部数字乡村建设专责组，建立自治区数字乡村建设统筹协调机制，形成工作合力。组建数字乡村建设工作专班，由自治区党委网信办从本办以及相关单位抽调骨干力量组成，具体负责推动落实全区数字乡村试点建设各项工作。

“2”是找准“两个”工作抓手。一手抓项目带动数字乡村试点建设，一手抓数字乡村建设基础研究。组织各县（市、区）将数字乡村试点建设工程打包成项目，开展项目编制及可研，建立广西数字乡村项目库，收录项目302个，推动数字乡村试点建设系统化、规范化发展。联合自治区相关部门，成立广西数字乡村研究院，研究方向包括数字乡村建设规划、技术研发与应用、理论研究与传播等，为数字乡村建设工作提供智力支撑。

“3”是抓实“三项”工作举措。充分发挥《广西数字乡村发展行动计划（2022—2025年）》《广西数字乡村白皮书》和《数字乡村建设指南1.0摘要》指导作用，从理论、典型案例分析等不同维度指导开展数字乡村建设工作。研究制定广西数字乡村建设标准评估评价体系，深入开展调研，摸清情况，为全面推动实施数字乡村建设筑牢基础。通过组织线上线下培训、召开联络员会议和现场会等多种方式，全方位推动数字乡村试点建设工作。

“N”是聚集多家生态合作单位。主动对接有意参与广西数字乡村建设工作的区内外知名企业，充分发挥企业在技术产品、实践经验、人力资源等方面的优势，聚焦数字乡村建设助力乡村振兴，沟通交流广西数字乡村建设思路，借力推动广西数字乡村建设工作全面深入发展。

2.农村网络基础设施建设卓有成效

4G/5G网络覆盖率全国领先。目前，广西全部行政村实现100%覆盖4G网络，自然村4G网络覆盖率99.6%，5户以上自然村基本覆盖4G网络。按照适度超前、按需建设原则，在乡级以上行政区5G网络基本覆盖的基础上，逐步推进5G网络向农村地区延伸。截至2023年2月，全区行政村5G网络覆盖率达到100%。光纤网络全面覆盖全区所有行政村，自然村光纤网络覆盖率达到93.3%，基本实现20户以上自然村光纤网络通达。

持续开展应急广播体系建设，建成广西应急广播云平台和68个县级应急广播体系，覆盖828个乡镇（街道）、10680个行政村（社区），应急广播覆盖超过60%的县（市、区）。应用北斗通信技术终端，加强农机管理平台应用能力建设。

整合多源农机实时状态信息和机械化作业大数据，形成农机综合态势可视化的“一张图”和农机信息数字化的“一张表”，实现农机管理精准化。目前，平台覆盖农机北斗终端8525台，作业面积超过195万亩。

3. 农村基层信息化程度稳步提升

大力推进农业大数据中心建设。以广西农业农村大数据中心和广西农业云平台、农业农村大数据平台、农业全产业链平台为基础，构建4大类39小类农业专项数据资源库，范围涉及农业生产、农产品市场流通、科技服务等领域，为广西大宗农产品和优势产业发展、产销信息分析预判、农资价格预警监测等提供了决策依据。平台的建设模式被农业农村部评为全国“互联网+”现代农业百佳实践案例。

完善拓展巩固脱贫攻坚信息平台建设。建设包括巩固脱贫攻坚成果、防返贫监测、乡村建设、乡村治理、考核评估等功能的广西巩固脱贫攻坚大数据平台。上线“广西防返贫监测e申请”微信小程序，覆盖全区14个设区市111个县，整合全区农户4413.74余万人（含脱贫户和监测对象约644万人）、行政村约1.6万个（含5372个脱贫村）以及2016年以来的9.8万个产业项目（涉及资金886亿元）等方面的相关数据。

4. 农村及边境地区社会治理数字化建设扎实推进

积极争取自治区本级安排网信事务资金，重点支持网络安全运营中心平台和网络安全应急指挥中心等项目，优先支持有关网络信息安全和数字乡村建设项目。推进公共安全视频监控在农村地区的应用，按照“平安中国”“雪亮工程”和社会治安防控体系建设的整体部署，积极推进全区公共安全视频监控建设联网应用工作，“雪亮工程”建设的视频监控覆盖面不断向广大农村地区延伸，在服务乡村振兴、构建平安乡村中发挥了较大成效。

南宁市的“守望工程”、贵港市的“天眼工程”、贺州市的“百姓天网”等，极大助推了社会视频监控资源汇入公安机关，成为公安机关建设的“天网工程”的有力补充，在打击犯罪、应急处突、服务群众等工作中发挥了较大成效。截至目前，广西公安机关共联网农村地区重点公共区域（乡镇村路口、重要活动场所等）视频监控点位8.1万个，电信、移动等运营商在农村公共区域建设了110万个视频监控点位，并接入公安视频监控联网平台。智慧广电固边工程取得初步成效，边境地区“电子围栏”发挥积极作用，助力守好祖国“南大门”。

5.加强数字乡村宣传培训，营造浓厚氛围

将数字乡村试点建设宣传纳入试点评估绩效考核。定期总结提炼全区14个数字乡村试点地区的好做法、成功经验、典型案例和工作亮点，通过新闻媒体及召开现场推进会等形式，加大宣传力度，讲好广西数字乡村故事，营造良好舆论氛围。恭城瑶族自治县、中国—东盟信息港股份有限公司数字乡村建设成果获第六届数字中国建设峰会成果展览会数字乡村主题展览展示。组织开展广西第一届“兴桂杯”数字乡村创新大赛。

结合数字乡村建设工作实际以会代训，召开自治区实施乡村振兴战略指挥部数字乡村建设专责组成员单位协调会、广西数字乡村统筹协调机制联络员会议，研究解决试点建设中出现的实际问题和困难。

召开全区数字乡村建设现场推进会，学习推广优秀试点建设经验。举办2023年第一期数字乡村建设工作业务培训班，培训对象覆盖数字乡村建设专责组各成员单位及全区14个设区市、111个县（市、区）业务骨干，参加培训人数160余人，邀请中央网信办数字乡村建设方面的权威专家开展线上线下培训，解读政策、剖析案例，提高各设区市、县（市、区）党委、政府对数字乡村建设工作的理解和认识。组织开展2023年广西提升全民数字素养·电商惠企惠民乡村英才计划，涉及400个企业主体以及企业电商团队，覆盖对象超过20000人。

专栏：广西联通深耕“双千兆”网络助力广西数字经济发展

以5G、千兆光网为代表的“双千兆”网络是制造强国和网络强国建设不可或缺的“两翼”和“双轮”。近年来，广西联通深入贯彻国家和自治区战略，加快推动广西“双千兆”网络协同发展，满足人民群众智慧生活需求，助力广西数字经济发展。

（一）多措并举加快推动“双千兆”网络建设

广西联通充分发挥自身能力优势，多措并举推动“双千兆”网络协同发展。网络建设上，加大投资力度，提高5G深覆盖和宽带广覆盖水平，实现乡镇及以上区域5G全覆盖，市区、县城、重点乡镇广泛具备千兆宽带接入能力。承载能力上，依托联通先进技术，开展6个数据中心直联建设，打造超大带宽、超低时延、超高可靠的全光网络底座，光传输承载能力大幅提升。行业赋能上，引入超算和智算处理器，建设骨干云、政务云等业务云，面向政府、智慧医疗、教育、金融、工业互联网等行业提供智能算力。同时，按“一城一池”原则为每个地市建设5G边缘云，为5G+应用的拓展提供算力支撑，促进云计算业务快速增长。产业筑基上，持续新建、扩建国际通信网络，先后建成南宁区域性国际出入口局、国际互联网直达专用通道、国家级互联网骨干直联点等一批国家级通信基础设施，初步形成面向东盟的国际通信枢纽。安全保障上，构建恶意程序监测处置、资产安全管理、上网日志留存、漏洞管理、安全态势感知等网络和信息安全管理平台，建立一批配套的管理制度和流程，为客户提供可靠的安全保障。

（二）创新应用赋能千行百业数智化转型

广西联通致力于行业融合应用，为中小企业构建光纤到桌面的千兆内网，推广云办公、云应用、行业直播等新应用，帮助企业实现无线化办公和轻量化运营。通过深耕5G+垂直行业应用，不断丰富“双千兆”应用类型和场景，在智慧文旅、教育、工地、交通、海洋、农业、物流、采矿、水利以及工业互联网等领域打造诸多成熟标杆案例，成功实施5G+“一键游广西”全域旅游项目，促成吉利百矿5G+智能矿山项目，积极赋能广西经济社会发展。同时，积极响应国家乡村振兴战略，针对农村设计研发数字乡村服务管理平台，为基层治理和服务注入“智慧基因”，提升乡村治理智能化、精细化、专业化水平，累计服务行政村超2000个。

（三）惠民便民促进“双千兆”走进千家万户

广西联通面向民生领域，积极通过提速降费、出台手机及固网终端适配优惠政策等惠民举措，促进“双千兆”业务的普及，其中享受手机5G高速服务的用户超过300万户，享受千兆宽带的家庭超过12万家。同时，推出超清视频、5G消息、联通云盘、联通学堂、联通畅游、联通爱听等多款便民应用App，累计服务用户超1500万户，充分满足用户学习、娱乐、个人办公等需求，进一步提升用户基于通信需求的全方位体验。

下一步，广西联通将深入推进“双千兆”网络协同专项行动，持续夯实“双千兆”网络底座，加快打造5G、千兆宽带、算力、政企“四张精品网”，探索“双千兆”创新应用，加快推进数字经济与实体经济深度融合，为广西数字经济发展贡献更多的联通智慧和力量。

专栏：稳中求进，广西移动在法治轨道上打造数字经济新高地

法治是推动数字经济高质量创新发展的关键，是数字经济治理的重要保障。作为网信领域的中央企业，广西移动充分发挥区域全面领先主导运营商作用，当好“网络强国、数字中国、智慧社会”主力军，助推数字经济新业态、展现数字经济新作为、升级数字经济新治理，在法治轨道上打造了数字经济新高地，为建设壮美广西贡献移动力量。

（一）蓬勃发展助推数字经济新业态

新基建是数字经济发展的战略基石。广西移动抢抓政策窗口期，参与了《广西壮族自治区建筑物通信规范》编制并推动施行，从制度层面推动以5G为代表的新型基础设施建设规范化。近年来累计投入超200亿元，5G基站开通2.4万个，实现了乡镇及以上区域5G连续覆盖。连续6年承担广西电信普遍服务建设任务，累计投入资金约7亿元，实现全区行政村4G覆盖率100%，开通“和商务”直播平台，农产品搭上电商“快车”，助力打造“一村一品”特色产业，赋能乡村振兴。

广西移动还落实了国家“东数西算”部署，数据中心建成超30

个，以南宁、柳州为“南北双核”辐射全区。助力南宁国家级互联网骨干直联点建成开通，组建专家团队研究RCEP对信息通信行业的影响，编制加快RCEP落地的相关政协提案，为融入“一带一路”建设提供法治力量。秉承信息服务领域中央企业的资源禀赋和能力优势，广西移动拓展了5G行业应用示范项目超300个，让5G深入“寻常巷陌”。运用大数据技术支撑“通信行程卡”公益查询服务超1亿次；推出5G热成像测温、云视讯和教育“停课不停学”等信息化产品，有力服务疫情防控。落地广西首家钢铁行业5G智慧工厂，推动节能降耗。联合打造南南铝加工5G+智慧工厂，入选工信部优秀案例。围绕上述项目，针对网络安全、数据安全、数据不出园等新问题，输出合规风险清单、数据分类分级管控标准等一揽子课题成果。

（二）勇于担当展现数字经济新作为

广西移动始终坚守红色通信初心，积极践行“人民邮电为人民”发展理念，贯彻落实网信领域“三法一条例”，树牢网络安全意识，严格实名制管理，把牢入网审核关。同时加强了自有App合规检测，避免过度索权等问题，打造清朗网络空间。广西移动还成立了反诈专班，构建反诈管控系统，发送防诈骗提醒短信超3.4亿条，落实“断卡”“安心”“打猫”行动，并配合公安机关打造全民反诈防诈社会联动体系，开展反诈法律宣传，营造了安全的信息通信环境。广西移动还连续15年开展“节能宣传周”等环保宣传活动，科普宣传电磁辐射，通过技术研发改进，大力推广基站节能技术，年均节电量达3050万度。同时对数据中心进行PUE优化，年均节约电费480万元，还推行了无纸化签约、“不见面”采购，推动战略供应商使用电子标签，打造绿色供应链。

（三）筑牢底座升级数字经济新治理

广西移动主动参与国家及地方立法，近年来累计为《数据安全法》《个人信息保护法》《广西壮族自治区社会信用条例》等多部法律法规建言献策。开展送法进工地、进校园、进社区、进网格、进班组、进家庭的普法“六进”活动，重点宣传《宪法》《民法典》等法律，近三年来公益普法超200场，传播法治声音，凝聚法治共识。深度融入社区综合治理，联合地方政法委、公安局建成全区第一个智慧社区——贵港平南月亮湾智慧社区，打造城市服务“善治样本”。在全区14个地市同步推进“平安乡村”项目，为1.2万个行政村提供数智化服务，助力城乡综合治理。

同时，广西移动还立足“两个大局”，牢记“国之大者”，坚持“两个一以贯之”，广西移动认真落实国企改革三年行动，不断完善公司治理体系，推动党的建设、依法治企入章程，持续在法治轨道上提升依法治理能力和水平。明确党委会、董事会、总经办公会等议事机构的决策标准及范围，有效配置各级治理主体权责，确保科学高效决策。深化监察体制改革，推动党的领导和监督一贯到底。落实国资委“合规管理强化年”部署，筑牢合规管理“三道防线”，探索建立法律+内控+合规+审计的大合规格局。

下一步，广西移动将继续发挥网信领域中央企业战略支撑作用，锚定世界一流信息服务科技创新公司目标定位，持续在法治轨道上奋力做强做优做大数字经济，为加快建成壮美广西不懈奋斗。

二、广西数字经济发展存在的问题

（一）数字经济新动能不够强劲

一方面，广西数字经济规模偏小，占经济总量比重不大。数字经济规模反映的是数字经济增长的直接指标，2021年，广西人均数字经济规模为1.69万元，仅为全国平均水平（3.22万元）的一半。广西数字经济规模不仅落后上海（8.28万元）、北京（7.31万元）、江苏（6.00万元）、浙江（5.46万元）、广东（4.65万元）等发达省份，而且落后于江西（2.30万元）、内蒙古（2.09万元）和贵州（1.79万元）等欠发达省份。广西2021年数字经济总量占GDP比重为33.8%，低于39.6%的全国平均水平，落后于欠发达省份贵州的35.4%和江西的34.8%。作为数字经济核心产业的数字产业化增加值约为1100亿元，仅为广西经济总量的4.23%，难以发挥数字经济对经济总量的牵引作用。另一方面，广西数字经济企业规模不大，面对疫情的冲击未能较好发挥数字经济带动实体经济的作用。2022年，广西数字经济企业数量为1.51万家，其中，注册资本大于1000万的企业比例为14.19%[①]，广西数字经济企业主要以中小企业为主，生存能力较弱，面对疫情的冲击难以维持平稳发展。前三季度，广西实物商品网上零售额同比增长13.2%，占社会消费品零售总额的比重为8.8%。与线下零售在限额以上有店铺零售中的折扣店（16.0%）、仓储会员店（33.1%）和家居建材商店（43.6%）的零售额同期增速相比，增速明显低于线下消费[②]。

①广西壮族自治区信息中心

②广西壮族自治区统计局：《黄强发：前三季度消费品市场稳定恢复总体平稳向好》

（二）数字经济活力有待激活

一是广西数字人才吸纳力度有待加强。截至2022年10月底，广西累计数字经济企业人才网上招聘岗位数约为6000个，全国平均水平为2.7万个，广西远低于全国平均水平，仅为全国平均水平的22%。广西数字经济企业招聘平均薪酬约为8700元，同期全国平均水平为1.03万元/人，低于江西（1.01万元）、重庆（1.05万元）、辽宁（9240元）、新疆（9875元）等省份，这表明广西数字经济人才薪酬水平较低，吸引人才能力较弱。

二是广西数字经济主体增长放缓。2022年，广西数字经济企业同比增长4.66%，比2021年（7.40%）下降2.74个百分点，广西数字经济企业发展势头趋缓。高频数据显示，10月广西信息传输、软件和信息技术服务业新增注册企业数为483家，仅占广西新增市场主体企业数的5.42%，数字经济企业信心有待激发。

三是数字经济企业面临更多挑战。2020年以来，广西欠税数字企业数和数字经济企业税务非正常户数均逐年递增，其中2022年数字经济企业税务非正常户占总数比为3.53%，比2021年提高了0.12个百分点，经营风险加剧。广西数字经济企业市场主体相对薄弱，数字经济龙头企业数量不多，企业“造血”机能不强，对推动广西数字经济发展推动力较弱。

（三）数字化转型力度有待加强

从农业数字化水平方面来看，广西2022年人均电商平台农产品销售额仅为130.83元，同期全国人均电商平台农产品销售额为376.17元，仅为全国水平的34.78%。从工业数字化水平来看，广西两化融合发展指数为67.2，比全国（99.9）水平低32.7；生产设备数字化率、数字化研发设计工具普及率、关键工序数控化率等指标均低于全国平均水平。从服务数字化水平来看，广西网络零售额占社会消费品零售总额的比重为7.20%，同期全国平均水平为9.56%，低于全国平均水平。广西人均电子商务销售额为5194.77元，同期全国人均电子商务销售额为1.6万元，不到全国平均水平的三分之一。广西不少企业对使用数字技术提高效率和促进转型的作用了解不充分，应用路径尚不清晰，加之企业数字化改造成本高、信息化建设效益达不到预期，更加抑制了数字化转型的主动性和积极性。调研发现，目前广西大多数国有企业主要聚焦在通过数字化手段实现提质降本增效，数字化转型的价值目标定位与国有企业承担的重大使命间存在差距。部分国有企业认识到数字化转型的战略重要性，制定了数字化转型相关战略，但是对转型战略定位和目标的制定相对比较保守，数字化转型对于国有企业创新发展和转型变革的引领地位尚未确立，而国有企业数字化转型正是广西企业数字化转型的主力军，国有企业数字化转型引擎力不足严重影响广西数字化转型发展。其次，不少企业内部数据沉淀体量大，但企业内部缺乏数据集约化管理的人才和能力，很少企业能实现业务基础资源和能力的模块化、平台化部署，供企业动态调用和配置，数字化转型过程中资金投入大、持续时间长，企业普遍缺乏清晰的战略目标、实践路径和实施步骤，更多还是集中在如何引入先进信息系统，数字化价值效益尚未显现，影响了企业数字化转型的信心。

（四）数字基础设施建设滞后

广西每平方公里移动电话基站数1.7个，高于全国平均水平，但是低于陕西（1.8个）和江西（1.9个）等省份，与发达省份还有较大差距，北京（18.8个）、江苏（6.9个）、浙江（6.6个）、广东（5.5个）；每平方公里5G基站数量为0.3个，同期发达地区如天津（4.8个）、北京（4.5个）、广东（1.2个）、江苏（1.7个）均高于广西；这表明广西数字化基础设施水平有较大的提高空间。广西2022年电信固定投资水平较低，仅为217.3元/人，低于全国平均水平（352.6元/人），导致广西的数字化基础能力水平与其他省份相比具有一定差距。

（五）科技创新研发经费投入少

数字经济的发展需要依靠技术创新和科研投入，科研投入是数字经济发展的重要支撑，能够提高数字经济的技术水平、促进数字经济与实体经济的融合、推动数字经济的创新和技术升级。但广西科研投入相对不足，国家统计局数据显示：2022年我国研发经费投入达30870亿元，占GDP比重为2.55%；广西研发经费投入仅为243亿元，占GDP比重为0.9%。研发投入太少，导致数字经济创新能力不足。

三、广西数字经济发展趋势

2023年是全面贯彻落实党的二十大精神的开局之年，也是“十四五”时期加快数字广西建设的关键一年。广西数字经济发展具备一定基础和有利条件，作为国民经济“加速器”的作用将更加凸显。在经济环境整体好转的背景下，预计广西数字经济规模将突破万亿元，增速继续保持10%以上，核心产业增加值占GDP比重达到5.5%左右。

（一）数据要素价值转化进入快车道

在供给、流通、开发利用三大关键环节发展进程将进一步加快。一是数据基础制度进一步完善推动形成政府、企业、社会多方协同的良好局面。2022年，《中共中央　国务院关于构建数据基础制度更好发挥数据要素作用的意见》印发，广西实施《广西壮族自治区大数据发展条例》，随着相关制度不断完善和深入实施，数据资源管理职责不清晰、数据资源供给不顺畅、数据质量标准不完善、开发应用规则不健全等问题将逐步解决，有力推动广西跨层级、跨地域、跨部门的公共数据汇聚融合、共享交换和开发应用，大幅提升公共数据的整体流通效能和价值。二是公共数据供给实现常态化、规模化。随着广西公共数据资源平台的优化完善，公共数据资源开放共享的深度广度正加速扩大，公共数据开放量预计超40亿条，社会数据汇聚量超3亿条，政务数据汇聚量超300亿条。三是数据交易机构建设迎来新的热潮。当前国内各地已经建立了50余所数据交易机构。2022年，新挂牌成立的湖南、无锡、福建等8地数据交易机构揭牌成立，数据要素市场布局初步形成，将加速打通数据采集、数据储存、数据加工、数据流通等核心环节。

（二）数字产业发展空间进一步拓展

数字基础设施不断夯实，数字渗透日益深化激发巨大需求，当前广西数字产业支撑体系初步形成，数字产业化将加速发展。一是数字化转型加快带动数字产业发展。信息技术服务业、电子信息制造业等数字产业迎来发展新空间。二是引进和布局数字产业力度持续加大。2022年数字经济产业链引进资金132亿元，同比增长25.2%，到位资金将加快补齐广西产业链短板。2023年即将竣工一批新项目，基础设施、营商环境更加完善，预计数字产业招商引资将进入高速推进期。三是信创产业迎来大发展机遇。近年来，国家层面出台19项涉及信创产业发展的战略、规划、政策，随着政策落地，一批政务信息化项目加快实施。

（三）数实融合数量和质量更上台阶

从全国趋势看，数字技术将更大范围、更广领域、更深层次进入实体经济，数实融合将步入新阶段。数据应用加速融入传统产业。数据要素在政府治理、工业、农业、服务业中的应用越来越广泛，对广西治理体系、产业发展将起到极大促进作用。广西从2019年起连续三年组织认定数字广西建设标杆引领重点示范项目，主要包括大数据与政府管理、农业、工业、服务业、民生等重点领域深度融合的项目，这些项目应用深度、广度和效益将会持续显现。

（四）企业数字化升级步入快速发展期

随着国家层面《关于加快推进国有企业数字化转型工作的通知》持续深入实施，广西企业的数字化转型升级在国有企业、龙头企业的带动下将加快发展。除了柳汽、柳工等一批传统产业的龙头企业在数字化转型上取得显著成效外，广西农投集团、广西供销社、北投集团等也加大数字化转型力度，结合企业实际，制定企业数字化转型专项规划，明确转型方向、目标和重点，勾画商业模式、经营模式和产业生态蓝图愿景。国有龙头企业的数字化转型将带动行业上下游企业，激发巨大数字技术产品和服务需求，有力促进广西数字经济产业发展。

（五）数字乡村潜力进入快速释放期

根据中央文件部署，“数商兴农”和“互联网+”农产品出村进城工程深入实施，数字赋能助力变革农业生产方式。一是乡村数字化基础进一步加强。数字乡村发展软硬件基础的整体水平在不断提升，农村与城市的“同网同速”正在逐步实现，农民群体数字素养也在加快提升，融入数字化发展的能力不断增强。二是农村新业态正在壮大。数字技术有效解决了许多制约农业产业化发展的瓶颈问题，智能测土配肥、远程监测管理农情等智慧农业技术手段得到推广，引领农业产业朝向网络化、智能化升级，农产品线上“品牌化+平台化”方向趋势发展明显，农业产业庞大市场必将成为电商平台开辟新业务、带动新产业的竞争高地。

（六）数字公共服务体系更均衡普惠

数字公共服务不断从“能用”向“好用”升级，从“试点”向“普惠”拓展，公共服务提质增效明显。预计数字公共服务体系的范围、水平和质量都将稳步有序提升。一是公共服务模式将更加丰富。广西围绕“网上办、掌上办、一次办”的服务目标，大幅提升了跨部门、跨层级、跨区域的数据应用水平，构建了坚实的政务服务体系，为政府、市场、社会资源的整合协作奠定基础，为打造更多更好服务于经济发展、营商环境、民生保障等方面的多元化应用提供有利条件。二是更高层次公共服务需求渐强。在满足基本公共服务需求的前提下，不同群体的多样化、个性化、特殊化新需求增多，浙江等先进省市依托数字化赋能，在提前感知群众的需求、提前预告所需服务等个性化公共服务上开展了先行先试，因此，优化服务供给、提升服务质量、创新服务方式等成为新阶段广西公共服务的重点任务，切实满足用户在不同场景下多元化的服务需求。

专栏：2023年柳州市数字经济喜迎开门红

2022年，柳州市数字经济发展换挡提速成效明显，软件和信息技术服务业营业收入同比增长51.9%，增速位居全市服务业经济指标增速前列。2023年，柳州市大数据发展局上下一心，继续开足马力，围绕加快数字经济发展，以提升数字经济与实体经济融合度为工作重心。首季度，完成柳州市软件和信息技术服务业营业收入近1.6亿元，同比增速超62%，培育5家互联网相关软件和信息技术服务企业上规入统，实现了2023年的“开门红”。

（一）推动数字经济产业发展，持续增加数字经济产业厚度

一是积极推进出台《柳州市培育壮大数字经济发展实施方案（2023—2025年）》，进一步明确柳州市数字经济发展具体路径。二是积极推动软件和信息技术行业又好又快发展。从壮规模、造品牌、拓市场、助融资、留人才、拓空间等方面制定扶持措施，助推软件和信息技术服务业高质量发展。互联网相关软件和信息技术服务业企业增长率达22%，首季度，新增广西博达软件、东科智慧、燕岛科技、东城优易、网大信息科技等5家企业上规。三是深入企业调研走访。通过坚持走访企业，对企业发展过程中存在的市场开拓难、数字化转型步伐慢、融资难融资贵、软件人才供需矛盾等问题，积极落实相关企业扶持政策为企业排忧解难。首季度，累计调研走访企业共计35家次。

（二）加快新型基础设施建设，持续增强数字基础服务能力

一是积极推动5G基础设施等新基建工作。全市累计建成5G基站7365座，实现乡镇以上5G网络连续覆盖。自然村4G网络覆盖率达99.9%，光纤网络覆盖率达93.7%。二是数据中心集群稳步健康发展。建设大数据产业园等一批数据中心，现柳州商用数据中心已上架1404个服务器机架，远期规划机架数约3.2万个。三是柳州国际互联网数据专用通道建成投入使用，助力柳州融入中国—东盟开放合作。柳州东科标识解析综合节点已在螺蛳粉和汽车企业中应用于防伪溯源，节点注册企业76家，标识注册量1.58亿个，解析量2295万次，进入快速发展阶段。

（三）推进车联网先导区建设，持续构建智能网联产业生态

一是积极探索引入社会资本共建共营模式。建立政企合作机制，把政府由“经营者”转变为“监管者”，发挥车联网生态企业在整合设计、建设、运营、管理等方面的综合优势，让“专业人做专业事”。目前，已有5家企业提交了投资方案，投资规模均超过车联网二期项目的50%。二是加快车联网先导区建设。先导区项目一期两个阶段均完成项目建设，正推动项目验收工作。目前，项目一阶段累计测试里程超12000公里。向车企发放智能网联测试/示范应用牌照28张次。项目（二期）以广域覆盖和应用场景为特点，涉及柳州市柳东新区、城中区等多个城区，落地上汽通用五菱、东风柳汽无人物流应用场景。目前已完成项目建议书、可行性研究报告并取得批复。三是培育智能网联汽车产业链。2023年以来，车联网生态企业已注册落地11家，上规入统3家。中信科智联、复睿智行、希迪智驾、东华软件、星云互联、华录易云完成生产线落地协议签订，总投资7.2亿元。中信科智联、复睿智行完成产品下线。

柳州市将在2022年基础上，继续挖掘内部潜力，坚持创新导向，提升行业水平，努力实现数字经济可持续高质量发展。

第四章 广西数字产业化发展

一、广西元宇宙产业发展

2020年新冠肺炎疫情暴发以来，人们的日常生活和工作更多地转入线上进行，线下场景被数字化，上网人数和平均在线时间迅速增加，线上交易规模大幅增长，现实世界正在加速向虚拟世界扩展，元宇宙话题进入人们视野，受到社会各界极大关注。元宇宙是未来发展的新趋势，是产业发展的新风口、新赛道，当前已成为全球创新竞争的新高地，对未来经济社会发展的影响巨大。2022年政府工作报告中明确提出，要促进数字经济发展，加强数字中国建设整体布局，建设数字信息基础设施，促进产业数字化转型，加快发展工业互联网，完善数字经济治理。党的二十大报告中指出，加快发展数字经济，促进数字经济和实体经济深度融合，打造具有国际竞争力的数字产业集群。2022年11月，工业和信息化部、教育部、文化和旅游部、国家广播电视总局、国家体育总局印发《虚拟现实与行业应用融合发展行动计划（2022—2026年）》，提出到2026年，三维化、虚实融合沉浸影音关键技术重点突破，新一代适人化虚拟现实终端产品不断丰富，产业生态进一步完善，虚拟现实在经济社会重要行业领域实现规模化应用，形成若干具有较强国际竞争力的骨干企业和产业集群，打造技术、产品、服务和应用共同繁荣的产业发展格局。发展元宇宙产业，既可以赋能游戏娱乐、医疗健康、工业制造等各领域高质量发展，更可以加速5G、数据中心、通信基站等数字基础设施的建设和人工智能、虚拟现实、云计算、大数据、区块链等新一代信息技术的发展。当前广西正在深入贯彻落实习近平总书记对广西工作的重要指示精神，实施大数据发展战略建设数字广西，如何把握元宇宙发展机遇，加快布局元宇宙产业，值得深入研究。

（一）元宇宙发展历程及概念

1. 元宇宙发展历程

元宇宙最初来源于美国科幻作家尼尔·斯蒂芬森（Neal Stephenson）1992年创作的科幻小说《雪崩》，在这本书中他首次提出元宇宙概念，是指使用者戴上耳机与目镜找到连接终端，实现了线上世界的互动，每个人可拥有自己的“化身”，以虚拟分身的方式在虚拟世界中生活与工作，在由计算机模拟、与现实世界平行的虚拟空间中，人们通过各自的化身进行交流娱乐。该书中对虚拟科技社会的构想为人们打开了想象力的大门，随后越来越多影视动漫作品、文学作品开始对元宇宙进行构建与设想，譬如科幻电影《黑客帝国》《创战纪》等，使人们沉浸在虚拟世界中。元宇宙概念被大众所熟知是通过斯皮尔伯格导演的科幻电影《头号玩家》，在头号玩家中，元宇宙成为未来人类社会的一部分，现实生活中的距离被元宇宙进一步拉近，那些在现实中不得志的人们则通过元宇宙来宣泄与表现自己。进入21世纪，大规模多人在线数字游戏和开放式游戏蓬勃发展，其中就有一度被西方学术领域当成元宇宙样本进行研究的《第二人生》，以及标志着元宇宙在资本和产业领域登场的《机器砖块》。

2021年被称为元宇宙元年，行业巨头纷纷投资。在国外，被誉为“元宇宙第一股”的Roblox在纽交所上市后，股价大涨，成为美国资本市场备受关注的明星股；在国内，字节跳动收购虚拟现实设备公司PICO（小鸟看看），投资元宇宙概念公司“中国版Roblox”代码乾坤，还投资视觉计算及AI计算平台提供商摩尔线程和3D视觉技术解决方案的提供商熵智科技等技术支持公司。国内一些互联网巨头纷纷布局元宇宙及相关产业，带来大规模用户，并扩大市场规模。

尽管目前社会各界对于元宇宙有着不同的认识，但基本共识是，元宇宙即超越现实的虚拟宇宙，将成为继移动互联网之后的又一种全新的互联网形态，是一个融合了虚拟现实、人工智能、云计算、区块链、5G等众多技术的新兴科技和产业概念。正如工业时代的工业组织形式、信息时代的网络社会形式，元宇宙有潜力在互联网的基础上成为下一代社会形式。

2.元宇宙的概念

元宇宙作为一个新兴事物，目前尚未有相对统一的定义。从Metaverse字面意义看，其前缀meta意为“超越”“元”，学者们在研究大数据时有Metadata一词，被译为元数据，也称为数据的数据；verse则是universe“宇宙”这一词的词根，组合成为Metaverse，直译即为元宇宙。这意味着元宇宙是超越了现实世界的、更高维度的新型世界。作为一个舶来词语，元宇宙在国内学界的研究中依然处于理论起步和建构阶段，对概念的界定众说纷纭。北京大学陈刚教授、董浩宇博士认为：元宇宙是利用科技手段进行链接与创造的，与现实世界映射与交互的虚拟世界，是具备新型社会体系的数字生活空间。清华大学新闻学院沈阳教授提出：元宇宙是整合多种新技术而产生的新型虚实相融的互联网应用和社会形态，它基于扩展现实技术提供沉浸式体验，以及数字孪生技术生成现实世界的镜像，通过区块链技术搭建经济体系，将虚拟世界与现实世界在经济系统、社交系统、身份系统上密切融合，并且允许每个用户进行内容生产和编辑。元宇宙仍是一个不断发展、演变的概念，不同参与者以自己的方式不断丰富着它的含义。

本文倾向于认为元宇宙就是互联网、虚拟现实、沉浸式体验、区块链、产业互联网、云计算及数字孪生等互联网全要素的未来融合形态，又被称为“共享虚拟现实互联网”和“全真互联网”，元宇宙不是某一项技术，而是一系列“连点成线”技术创新的集合。因此，它将实现现实世界和虚拟世界的连接革命，进而成为超越现实世界的、更高维度的新型世界，本质上，它描绘和构建了未来社会的愿景形态。

（二）元宇宙特征

1. 虚实相融性

元宇宙是虚实融合，将数字世界和物理世界完美融合，将建设一个人类未来工作、学习、娱乐、社交的新空间，是未来生活方式的主要载体，更是一个人人都会参与的数字新世界。元宇宙将融合应用区块链、5G、虚拟现实、增强现实、人工智能、物联网、大数据、边缘计算等最前沿数字技术，让每个人可以真正摆脱物理世界的束缚，基于资产和身份的可信数字化，在新的融合空间中成就更好的自我，实现自身价值的最大化。

2. 沉浸式深度体验

元宇宙将突破现实和虚拟边界，在用户体验、场景扩展和行为互动方面突破传统，人们可以在元宇宙中集创造、娱乐、展示、社交、交易等于一体，呈现出完全的沉浸感和超好的体验感。

3. 区块链经济体系

区块链是这个经济体系的基础设施。推动元宇宙中的数字化资源在确权、流转、分配、交易等方面的效率提升，并实现从“万物互联”到“万物互信”再到“万物交易”的升级。元宇宙时代，从硬件到软件，到操作系统，到参与的方式都将发生变化。以前是企业主导，未来变成创作者经济；定价机制也将以数据为基础重构，对经济社会各方面都会产生深刻影响。

4. 技术叠加性

元宇宙快速发展关键是要依靠底层性技术创新和基础设施建设。首先是需要集成网络和算力技术、人工智能、电子游戏技术、显示技术、区块链技术等先进技术，且具有网速高速、低延迟网络基础设施；其次是要有足够的计算能力和数据存储空间；最后是实现物质世界向数字世界的映射。

（三）元宇宙产业的发展前景

1. 元宇宙产业整体发展前景可期

一是国内外互联网巨头一致看好元宇宙发展前景。2020年，全球元宇宙行业市场规模为1800亿美元，并保持着每年17%的复合增长率。元宇宙行业巨头Meta公司发布的元宇宙白皮书中称，到2031年，元宇宙技术将为全球GDP贡献3. 01万亿美元，其中三分之一（1. 04万亿美元）来自亚太地区。此外，最新研究报告显示，中国的元宇宙市场规模预计达到8万亿美元，元宇宙及相关应用为成长型投资提供新机遇，投资者对此展现出浓厚兴趣，云计算、知识产权、数据保护和使用、数字货币和内容监管在互动娱乐公司的数字化转型过程中至关重要。随着以腾讯、百度、网易为代表的我国互联网巨头宣布在元宇宙领域布局，进一步提升我国元宇宙行业市场信心。二是我国资本市场对元宇宙恢复信心。从资本市场来看，2022年一季度A股市场元宇宙概念板块虽一度表现惨淡，但5月份之后资本市场逐渐回暖，截至6月22日总体上升恢复至2021年11月水平；从投融并购情况来看，截至2022年6月中旬，我国元宇宙相关投融资数量便已完成2021年整年数量，投资金额累计69.82亿元（图4-1）。

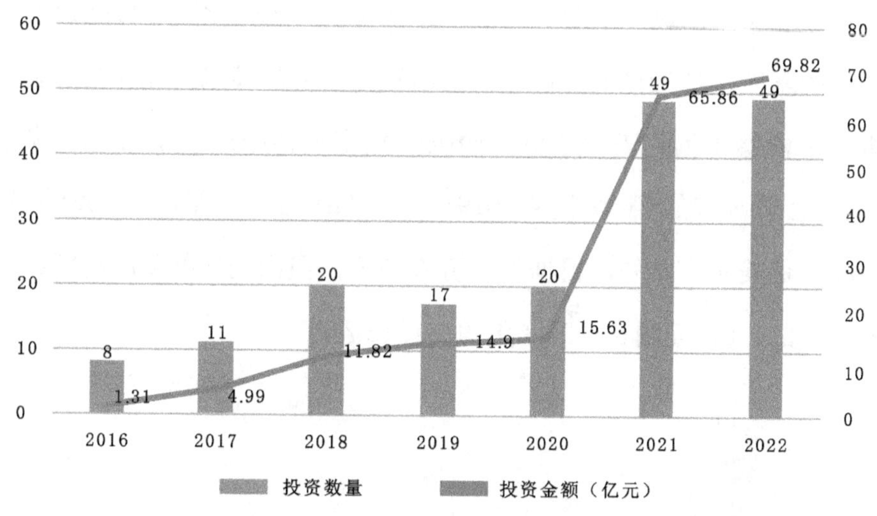

图4-1 2016—2022年我国元宇宙投融资情况

2.元宇宙关键技术领域发展空间巨大

虚拟现实、增强现实（VR/AR）是元宇宙的典型技术，其中VR设备是元宇宙搭建的重要基石之一，2020年我国VR设备市场规模为45.2亿元，预计2025年我国将拥有约479.9亿元的市场规模。VR内容方面，2020年我国VR内容市场规模为128.9亿元，而到2025年这一规模预计达到832.7亿元，在未来5年内，VR内容应用增长最快的领域是企业培训，其次是游戏领域（图4-2）。教育培训仍是当前XR（VR、AR、MR）最核心的ToB端应用与变现场景，2021年我国VR/AR培训市场规模为31亿元，预计2023年这一规模将增长至131亿元。元宇宙时代，虚拟数字人将成为价值生产的主体。有关研究团队预测，至2030年虚拟数字人整体市场规模将达到3095亿元。虚拟数字人在元宇宙发展路径中的重要战略意义，使其成为元宇宙产业中最为火热的赛道之一，百度、商汤、科大讯飞等一线互联网科技企业相继入局，底层技术进入发展快车道。NFT（非同质化货币）将是元宇宙经济的基石，作为目前区块链领域中较为成熟的技术，NFT在区块链框架下能够作为代表数字资产的唯一加密货币令牌。从市场规模来看，全球NFT的销售额从2019年的0.24亿美元增长至2021年的176.95亿美元。此外，根据相关智库预测，我国NFT市场规模预计从2021年的1.5亿元增长至2026年的151.12亿元。

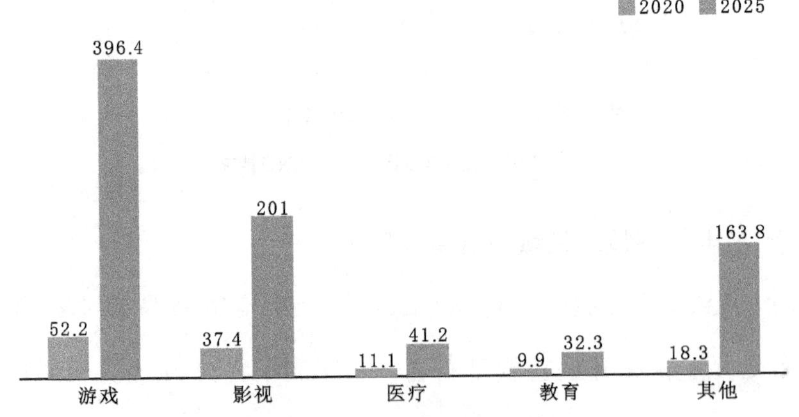

图4-2 我国VR内容市场规模与价值分布（单位：亿元）

（四）我国元宇宙产业链的构成及中外竞争格局

元宇宙不是单一的技术，是由5G、VR/AR/MR、数字孪生、传感器、云计算、AI、区块链等多种技术在不同场景中互相结合后的产物。元宇宙产业链构成可分为上游的底层技术、网络技术部分，中游的终端入口、平台技术部分以及下游的生态应用、服务产业部分，目前我国元宇宙产业链格局仍在逐渐成形及快速变化中（图4-3）；此外，从产业环节的角度发出，得到的中外元宇宙行业竞争格局如（表4-1）所示。

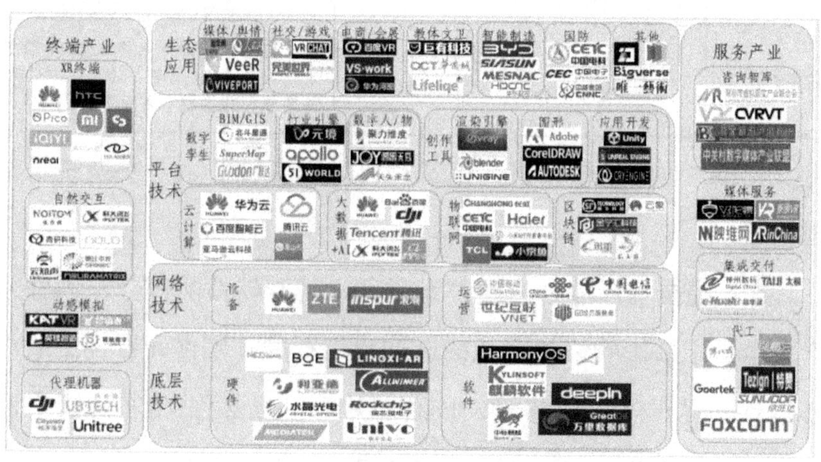

图4-3 我国元宇宙产业链格局

表4-1 中外元宇宙产业竞争格局

产业链环节	外国企业	中国企业
底层技术	三星、英特尔、Cisco、Aruba	京东方、利亚德、水晶光电、灵犀AR、华为、麒麟软件、中标麒麟
网络技术	亚马逊云科技、微软、戴尔、思科、谷歌、IBM、英特尔、三星	华为、中兴、浪潮、阿里巴巴、万国数据、世纪互联

续表

终端入口	谷歌、苹果、三星、微软、Oculus、高通	HTC、PICO、小米、爱奇艺、影创科技、Nreal
交互体验	Cyberith、Virtuix、Thalmiclabs	科大讯飞、青研科技、云知声、NOLO、KATVR、卓远、梦语者
平台技术	Unity、罗布乐思、EpicGames、英伟达、Autodesk	华为、腾讯、百度、阿里巴巴、商汤
生态应用	谷歌、索尼、EpicGames、EA、世嘉、Valve	腾讯、网易游戏、完美世界、米哈游科技
服务产业	谷歌、Meta、微软、亚马逊、IBM、YouTube、DiscoveryVR	北京信息产业协会、中国虚拟现实产学研大会、VR陀螺、新浪、神州数码、易华录、猪八戒、富士康

1. 上游产业体系较完整，但芯片自主程度较低、开发系统长期被外国垄断

上游底层技术环节分为硬件元器件、基础软件两部分。硬件元器件产业水平主要影响终端产业的国产自主程度。硬件元器件主要涉及光学器件、显示屏、传感器、核心芯片等，虽然因VR芯片国产能力不足而导致国产终端严重依赖高通骁龙，但总体上我国硬件上游产业链原材料国产化程度仍在50%以上，国产化自主程度较高，产业体系较为完整（表4-2）。基础软件主要指操作系统、数据库、编译器类等。元宇宙产业软件开发硬件以PC为主，而当前在PC上使用的桌面操作系统长期被外国垄断。2020年微软的Windows系统占有80.5%的全球市场份额，其次是苹果的macOS（10.8%）以及谷歌的chrome OS（7.5%），包括以麒麟为代表的国产操作系统与其他操作系统一起在全球市场占有率仅1.2%。

表4-2 我国硬件（VR设备）行业相关企业

底层技术硬件	细分领域	名称	公司所在地
传感器	位置追踪相机	钰创科技	广东深圳
		舜宇光学	浙江余姚
	位置追踪整体方案	曼恒数字	上海
芯片	CPU算法处理	瑞芯微	福建福州
		全志科技	广东珠海
	GPU图像渲染	全志科技	广东珠海
显示器	显示屏	京东方	北京
		华星光电	广东深圳
		和辉光电	上海
输入设备		天马微电子	广东深圳
	显示驱动芯片	中颖电子	上海
	全身动作捕捉	诺亦腾	北京
镜头	全景相机	WIPET（优势拓展）	北京
		完美幻境	北京
		Insta360（影石创新科技）	广东深圳
		暴风魔眼	北京
外壳与电池	高清光学镜头	舜宇光学	浙江余姚
		联创电子	江西南昌
		歌尔声学	山东潍坊
	外壳	劲胜精密	广东东莞
	电池	德赛电池	广东深圳

上游网络技术环节指所有通信及互联网相关的基础设施，也将是元宇宙的核心基础设施，具体可分为设备与运营。国内网络设备制造商以华为、中兴以及浪潮等行业龙头为代表，给我国VR/AR及元宇宙应用的普及奠定了良好基础。此外，国内电信运营商以电信、移动及联通三大运营商为主，IDC/CDN运营商代表企业有世纪互联、万国数据等。

2. 中游环节发展迅速，但在创作工具方面仍严重依赖外国软件

中游终端入口主要指VR/AR/MR等XR终端设备。随着元宇宙生态应用的丰富，以及终端渗透率的日渐增高，XR终端有望成为主流的新一代消费级个人计算平台。市场规模方面，Meta公司依旧维持着在VR终端行业的领先位置，2021年全球VR头显出货量超1110万台，相较2020年增长66%，其中Meta公司旗下Oculus Quset 2销量为880万台，占VR头显出货总量的79.28%。中外竞争格局方面，2021年第一季度，Oculus市场占有率最高，达到75.0%，国产品牌的大朋VR与PICO紧跟其后，分别为6%与4%，其次是Valve以及HTC品牌分别占有全部市场的3%及2%。

中游交互体验分为自然交互、动感模拟、代理机器等三类。其中自然交互是指摆脱键盘鼠标，通过语音、动作等更加自然方式获得视、听、触、味、嗅感官信息的交互方式，具体包括语音交互、动捕交互、表情捕捉、眼动跟踪、气味模拟、触觉模拟、脑机接口等。动感模拟是VR模拟仿真应用创新的重要支撑技术，为VR用户在虚拟环境中的快速运动提供位移感知，乃至全方位移动感知的模拟体验。代理机器可以是人形服务机器人、仿生机器人，也包括工业机器人。如需基于数字孪生

进行管理控制，代理机器的行为数据可以同步到元宇宙中的数字代理人身上，并驱动数字代理人的行为。目前，在交互体验领域具有代表性的企业为StretchSense（全球最大弹性动捕手套方案商）、Cyberith（VR全向跑步机方案商）、Virtuix（VR全向跑步机方案商）以及Thalmic labs（手势识别方案商）等，而对应的我国企业分别有诺亦腾、科大讯飞、青研科技、云知声、NOLO、KATVR、卓远、大疆等。

中游技术平台方面，元宇宙产业需要大量平台技术企业，为应用生态提供丰富的技术服务。平台技术企业主要分为三大类：数字孪生类、创作工具类、IT支撑平台类。数字孪生是中游技术平台重要的部分，若要在虚拟空间中模拟虚拟数字人/物、地形地貌、建筑空间等场景，数字孪生类技术平台便必不可缺。目前宣布进军元宇宙行业、在数字孪生类行业处于领先地位的是以英伟达、Autodesk、罗布乐思为代表的外国/外资企业，而北斗星通、广联达、阿里巴巴旗下的元境、聚力维度等我国企业处于迅速追赶阶段；创作工具类平台是指面向广大创作者提供便捷的元宇宙应用的创作工具，行业主要是沿用现有的游戏开发、渲染引擎、三维设计等工具，这些工具长期被Blender、Adobe、Unity、Epic Games等国外知名企业所垄断，其中Blender、Epic Games等公司通过将其创作工具进行开源免费，迅速形成了围绕其工具搭建的创作者群体规模庞大、可产出大量优质内容的创作生态；元宇宙的IT支撑平台其目的是实现多个平台的互联互通互操作。在过去的2D互联网阶段，各网站基于IP网络，通过DNS、HTML实现相互间的链接和跳转。而如今随着云计算、大数据+AI、物联网、区块链等新一代IT技术的应用普及，元宇宙的支撑平台将进一步标准化、实现互联互通互操作。

3.下游应用领域广泛，配套服务产业快速聚集

元宇宙行业的发展在带动传统互联网行业应用三维化升级的同时，也催生了全新的商业模式与应用模式。当前，元宇宙技术被广泛应用在媒体、舆情、社交、游戏、电商、会展、体育、教育培训、文化、卫生、智能制造、国防、数字藏品等多个领域。以VR内容为例，我国元宇宙相关生态内容行业呈现出游戏领域的市场占比位居首位，医疗、教育领域规模较小但发展空间较大的态势（图4-4）。

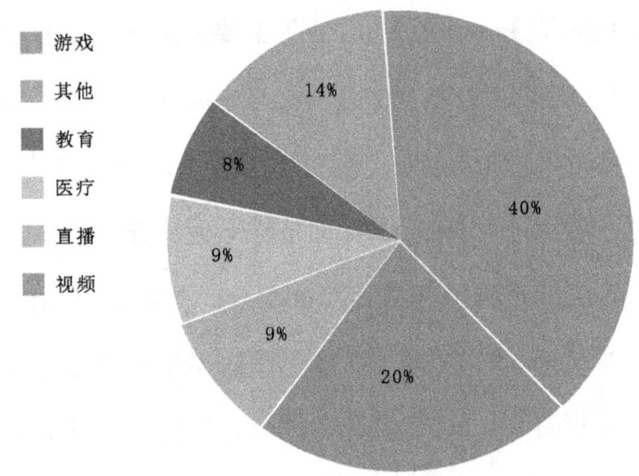

图4-4 中国VR内容应用领域分布情况

在媒体/舆情领域，新华网、人民网等媒体在其网站上线VR专区，使用VR技术打造全景视频、党建学习等应用场景。Vivoport与VeeR搭建元宇宙应用商店平台，打造以全景视频与VR应用为主要内容的聚合平台。在社交/游戏领域，腾讯公司计划借助现有微信、QQ的用户优势，布局投资元宇宙社交软件Soul，追赶作为全球领先元宇宙社交应用的VRChat。此外，由于元宇宙游戏领域存在良好发展前景，网易游戏、米哈游科技、完美世界、中青宝等具有良好基础的企业纷纷从游戏角度进入元宇宙游戏赛道。在电商/会展领域，受

疫情影响，线下会展近几年受到了严重打击，而元宇宙的兴起与相关技术的成熟，成为电商/会展行业探索新模式的契机。百度通过融合VR、AI、智能云等技术，提供一站式线上云展会解决方案。华为公司打造具备AI强环境理解、直观信息获取、精准定位推荐、虚实融合拍照、人性化步行导航等五项核心功能的华为河图，该应用有望成为替代或超越谷歌地图的成果。

随着我国元宇宙产业的迅速发展，咨询智库、媒体服务、集成交

图4-5 元宇宙BIGANT六大技术全景图

付以及代工等提供配套服务的产业迅速聚集。咨询智库是指大力推动我国元宇宙产业发展的相关行业协会、联盟、咨询机构、高端智库等机构，目前在该领域活跃的机构包括北京信息产业协会、中国虚拟现实产学研联盟、中关村大数据产业联盟、上海虚拟现实与增强现实产

业联盟、深圳虚拟现实产业协会等；媒体服务是指媒体提供的元宇宙相关资讯的咨询交流、专业评测、行业活动等服务，我国的代表性企业有VR陀螺、VR新浪、映维网等；由于新一代IT技术逐渐成熟，其系统的复杂程度也日益提高，此时集成交付商和集成平台便起到了流程整合、资源共享的重要作用，神州数码、易华录、太极等企业是我国集成交付商的代表；此外富士康、猪八戒、创意云、特赞、昕万达等代工企业在其他各链条环节中起到提供代工外包服务的角色。

（五）元宇宙核心技术及相关产业

1. 元宇宙核心技术

元宇宙源于游戏而超越游戏，在对元宇宙的探索中，类似的虚拟世界形态，曾被称作过虚拟人生、沙盒游戏等，其正在进入新的发展阶段，而背后是元宇宙相关技术的“群聚效应”。《元宇宙通证》一书中指出，元宇宙的核心技术可以用BIGANT（大蚂蚁）来概括（见图 4-5）。B指区块链技术（Blockchain），I指交互技术（Interactivity），G指电子游戏技术（Game），A指人工智能技术（AI），N指网络及运算技术（Network），T指物联网技术（Internet of Things）。“大蚂蚁”可以说集数字技术之大成。

区块链技术——通过智能合约，去中心化的结算平台和价值传递机制，保障价值归属与流转，实现经济系统运行的稳定、高效，透明和确定性；交互技术——通过VR、AR、ER、MR等持续迭代升级，提供沉浸式虚拟现实体验，不断深化感知交互；电子游戏技术——通过3D建模、实时渲染、游戏引擎等技术，为元宇宙各种场景数字内容提供支撑；人工智能技术——通过机器学习、机器视觉、自然语言处理等，为元宇宙现实世界与虚拟世界交互的大量场景提供支撑；网络及运算技术——以5G/6G网络、云计算、边缘技术等技术，为元宇宙提供实时、流畅、强大的体验感；物联网技术——集各类传感技术、网络传输技术等，实现元宇宙万物互联、虚实共生。

2.元宇宙相关产业情况

彭博的行业研究报告预计，元宇宙将在2024年达到8000亿美元市场规模；而根据普华永道的预测，元宇宙市场规模在2030年将达到1.5万亿美元。这意味着未来元宇宙有着巨大的市场前景，布局发展元宇宙产业，对于城市数字经济发展将会有重要影响。元宇宙热首先受益的是游戏、影音视频，以及VR设备等硬件设备厂商，包括芯片、显示、云计算、通信、定位、环境感知等方面。目前国内京东方、水晶光电、歌尔股份、欧菲光、蓝思科技、韦尔股份等VR硬件显示设备厂商快速成长，歌尔股份代工的中高端VR头显出货量占全球总量70%。其次受益的是游戏平台和影音内容生态的建设，如腾讯、网易、完美世界、爱奇艺等内容平台，国内最早的“自动化生成多模态内容元宇宙”参建者之一的影谱科技，在构建元宇宙消费落地应用方面具有明显先发优势。

未来元宇宙将赋能现实世界的千行百业，激发传统行业的发展新动能，如会展、教育、金融、商贸等依托现有商业模式进行元宇宙化创新，推动价值链和产业链升级（见图4-6）。工业元宇宙将同样具有广阔的发展空间，工业元宇宙将继工业互联网实现企业内部设备之间、人与设备之间的互联和通信，以及企业上游供应链、下游销售渠道及售后服务维修体系、外部合作伙伴等互联之后，实现全生命周期虚实共生、企业和消费者智能高效闭环下的全息智能制造、智能经济体系构建，真正实现企业与客户的无缝闭环。

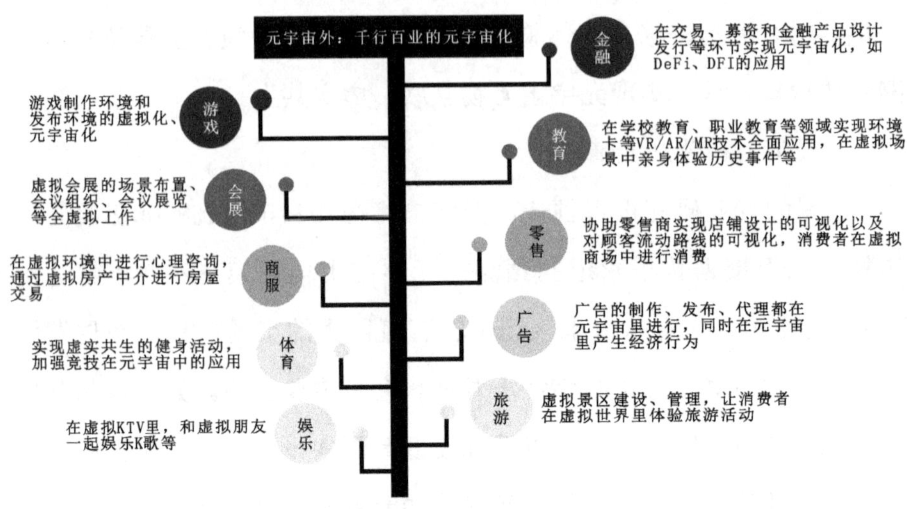

图4-6 相关产业元宇宙化

（六）当前国内其他地区布局元宇宙产业情况

1. 上海

上海市是国内较早提出布局元宇宙相关产业的城市，2021年12月上海市出台的《电子信息产业发展“十四五”规划》，提出着重聚焦前沿领域、前瞻布局关键技术的研发，特别提及元宇宙——将部署量子计算、第三代半导体、6G通信和元宇宙等领域。该规划还鼓励元宇宙在公共服务、商务办公、社交娱乐、工业制造、安全生产、电子游戏等领域的应用。这也是元宇宙首次被写入地方“十四五”产业规划。此外，上海市经信委已在制定元宇宙相关产业布局方案，明确要在数字经济、绿色低碳、元宇宙领域发力。2022年7月，上海市人民政府办公厅印发《上海市培育“元宇宙”新赛道行动方案（2022—2025年）》，该方案提出“到2025年，‘元宇宙’相关产业规模达到3500亿元，带动全市软件和信息服务业规模超过15000亿元、电子信息制造业规模突破5500亿元”的目标，及“产业高地建设行动、数字业态升级行动、模式融合赋能行动、创新生态培育行动”四大主要任务，“‘元宇宙’关键技术突破工程、数字IP市场培育工程、工业‘元宇宙’标杆示范工程、数字人全方位提升工程、数字孪生空间建设工程、行业龙头企业引育工程、产业创新载体培育工程、数字空间风险治理工程”八大工程，要发挥政府投资基金作用，设立“元宇宙”新赛道产业基金。

2. 广东

广东省抢抓新一轮科技革命和产业变革重大机遇，以数字产业化和产业数字化为主线，加快打造数字经济创新发展试验区，积极推动元宇宙从概念走向现实，在技术、标准等方面做好前瞻性布局，在全球竞争中更好抢占先机。2022年4月，广州黄埔出台粤港澳大湾区首个“元宇宙10条”专项扶持政策，聚焦数字孪生、人机交互、AR/VR/MR（增强现实/虚拟现实/混合现实）等多个领域，推动元宇宙相关技术、管理、商业模式的产业化与规模化应用，培育产业新业态、新模式。深圳市2021年年底成立元宇宙创新实验室，由科学与幻想成长基金、米兔数字技术研发股份有限公司联合发起成立，实验室成员包括区块链、人工智能、5G、AR/VR、大数据、3D引擎等技术型企业和行业协会以及投资融资、版权确权、拍卖交易、互联网出版等机构，目前实验室已成功对接超过26个国家的用户和技术团队。

3. 浙江

浙江省具有发展数字经济的先天优势，在元宇宙底层核心技术领域已有一定研究和积累，初步形成以浙江大学、西湖大学、杭州电子科技大学、之江实验室、浙江清华长三角研究院、阿里达摩院等为代表的高能级科创平台体系，在核心芯片和基础软件方面取得重要突破，隐私计算、智能合约、VR/AR、游戏引擎、3D建模、计算机视觉、太赫兹通信等领域涌现一批创新成果。前瞻布局多维超级感知、量子精密测量等大科学装置建设，成立国内首个校级区块链研究中心——浙江大学区块链研究中心，拥有浙大人工智能协同创新中心、北航VR/AR创新研究院、之江实验室智能计算研究院和未来网络技术浙江省工程研究中心等研发机构，为元宇宙产业发展与技术攻关提供智力支撑。浙江“十四五”期间将加快元宇宙推进步伐，2022年1月印发的《关于浙江省未来产业先导区建设的指导意见》明确提出将构建以区块链、第三代半导体、量子信息、元宇宙等领域为重点的未来产业发展体系。杭州市宣布成立元宇宙专委会，明确要尽快完善相关组织建设，积极开展各种有益活动。杭州市2022年政府工作报告中提出要超前布局量子通信、元宇宙等未来产业，高水平打造“全国数字经济第一城”。截至2022年2月19日，浙江累计有245家企业注册“元宇宙”商标，布局企业总数位居全国第四，主要业态分布在软件和信息服务、科技推广应用、商务服务、批发零售、货币金融服务、文化艺术业等领域，并在杭州、宁波、金华、温州等地形成区域性聚集。

4. 贵州

贵州省是我国最早布局元宇宙产业的省份之一，在基础设施建设方面处于先行阶段，为元宇宙产业发展提供坚实基础。网络建设方面，贵州省已建成国家级互联网骨干直联点、国际互联网数据专用通道、国家顶级域名节点、根镜像服务器节点，广电光纤网络实现省市县乡村全覆盖，5G基站建成2万余个，实现“5G网络县县通”；边缘计算方面，建立了遍布全球的边缘网络，边缘云服务已覆盖互联网、电商、游戏、金融、制造、医疗等众多行业，为微软、阿里、小米、万达集团等1000余家企业客户提供安全可靠的高性能服务；数据中心建设方面，贵州省投入运营以及在建的重点数据中心共有23个，建成机架7.87万架，已上电服务器数量16.58万台，成为全国超大型数据中心聚集最多的地区之一，贵州数字基建增速连续五年全国第一，产业基础不断夯实。基础设施的不断完善为贵州省元宇宙产业提供了坚实的物理基础和技术条件。目前，贵州省建立了全国首个VR小镇，涵括了VR教育、办公、研发、展示、体验、娱乐、交易、衍生品开发等数字创意全产业链，初步实现虚拟现实产业的集聚。

5. 江西

江西省VR产业起步早、宣传力度大，已形成较好的品牌效应，全省VR及相关产业营收由2018年的42亿元快速增长至2020年的298亿元，在VR技术上拥有先发优势。2022年江西省提出聚集省内现有科创平台、龙头企业等创新力量，探索成立元宇宙联盟，打造国内一流的元宇宙研发平台。提出重点布局元宇宙硬件入口、底层架构、人工智能、内容与场景四个方向的规范标准制定和开发工具监制，抢占市场先机。提出支持南昌规划建设元宇宙试验区，打造数字经济产业集聚区，重点发展VR/AR、人工智能与5G、数字文创等数字经济重点产业，推动产业集聚发展。

6. 其他

2022年11月，四川成都市新经济发展委员会公布了《成都市培育元宇宙产业发展行动方案（2022—2025年）》（征求意见稿），提出力争到2025年，成都元宇宙产业体系初具雏形，构建起完整的成都元宇宙产业链，研究掌握一批核心技术、引进培育一批优质企业、融合打造一批特色应用场景、开发储备一批城市IP，对城市治理、产业转型升级形成引领带动作用，推动元宇宙以虚促实、以虚治实的价值实现，从而提升实体经济生产效率、满足人民群众美好生活需要。同时在重点任务方面拟订了开展元宇宙核心技术攻关、市场主体引育、应用场景融合、产业内容储能、产业生态筑基五大行动共20条具体举措。此外，江苏已有多地对元宇宙发展与创新路径进行探索，加紧布局元宇宙产业赛道。2022年《昆山市元宇宙产业创新发展行动计划（2022—2025年）》发布，计划到2025年元宇宙相关产业规模达到1000亿元，建成15项以上典型应用场景项目，培育5家以上具有国际竞争力的领军企业、100家以上元宇宙“专精特新”中小企业。

（七）广西布局发展元宇宙产业的现实基础

2018年数字广西建设大会召开以来，广西各级政府和单位抢抓机遇，加快发展数字经济，合力推动以科技创新赋能产业转型发展，实现数字化技术与工业、农业、服务业等传统产业的深度融合，为元宇宙产业发展打下了一定的基础，主要表现在如下几个方面：

1.数字基础设施建设不断完善

近年来中国—东盟信息港建设取得明显成效，数字基础设施不断完善，截至2022年6月底，“信息网”基础设施大会战完成投资239.85亿元；新建成5G基站7735座，累计建成5G基站5.06万座，5G网络完成对全区各市、县（区）的连续覆盖以及部分乡镇街区和重点村庄的覆盖。广西已累计建成28.8万个基站，光缆线路长度达到

234万公里。新基建的发展使得软件和信息技术服务业得到快速增长。近年广西实施数字战略发展，全区发展工业互联网，加速云计算、大数据、人工智能、5G、区块链等新技术落地，数字相关服务业迅速成长，数字产业增速位居全国前列。中国电子北部湾信息港、中盟科技园、北海高新区等集聚区持续建设，创新能力显著提升，为数字经济与传统产业融合发展奠定扎实基础，为经济高质量发展提供强有力保障。广西加快新技术协同创新体系建设，组建区块链创新中心、中国—东盟人工智能创新中心、北部湾大数据交易中心、5G产业联盟、鲲鹏生态创新中心、云端智能创新产业研究院工业互联网产业联盟等一批创新应用机构，共同推进数字技术协同研发与产业项目实施落地工作，产业融合与多边技术合作进一步深化。

2. 数字经济制度进一步健全

2020年以来，广西先后出台了《加快广西数字经济发展的若干措施》《广西“信息网”基础设施建设三年大会战实施方案（2020—2022年）》《广西壮族自治区数据中心发展规划（2020—2025年）》《广西数字经济发展规划（2018—2025年）（2021年修订版）》《广西数字经济发展三年行动计划（2021—2023年）》等制度文件，为今后推动数字经济及元宇宙产业发展提供有力支撑。2022年7月，自治区党委、政府出台了《关于加快数字化转型发展深入推进数字广西建设的实施意见》，提出“一核双引一底四驱”的总体发展思路，明确把发展数字经济作为推进数字广西建设，加快广西经济社会高质量发展的重要驱动力，加快谋划布局前沿数字产业，积极培育新业态、新模式。

3. 数字经济发展速度较快

近年广西数字经济一直保持较快发展速度，截至2021年，广西全区数字经济总量超8512亿元，占GDP比重的34.4%，数字经济企业达1.45万家，同比增长11.68%。从分布看，南宁数字经济企业超过7800家，占全区总量的55.97%，数字经济企业数量位居西部省（区）前列。数字经济市场主体活力显著增强，数字经济引领整体经济增长的态势逐渐形成，成为全区经济持续增长的重要动力。同时，广西实施的“大数据赋能行动”加快了传统产业转型升级，在钢铁、制糖等领域建设数字化转型促进中心。建成2个、在建5个工业互联网标识解析二级节点，累计标识注册量超2.4亿，累计标识解析量超6.9亿。全区人工智能相关企业数量约280家，服务支撑大气治理、交通管理、农业种植、糖业加工、铝业炼制、汽车制造、港口运营、医疗辅助、教育教学等各个领域。信创产业发展已初具规模。浪潮、宝德、长虹、长城、同方等在广西建立产业基地，建成PC、服务器、网络产品等信创硬件生产基地9个，网络产品15万台，形成信创硬件产品年产能近400亿元。2022年6月30日，位于南宁市的中国—东盟数字经济产业园正式开园，与产业园签订合作协议的数字经济企业达70家，签约企业计划总投资约44亿元，其中信创企业48家。

4.数字政府、数字社会加快发展

广西壮族自治区政府近年加快推进数字广西建设，以智赋能、以数提效，加快数字政府建设，优化数字经济发展环境，完成了广西“互联网+监管”试点建设，实现对市场监管、生态环境、应急管理、自然资源、住房建设等十多个部门的企业安全生产、重大项目建设、自然资源管理等重点领域的非现场监管，成为第一批完成地方非现场监管系统与国家系统对接任务的省份，重点监管领域系统对接率100％；数字政府建设成效显著，“一云承载、一网通达、一池共享、一事通办、一体安全”的“五个一”数字政府构架初步形成，成为首批政务数据开放共享国家标准试点地区。全面推进智慧城市建设，强化智慧城市成果运用，有效助力政府治理能力的提升。此外，大力推动政府“放管服”改革，推行政务服务一窗办、一表办、一网办、异地办、承诺办，试点“跨省通办”建设，促进数据共享，打通各业务部门数据与信息壁垒。数字社会公共服务、治理水平不断提升，为广西今后布局元宇宙产业营造良好环境。

（八）广西布局发展元宇宙产业面临的问题

1.基础设施存在薄弱环节

元宇宙产业基础设施包括数字基础设施和传统基础设施，当前产业基础设施相对薄弱，产业支撑能力明显不足。首先是数字基础设施。元宇宙的高算力对基础硬件提出了更高的要求，很多地方政府和公司都在积极布局元宇宙，产业数字基础设施支撑能力得到了一定的提高，但离满足元宇宙产业对通信基站、网络设备、数据中心、算力中心的高依赖度上还有不小的差距，数字基础设施的相对滞后，一定程度上阻碍了元宇宙产业的发展。“东数西算”工程在粤港澳大湾区、成渝、贵州等地布局建设全国一体化算力网络国家枢纽节点，从全国范围内实现东部数据与西部算力的协调互补，有力促进了各地区算力基建跨越式发展。“东数西算”形成环广西态势，广西算力产业面临被边缘化风险，以现在的算力基建难以满足元宇宙计算需求，基于元宇宙向上集聚创作生态、向下兼容更多终端的创作环境基础仍不足。其次是传统基础设施。由地方政府主导建设的技术集聚区、科技孵化区、产业园区及系列配套服务是推动元宇宙产业落地的重要基础设施，贵州省、北京市，广州市、杭州市、无锡市等省市已经在这方面提前发力并取得一定进展。但广西对于元宇宙仍偏重于概念理解和产业观望，对建设技术转化阵地、产业集聚平台和支撑上下游产业链的专业厂房、园区、配套生活服务尚缺乏实际性动作。

2. 专业人才短缺

2021年广西数字经济相关企业从业人员本科及以上学历占比为30.6%，仅占全国从业人员本科及以上学历的0.5%，低于广东（17.9%）、江苏（16.4%）、浙江（11.5%）。同时，因薪酬待遇、创业环境、政策扶持、生活配套等方面与发达城市相比存在较大差距，以及适合人才发展平台效能不足，激励机制不够灵活等因素，导致部分毕业生容易流向广东及沿海地带，或将广西企业作为“回炉”培训的跳板，造成技术型人才供给不足与人才流失的“双重挤压”。广西难以吸引配套服务行业的相关企业和人才入场布局，进一步限制了广西元宇宙创业企业的孵化与成长。

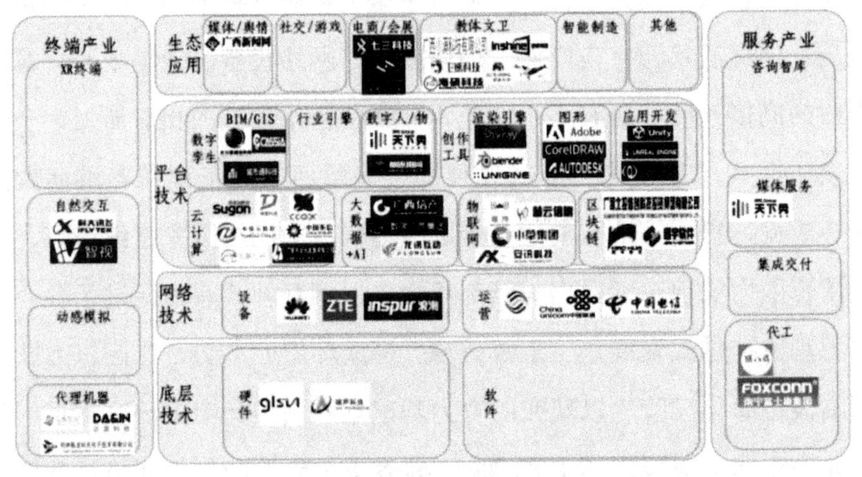

图4-7 广西元宇宙产业链格局

3. 上游环节基础薄弱，缺少底层软件环节链条

在产业链上游，广西的企业在硬件环节涉及的终端零部件制造种

类较少，仅桂林光隆科技集团股份有限公司与瑞泰精密（南宁）科技有限公司分别生产的VR虚拟触控、触觉反馈马达等部件，难以吸引XR终端制造企业与集成交付商入桂布局。此外广西缺乏从事操作元宇宙相关系统、数据库、编译器类等底层技术软件开发的相关企业。

4. 中游产业构成相对完整，但数字孪生环节存在部分产业空白

在云计算、大数据+AI、物联网以及区块链等领域，广西现有数字广西集团、中国东信公司、北投信创等具备平台技术的龙头企业。在数字孪生领域，广西卡西亚公司、南宁城市通信息科技有限公司以及北斗星测绘科技有限公司等企业通过使用BIM/GIS技术，将各类建筑模型、地形地貌在虚拟空间进行模拟及还原。此外，天下秀数字科技集团、广西那还用问信息技术股份有限公司等企业已在虚拟数字IP的孵化上具备一定能力基础。而在数字孪生类行业引擎领域，广西缺乏类似百度的Apollo、阿里的元境，以及51WORLD等提供面向数字孪生的PaaS云平台的企业来填补现有产业链空白。

5. 终端环节断链现象明显，从事相关设备、系统开发的企业严重不足

XR终端是搭建元宇宙的重要基石之一，若要向沉浸式交互发展，进一步提升用户观感体验，实现从现实世界通往另一个虚拟平行时空，用户就必须使用XR终端。目前广西未出现XR终端制造商，相关零部件制造企业在我国的XR终端生产制造链条的参与程度也比较低（仅生产VR虚拟触控以及触觉反馈马达等零部件）。此外，在动感模拟、自然交互相关设备制造、软件设计研发等环节同样存在明显的断链短链问题。

6. 下游应用场景呈现单一化，配套服务产业尚未形成聚集

目前，广西元宇宙的应用场景主要分布在电商/会展、教体文卫及全景视频等领域（表4-3），其中价值分布最高的应用场景是以教育培训行业为主的教体文卫领域，约为4394万元，其次是全景视频领域的425万元以及电商/展厅领域的335.56万元。在媒体/舆情领域，广西新闻网开设“VR全景·高清图”专区，使用VR全景技术对广西14个设区市的地标性建筑、特色景区以及民俗活动等进行宣传。由于广西软件开发能力与内容研发能力严重不足，导致元宇宙相关的应用仅主要集中于教体文卫（尤其是教育培训）等领域，内容的制作与生态应用尚未涉足社交/游戏、智能制造等高价值领域。此外，由于广西元宇宙产业发展存在产业链各环节短链断链现象严重、相关市场需求未被带动等因素，难以吸引配套服务行业的相关企业入场布局，进一步限制了广西元宇宙创业企业的孵化与成长。

表4-3 广西元宇宙应用场景分布情况表

应用场景	公司名称	年份	主营业务收入（万元）
电商/展厅	广西七三科技有限公司	2020	276.13
	广西埃舍尔数字科技有限公司	2021	94.74
		2020	59.43
教体文卫	广西小满科技有限公司	2020	150.03
	广西飞熊科技有限公司	2020	2010.39
	广西南宁影轩电子科技有限公司	2020	1512.20
	广西南宁聚象数字科技有限公司	2020	239.57
	桂林蓝港科技有限公司	2020	292.78
	广西虚拟现实科技有限公司	2020	499.91
	广西视觉空间科技有限公司	2020	229.35
全景视频	广西威展全景科技有限责任公司	2020	175.88
	广西那还用问信息技术股份有限公司	2020	249.12

（九）数字经济背景下广西元宇宙产业发展路径探析

1.加强元宇宙产业发展的顶层设计

虽然元宇宙产业处于萌芽阶段，但当前国内多地已纷纷加快布局元宇宙赛道，抢占产业发展先机和行业制高点。对此，广西需进一步提高思想认识，抓住数字经济发展窗口期，加强元宇宙产业发展的顶层设计，谋划制定相关发展规划，围绕元宇宙全球前沿和新兴热点，分析发展态势和共性问题，梳理发展基础和现状，对标剖析存在的短板，提出广西元宇宙产业发展思路和目标，明确今后广西相关产业发展的重点、方向、路径和举措。

2.组织元宇宙科技项目攻关

围绕打造元宇宙关键核心技术创新策源地，加强“从0到1”基础技术攻关。一是培育元宇宙战略科技力量，组织区内广西大学、桂林电子科技大学、桂林理工大学、广西科技大学等高等院校、科研机构和研发平台，瞄准数字新产业、数据新要素、数字新基建、智能新终端等重点领域，以及拓展现实、脑机交互等前沿支撑技术，实施元宇宙重大基础理论研究，共建共享技术研究中心、数据共享中心、企业孵化中心等研发应用机构，在跨领域核心技术研发、融合创新上展开深度合作。二是发挥企业创新作用，组织实施重大基础研究，形成重大创新成果。支持区内有条件的企业和机构积极参与元宇宙领域的国际、国家、行业和地方标准制定，抢占元宇宙产业发展话语权。

3.超前谋划元宇宙产业发展布局

结合广西实际，充分发挥数字经济发展先发优势和数字化改革红利，研究制定战略性规划，推动打造数字基础设施底座，构建多场景应用平台，加快产业链、创新链、人才链等多链融合，深化数字经济和实体经济融合发展。优先打造元宇宙相关集群，培育元宇宙新兴业态，推动元宇宙相关技术研发和创新，抢先布局未来元宇宙市场。针对广西糖业、铝业、汽车制造业等优势产业，进一步做强通信网络（5G）、云计算、大数据、物联网、人工智能、区块链、移动互联网等优势产业，并探索建设特色产业园区。鼓励企业、高校及科研院所采用“赛马机制”和“揭榜挂帅”方式，对NFT、VR/AR、脑机接口、智能芯片、智能算法等元宇宙关键技术进行协同攻关，支持元宇宙领域的前沿技术突破。

4. 探索元宇宙场景创新应用

对于元宇宙而言，应用场景的落地至关重要。未来广西可率先在三方面推进：一是前瞻性场景——聚焦数字化改革重点，加快在政府整体智治、数字政务服务、产业大脑+未来工厂、智慧城市、未来社区等领域，谋划开展基于元宇宙的场景创新，落地一批典型场景应用，推进生产和生活性服务融合化、智能化、无人化升级。二是重大场景——遴选推广一批刚性高频、创新突破的重大场景应用，探索元宇宙建设运行模式经验，加快新技术、新产品、新业态、新模式在元宇宙中的应用。三是建立数字内容创作和知识分享平台，拓展数字创意应用领域，丰富数据资源，推动AI技术的应用落地和深化发展，促进数字创意与实体经济融合，打造数字创意中心。

5. 进一步强化数字基础设施建设

发展元宇宙产业，数据基础能力支撑至关重要。坚持总体筹划、系统布局，构建以下一代通信网络为基础、以数据算力设施为核心、以智能互联为突破，集约高效、经济适用、智能绿色、安全可靠的现代化数字基建新体系，打通元宇宙发展的数字“大动脉”。加快数据资源开放共享，探索数据应用和交易机制，加强数据安全管控，推进数据资源化、资产化、价值化；加快推进数字新型基础设施建设，优先布局一批数据中心、算力设施、模拟实验室，推进云网协同和算网融合发展，有序推进现有数据基础设施智能升级，进一步筑牢“元宇宙+数字创意产业”发展的基础。

6. 尽快制定“元宇宙”产业相关政策

发展元宇宙产业需要与之配套的政策扶持。在产业发展引导方面，要把元宇宙产业列入“十四五”时期广西重点发展产业，鼓励加快产业布局；在数据统计方面，要尽快明确统计标准和口径，建立运行监测体系；在资金扶持方面，要发挥产业发展基金等公共财政资金的引导作用，撬动社会资本，加大对元宇宙关键核心技术和“卡脖子”技术研发的资金扶持；在要素倾斜方面，要加强人才资源保障，比如鼓励支持广西大学、桂林电子科技大学等高校优化人工智能、动漫、数字经济等专业的招生计划和培养方案，与企业共建实践基地、实施产教融合校企合作、推进“产学研”深度合作等，深化校企合作，开设元宇宙相关课程或专业，加快元宇宙教学体系建设和师资队伍培养，加强学生培养，推进广西元宇宙人才培养工作，促进广西元宇宙产业发展。

二、广西机器视觉产业链发展

机器视觉通过光学装置和非接触式传感器能够实现人眼可及和不可及的功能，并广泛应用于识别、测量、定位、检测等场景，相较人眼拥有高效率、高精度以及基本无人化等优势。在中国劳动力质量和成本逐渐升高，企业不断尝试转型以逐渐淘汰落后生产方式的背景下，借助机器视觉等AI技术摆脱人工劳动的低效和不稳定，实现提质、降本、增效，已成为制造业的共性需求，机器换人大势所趋。在此背景下，广西应加快在机器视觉产业中“补短链，壮长链”，提高机器视觉技术对各行业的渗透作用，推动广西经济高质量发展。

（一）我国机器视觉行业发展现状与趋势

1. 我国机器视觉市场持续增长，快速向3D机器视觉升级

机器视觉在我国起步较晚，但发展速度较快。根据中国机器视觉产业联盟数据显示，我国机器视觉行业销售额从2015年的31亿元增长至2018年的84亿元，并于2019年首次突破百亿（103亿元），增速超过20%。随着自动化的普及和深入，我国的机器视觉行业迎来较强的发展机遇，正在成为世界上发展较为活跃的地区之一，截至2021年年底，中国机器视觉企业已达854家，其中国产机器视觉品牌已超400家，涉及上游、中游、下游或相邻结合产业链的企业。3D视觉是机器视觉的发展趋势。目前机器视觉主要以二维图像分析和识别为主，伴随5G、AI等技术的发展，机器视觉将从2D向3D升级。高工机器人产业研究所（GGII）数据显示，2021年，我国机器视觉市场增长超45%，其中2D视觉市场规模约为107.8亿元，3D视觉市场规模约为11.51亿元（增速超过100%）。此外，相关研究显示，至2025年我国机器视觉市场规模将达到415.92亿元，其中3D视觉市场规模将达到104.35亿元。

2. 产业联盟规模位居全球第二，优质资本看好智能制造赛道

产业联盟作为一种重要的产业组织形式，对产业发展、企业成长特别是高新技术企业的快速成长具有重要意义。产业联盟的建设发展有助于会员企业优势互补、拓展发展空间、提高产业或行业竞争力

等。截至2022年初，机器视觉产业联盟CMVU、美国自动化成像协会AIA、欧洲机器视觉协会EMVA、日本工业视觉协会JIIA以及德国机械设备制造业联合会机器视觉分会VDMA共计拥有企业会员1037家，其中我国机器视觉产业联盟拥有企业会员300家，数量仅次于美国自动化成像协会的423家排在第二位（图4-8）。此外，2022年1—8月，我国在机器视觉领域共计完成投融资54个，其中投融资规模在亿元以上的有15件，且主要是智能硬件与先进制造业领域。

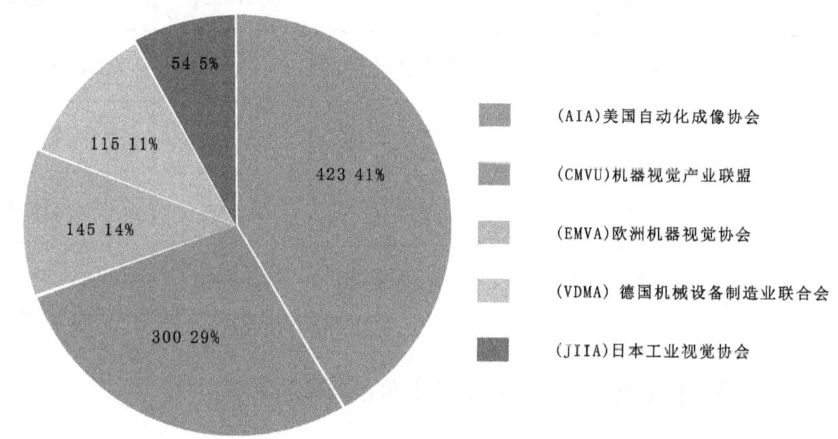

图4-8 各国（地区）机器视觉产业联盟企业会员数量及占比

表4-4

时间	公司	行业	轮次	金额
2022/7/25	库柏特	智能硬件	C轮	数亿人民币
2022/7/22	灵西机器人	智能硬件	B+轮	数亿人民币
2022/7/20	视比特机器人	智能硬件	B轮	3亿人民币
2022/7/4	暗物智能	企业服务	B轮	5亿人民币
2022/6/29	Flexiv非夕	智能硬件	B+轮	近亿美元

续表

2022/6/6	锐思智芯	先进制造	A轮	2亿人民币
2022/6/2	肇观电子	先进制造	C轮	数亿人民币
2022/4/30	未来机器人	汽车交通	C+轮	8000万美元
2022/4/22	大族机器人	智能硬件	B+轮	2亿人民币
2022/4/19	来也科技	企业服务	C+轮	7000万美元
2022/4/18	思灵机器人	智能硬件	战略投资	3000万美元
2022/3/20	Rokid若琪	智能硬件	C轮	7亿人民币
2022/3/7	小马智行Pony.ai	汽车交通	D轮	数亿美元
2022/2/24	劢微机器人	物流	A+轮	数亿人民币
2022/2/14	深视智能	先进制造	B+轮	数亿人民币

（二）机器视觉产业链构成与中外竞争格局

机器视觉产业链首先是上游的光源、工业相机、镜头、采集卡等核心零部件以及图像处理软件，其次产业链中游可分为系统集成商和整机集成商，最后产业链下游则是机器视觉各领域的应用。目前在我国机器视觉系统成本构成上，上游零部件及软件开发占据了80%的比例，是产业链中绝对的核心环节。GGII数据显示，2021年中国机器视觉各核心部件的国产化份额均超过70%，其中光源国产化率达90%以上、镜头的国产化率80%左右、工业相机国产化率超70%。

1. 我国在上游的部分零部件具备竞争优势，软件环节亟待国产化突破光源是影响机器视觉系统成像质量的关键因素之一。目前机器视觉使用的光源主要有LED、卤素灯及氙气灯等，其中LED光源凭借其节能、使用寿命长、响应速度快等在综合性价比上的优势，成为行业最常用的光源。在我国，视觉照明技术已比较成熟，光源成为机器视觉产业链中国产化程度最高，竞争最为充分的环节（表4-5）。

表4-5 我国机器视觉领域光源行业代表企业

厂商		所在地区	企业简介
外资	CCS	日本	成立于1993年，是机器视觉技术的创新者和开拓者，在全球光源市场占有率第一。
	Ai	美国	是全球首家LED光源制造企业，同时也是第一个能制造RGB全彩色光源的公司。产品以亮度高、响应速度快为特点。
国内	奥普特	广东东莞	2006年公司成立，是我国最先起步的机器视觉LED光源厂商，也是机器视觉应用技术领先者，现有近1000款标准化光源产品，具备响应速度快、产品定制灵活等产品优势。
	沃德普	广东东莞	成立于2014年，客户涵盖欧姆龙、康耐视、华为，其光源产品特点是具备良好稳定性与一致性。
	纬朗光电	上海	于2007年1月在上海成立，是一家提供专业LED机器视觉光源技术解决方案的综合性公司，目前已获得30多项实用新型专利证书。

镜头是机器视觉最关键的成像部件，其质量直接影响机器视觉的整体性能。工业镜头相比普通镜头要求有更高的清晰度以及光谱透射能力。我国镜头供应商从中低端市场切入，凭借高性价比形成一定竞争优势，随着行业快速发展，目前在高端市场我国虽依赖于进口，但我国企业在个别细分领域（如车载镜头、机器视觉）已处于领先地位，国产替代产品不断从中低端向高端领域渗透（表4-6）。

表4-6 我国机器视觉领域光学镜头行业代表企业

厂商		所在地区	企业简介
外资	康耐视	美国	拥有全球425家分销商与集成商合作伙伴，客户网络遍布美洲、欧洲与亚太地区。2019年在我国机器视觉市场占有率为6%，位居第一。
	施耐德	德国	作为一家有着近百年历史的老牌镜头企业，是全球工业镜头和光学配件行业的领军者。
国内	舜宇光学	浙江余姚	2019年舜宇光学在车载镜头市场出货量居全国首位，市场占有率达34%，超越韩企Sekonix以及日企Kantatsu稳居龙头地位。 2018年，在我国安防镜头市场的占有率排名第一（36%），占绝对主导地位。
	宇瞳光学	广东东莞	2019年9月在深圳证券交易所创业板上市，具备最大月产2500万支镜头的能力。 2018年，在我国安防镜头市场的占有率排名第二（15%），排在第一梯队。
	奥普特	广东东莞	中国500强和镜头行业龙头企业，客户涵盖苹果、欧姆龙、安费诺、大族激光等世界500强企业。2019年在我国机器视觉行业占有4%的市场，位居第二。

工业相机将光信号转化为有序的电信号，再将电信号转送至处理器以实现对图像的识别、分析及处理。行业对工业相机的要求是更高的传输力、抗干扰能力以及更稳定的成像能力。由于我国工业相机起步较晚，目前主要以代理基恩士、宝视纳等外国品牌为主，高速、高分辨率的高端相机产品严重依赖进口，而我国自主研发的一批工业相机集中布局于中低端市场，处于快速追赶阶段（表4-7）。

表4-7 我国机器视觉领域工业相机行业代表企业

厂商		所在地区	企业简介
外资	基恩士	日本	1974年成立，是工业相机、视觉系统、高速摄像机、图像识别传感器的全球知名供应商。
	康耐视	美国	成立于1981年，是机器视觉产品的全球领先供应商，为制造自动化领域提供视觉系统、视觉软件、视觉传感器和工业读码器。
	宝视纳	德国	是全球领先的工业相机及相机配件的供应商及制造商，在计算机视觉技术领域拥有30多年的行业经验，产品具体包括3D相机、线阵相机、面阵相机等工业相机。
国内	海康机器人	浙江杭州	是面向全球的移动机器人、机器视觉产品提供商，主要提供工业相机、智能相机、镜头、光源等多种视觉产品。
	华睿科技	浙江绍兴	专注于机器视觉与移动机器人产品研发、生产和销售，在嵌入式软件、图像优化、识别算法、网络传输、导航定位、调度及运动控制等技术领域均处于业界领先水平。

图像处理软件是机器视觉系统的“大脑”，通过图像处理软件完成对被测物的识别、定位、测量、检测等。机器视觉图像处理软件一般分为包含大量处理算法的工具库（使用对象为设备商、集成商）以及为实现某些功能的特定应用软件（主要供最终用户使用）。图像处理软件在我国起步较晚，目前主要受美、德两国垄断，软件相应的底层算法也主要由美国、德国、加拿大等国家主导。我国布局机器视觉软件环节并形成自研开发能力的企业有奥普特等行业领先企业，以及凌云光、维视制造等快速崛起的后发企业（表4-8）。

表4-8 我国机器视觉领域图像处理软件行业代表企业

厂商		软件名	所在地区	企业简介
外资	英特尔	OpenCV	美国	是一款开源免费的计算机视觉及机器学习软件库。
	MVTec	HALCON	德国	有一套完善的标准的机器视觉算法包，拥有应用广泛的机器视觉集成开发环境。
	康耐视	VisionPro	美国	是行业领先的计算机式视觉软件，主要用于设置和部署视觉应用。
国内	奥普特	SciVision	广东东莞	是一套可靠、易用并支持多种计算机语言的机器视觉开发包，用户可根据自己的需求利用SDK灵活开发应用程序。
	凌云光	VisionWARE	北京	工业级机器视觉平台软件，提供定位和引导、检测应用、测量应用等解决方案，广泛应用于半导体、电子、印刷、制药等机器视觉应用行业。
	维视制造	VisionBank	陕西西安	能够满足各种机器视觉应用需求的软件工具库，主要应用于机器人定位、颜色识别、缺陷检测以及尺寸测量等领域。

2. 中游集成企业群体不断扩大，3D视觉产品、视觉系统等行业进入发展快车道

中游环节由整机装备集成商和软件系统服务商构成。中游企业面向上游零部件制造商或下游用户，提供硬件集成、软件服务等解决方案。我国在该环节的代表性企业有苏州天准科技股份有限公司、凌云光技术股份有限公司、博众精工科技股份有限公司、瑞科智能科技有限公司、苏州矩子智能科技有限公司以及上海视谷图像技术有限公司等。有关数据显示，2016—2019年，我国机器视觉市场产品销量中增长率最高的产品为3D视觉产品（增长率602%），其次是视觉系统、智能嵌入系统，以及增长率在300%以上的机器视觉软件产品，光源（43.5%）、工业相机（27.4%）、采集卡（14%）等集成硬件产品仍保持一定增长。

3. 下游应用广泛解锁，技术不断向工业领域渗透

下游环节指机器视觉设备及服务所覆盖的应用领域，包括电子制造、汽车制造、半导体、锂电、光伏、生命科学、物流、印刷、交通等行业。从应用场景行业分类看，电子制造业是机器视觉应用最重要的领域。目前我国机器视觉技术已广泛应用于半导体、机器人、汽车制造、制药、食品包装、电子等众多领域中，2021年我国机器视觉应用最多的领域是3C电子行业（计算机、通信以及消费电子产品），其次是汽车、半导体、锂电池、医药等行业（图4-9）。相关研究还认为，近年来机器视觉市场规模的增量空间主要来自对工业领域的渗透，目前我国机器视觉在工业领域的总体渗透率约为5%，尚存海量潜在发展空间。同时锂电行业2021年对机器视觉需求增长明显，预计未

来5~10年锂电将会是机器视觉主要增长的拉动引擎之一。从应用成效的分布情况来看，根据国家工业和信息化部公示的2021年度智能制造示范工厂揭榜单位和优秀场景名单，江苏省是将机器视觉技术赋能融合进制造行业的我国领先省份，其次是山东、广东、上海等省市（图4-10）。目前江苏省的中天科技精密材料有限公司、中建材（宜兴）新能源有限公司、力神电池（苏州）有限公司以及江苏康缘药业股份有限公司等企业以智能在线监测应用场景将机器视觉技术赋能于先进制造、建材、锂电、制药等领域。

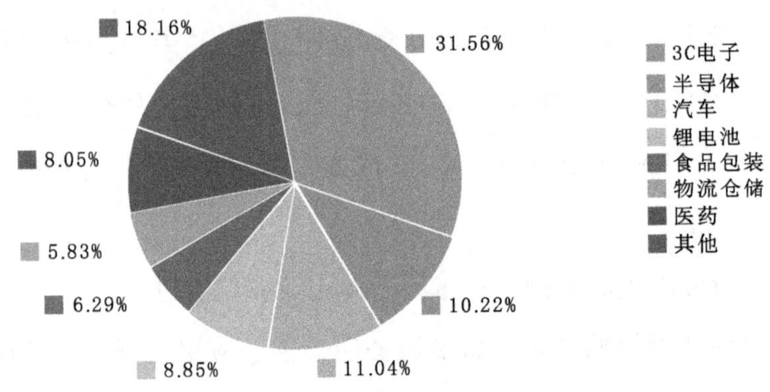

图4-9 2021年我国机器视觉应用市场细分情况

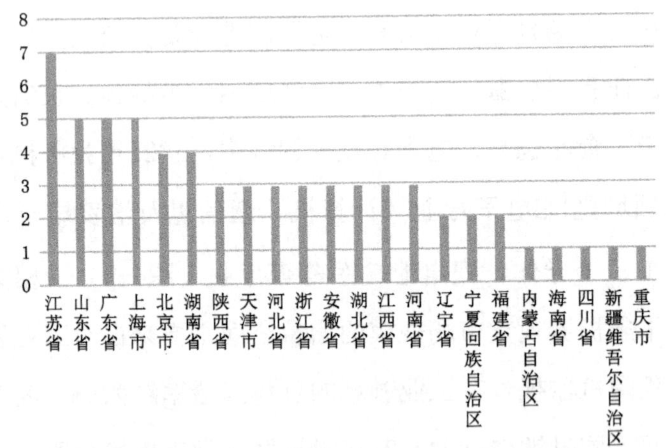

图4-10 2021年机器视觉相关智能制造示范、优秀案例在各地分布情况（单位：件）

（三）广西机器视觉产业链发展情况与存在的问题

通过绘制广西机器视觉产业链图谱，分析得出以下广西机器视觉产业链发展情况与存在的问题（图4-11）。

图4-11　广西机器视觉产业链图谱

1. 上游光源、相机等硬件环节短链现象凸显，镜头、软件环节缺乏龙头企业

一是广西在机器视觉光源、工业相机等环节缺乏本土自有产品。目前广西从事机器视觉光源制造的供应商仅南宁富联富桂精密工业与桂林市迈特光学仪器两家企业，且光源的制造供应仅占企业经营范围的一小部分。同样在工业相机制造供应环节仅有广西惠科精密智能科技、桂林智神信息技术两家广西企业，随着机器视觉市场规模的不断扩大，广西在这两个领域培养发展本土核心产品仍有较大的发展空间。二是广西在镜头与软件环节缺乏行业龙头。在镜头领域，除南宁富联富桂精密工业有限公司以外，广西从事该行业的主体主要以注册资本在100万—3000万元的小微企业为主。在软件环节，除去作为行业领先的数字广西集团，其他从事图像处理软件开发的南宁慧视科技有限责任公司、广西慧航测绘地理信息有限公

司、广西中科云创智能科技有限公司等企业的注册资本在200万—500万元之间，属于小微企业或科技型中小企业，在镜头与软件领域广西严重缺乏行业领先的龙头企业。

2. 中游环节具备良好能力支撑基础，智能视觉设备的发展仍在起步阶段

视觉系统需要AI算法与算力服务等能力平台作为支撑，在中国东信公司、数字广西集团、粤桂云大数据集团、五象云谷公司以及广西计算中心公司等云计算、AI+大数据行业领先企业的支撑之下，以广西交科集团为代表的广西企业在机器视觉系统开发领域快速发展。而在智能设备集成环节，由于广西在机器视觉上游硬件环节存在明显短链的问题，目前在该环节仍处于初步发展阶段，整机集成企业以桂林汉璟智能仪器有限公司、广西柳州联耕科技有限公司、桂林量具刃具有限责任公司以及广西咪付投资有限公司等小微企业为主。

3. 下游应用场景广阔，在各行各业的渗透率不断提升

目前广西机器视觉相关应用场景集中于智能制造领域，其次是汽车、智慧交通行业，对能源、锂电、智慧农业、安防、医药健康、金融等领域的应用场景也进行了初步的探索（表4-9）在智能制造领域，南宁富联富桂精密工业有限公司在其自主研发的富士康工业互联网标杆平台中，通过AGV精准智能控制、机器视觉人脸识别、焊点不良判定等微服务，对厂区实行智能化管理，逐步实现柔性生产和精益制造。广西柳州钢铁集团有限公司通过建设柳钢智慧计量系统项目，充分利用传感技术、机器视觉技术、边缘计算、深度学习、大数据分析、5G网络应用等先进技术，覆盖复杂多变的检斤计量应用场景，实现所有计量现场无人值守，最大限度地降低人为操作的环节及现场工作安全隐患。在智慧农业领域，广西捷佳润科

技股份有限公司针对香蕉这一广西主要经济作物，结合农业物联网、光谱无损检测、图像识别等技术以及互联网大平台，研发基于水肥一体化滴灌系统的智慧香蕉种植管理系统，提供果品品质的图像识别与生产数据溯源，为果品交易提供坚实的依据，提高农产品的流通效率以及降低流通成本。在智慧交通领域，广西计算中心有限责任公司在高速公路应急服务管理平台中搭建智能监测系统，利用机器视觉技术实现对两客一危车辆、特殊车辆等重点车辆进行在线监测。

（四）广西机器视觉产业链发展的建议

第一，通过创新政策引领，强化协同重构，梳理国内机器视觉产业链图谱，建立合作关系，解决供应困境，引导区内企业与广东、江苏等地机器视觉企业合作，从供给侧、需求侧、环境侧等协调统筹推进，重构和完善机器视觉产业协同链，增强产业链韧性。

第二，通过创新技术研发，强化市场拓展，实施机器视觉重大项目揭榜挂帅制度，制定机器视觉共性开发路线图，支持企业加大对工业相机、图像测量、视频结构化等成像与信息处理技术的研发投入，为企业和研究机构提供研发素材采集便利通道，推动自治区各部门开放脱敏后的公共数据以支持机器视觉相关算法和应用研发。

第三，通过创新产学融合，强化技术落地，加强机器视觉政产学研用融合，鼓励政府、企业、科研院所、高校等参与组建机器视觉行业联盟，通过整合人才、技术、数据等资源，构建开放创新生态。

第四，通过创新人才引培，强化人才支撑，加强机器视觉相关的光学、控制、软件工程、人工智能等专业学科建设，推动教学内容与市场需求相衔接，支持高校中高年级学生到机器视觉企业参与实训、积累项目经验。

表4-9 广西机器视觉应用场景及行业分类

公司名称	公司/项目/专利介绍	行业分类
陆川县吉威钟表配件有限公司	基于机器视觉的高锁螺母智能安装系统及其安装方法。	智能制造
柳州市麦可思塑胶科技有限公司	基于机器视觉技术塑料制品表面质量自动检测装置。	智能制造
广西新松机器人有限公司	一种基于视觉的迎宾服务机器人。	智能制造
广西安博特智能科技有限公司	一种基于立体视觉的机器人快速示教方法。	智能制造
南宁富联富桂精密工业有限公司	富士康工业互联网标杆平台通过AGV精准智能控制、机器视觉人脸识别、焊点不良判定等微服务，对工厂场域实行智能化管理，逐步实现柔性生产和精益制造。	智能制造
广西柳州钢铁集团有限公司	柳钢智慧计量系统。系统充分利用传感技术、机器视觉技术、射频技术、边缘计算、深度学习、大数据分析、5G网络应用等先进技术来覆盖三基地复杂多变的检斤计量应用场景。	智能制造
广西泊云科技股份有限公司	工业气体智能化管理系统。本项目基于区块链技术，将3D视觉识别算法、RFID技术、Scoreboarding算法等关键技术进行集成创新，构建一套集气体行业专属ERP管理系统、气瓶溯源系统、智能无人充装线、可视化大数据平台于一体的工业气体智能管理系统。	智能制造
广西翔兰科技有限公司	一种基于UVC-LED灭菌灯的机器人及其AI智能视觉轨迹系统。	医疗医药
广西南宁颜辞数据科技有限公司	一种基于机器视觉的轴承检测分拣装置。	汽车
南宁燎旺车灯股份有限公司	一种基于机器视觉的前照灯随动转向控制方法。	汽车

续表

上汽通用五菱汽车股份有限公司	一种基于机器视觉的弹簧检测装置及使用方法。	汽车
广西慧云信息技术有限公司	一种柑橘斑点状病虫害细粒度图像识别方法。	农业
广西捷佳润科技股份有限公司	互联网+智慧香蕉种植与销售管理系统。结合农业物联网、光谱无损检测、图像识别等技术以及互联网大平台，研发基于水肥一体化滴灌系统的智慧香蕉种植管理系统，以及基于长势监测溯源系统基础下的果品交易平台。	农业
广西电网有限责任公司贺州供电局	一种基于机器视觉的变电现场作业实时监控与报警系统。	能源
广西景航无人机有限公司	一种基于机器视觉技术的电力巡检鸟窝检测系统。	能源
广西甘昌电子科技有限公司	一种基于机器视觉的聚合物软包锂电池底角检测装置。	锂电
柳州市蓝海数链科技有限公司	基于区块链技术的企业供应链金融管理平台。通过AI视觉识别技术及RFID射频+电子围栏技术有效实施动产监管，提供尽职调查、信息披露、风险评估、动态监测等专业化服务。	金融
中国铁路南宁局集团有限公司	基于机器视觉的铁路双轨间微小异物检测方法及系统。	交通
广西交科集团有限公司	一种移动机器人的视觉图像拼接系统及方法。	交通
广西计算中心有限责任公司	搭建智能监测系统，利用机器视觉技术实现对两客一危车辆、特殊车辆等重点车辆进行在线监测。	交通
广西北投公路建设投资集团有限公司	基于机器视觉的危险区域人员闯入监测方法及系统。	安防

三、广西5G产业发展

近年来，广西积极开展5G试点建设，推动5G网络规模部署、应用试点示范，有效带动广西5G产业发展。有关统计数据显示，目前广西5G累计投资近150亿元，5G相关存续企业数量超过5000家，其中钦州、南宁两地占比高达72.5%。但广西5G产业发展仍存在5G基建资金投入不足、投入回报周期较长、产业链关键环节薄弱、专业复合型人才缺乏等困境，亟须通过创新网络建设模式、推广应用试点示范、推进产业强链补链、强化专业人才引培等，提升广西5G产业与应用发展的整体水平。

（一）广西5G产业发展取得积极进展

1.发展基础不断夯实，数字基建稳步推进

组织生态起步稳健。目前，广西5G产业联盟成员单位已发展超过170家，覆盖全国16个省（区、市），并逐步形成“五横十纵”的产业生态布局，即横向涵盖5G相关领域的设备制造商、通信运营商、终端供应商、系统集成商、科研院所，纵向涵盖工业互联网、智能制造、智慧冶金、智慧城市、智慧交通、智慧港口、智慧金融、智慧农业、智慧能源、智慧媒体应用领域成员单位。联盟通过举办广西5G发展专题讲座、组织成员单位实地观摩5G应用等，有力促进成员间的项目合作；通过承办“绽放杯”5G应用征集大赛广西区域赛、举办广西5G行业消息应用大赛等赛事，遴选出一批广西5G优秀应用案例。

网络建设稳步推进。截至2022年6月，广西5G基站数由2020年年底的2.12万座提升至5.07万座，居西部第四位；5G用户普及率由

2020年年末的16%提升至28%；5G虚拟专网由2020年年末的3个增至超过200个。此外，广西移动与广西广电通过“共建共享”建设700兆5G基站近7500座，并开展海面超远覆盖研究，实现北部湾海面全覆盖。

2. 市场主体快速增长，产业集聚蔚然成形

通过分析企业工商登记注册信息发现，广西5G相关企业数量增势迅猛、聚集态势明显，市场活力不断增强。

从存续企业数量看，截至2021年年末，广西5G相关存续企业数量为5766家，相比2019年翻了超过2番，位居西部省市第三位，排在四川（6746家）、陕西（6239家）之后。

从存续企业增速看，2019—2021年，广西5G相关存续企业数量年均增速位居西部省市第一，达到114.6%。特别是2021年，广西5G相关存续企业增长了3987家，许多企业纷纷在经营范围中增加“5G通信技术服务”等关键词。

从存续企业布局看，广西5G产业集聚态势凸显。广西5G相关企业的注册登记地集中在钦州市和南宁市，两市5G相关存续企业数量达到4180家，其中钦州市达到2335家，占比为40.5%；柳州、桂林的5G相关企业数均超过200家。其中，2019—2021年，钦州市5G存续企业数量以829.95%的年均增速一骑绝尘，中马钦州产业园区、钦州华为数字小镇等拉动形成5G产业集聚区（图4-11）。

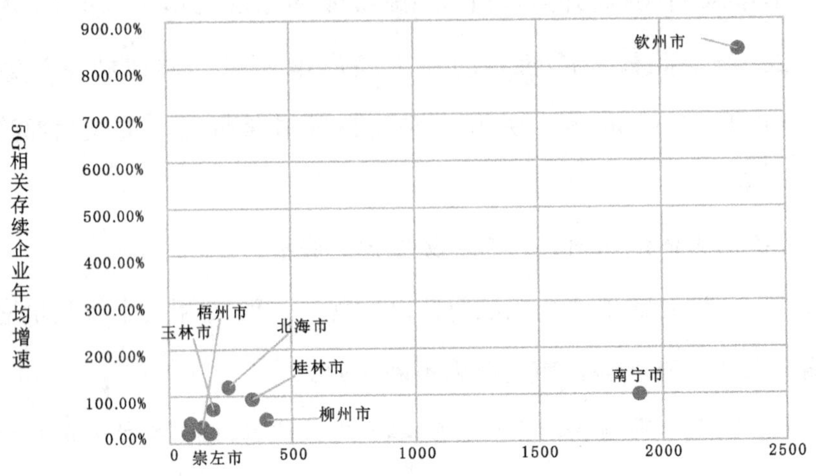

图4-11 广西各市5G相关存续企业数量及年均增速

从新注册企业数量看，广西新注册5G相关企业处于逐年快速上升态势。新注册企业从2020年年末的577家到2021年达到4033家，基本呈现指数增长态势（图4-12）。其中，南宁、钦州在2021年新注册5G相关企业总量上居于引领位置，占比达到81.7%；处于数字经济产业布局“一轴”带的桂林、北海、柳州，新增5G相关企业都超过100家，但三者占比仅为9.6%。

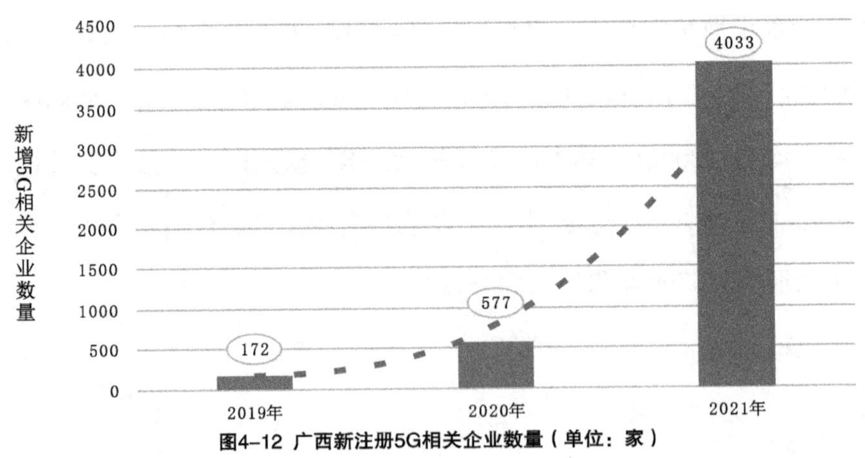

图4-12 广西新注册5G相关企业数量（单位：家）

3. 科研创新稳健起步，通信企业独占鳌头

从论文发表情况看，广西5G相关论文数量近三年快速增长。中国知网数据显示，2018年至2021年，广西研究人员发表的论文总数为395篇，主要主题涉及“5G时代、物联网、5G网络、工业互联网”等。其中，中国移动通信集团广西有限公司发表文献数最多，为40篇；其他电信运营商也是5G相关论文的主要贡献者。从专利申请情况看，广西5G相关专利近三年才开始涌现。国家知识产权局中国专利信息中心的数据显示，申请日期在“2016—2021年”且标题中包含“5G”的专利超过1.4万条，其中广西有112条，全国排名第二十位，且均为2019年以后申请（图4-13）。

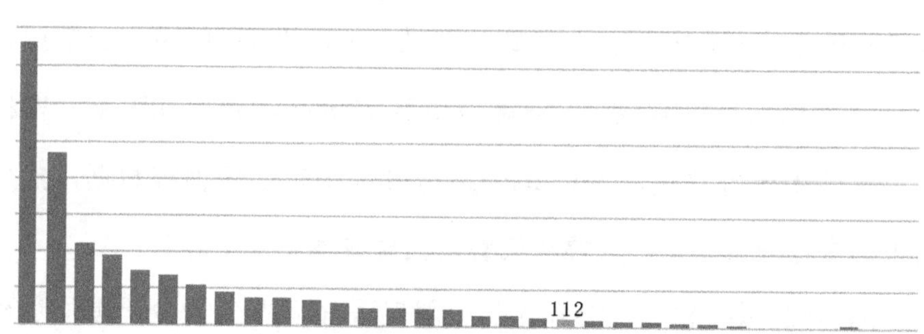

图4-13 5G相关专利按省份分布

4. 应用领域全面开花，典型案例不断涌现

在5G产业发展利好政策及重大赛事推动下，广西涌现出一批“5G+”融合应用典型案例。

5G+智慧工厂领域，“广西钢铁集团5G+智慧钢铁项目”打造了全国首个5G焊缝“云眼”质检平台，推动工艺过程、产线管控、生产经营向智能化方向发展。“柳工5G智能遥控工业互联网平台千万

级商用项目”通过5G定制网络实时操控无人驾驶装载机或挖掘机，有效降低安全风险、提升工作效率。

5G+智慧交通领域，“钦州港5G+智慧港口项目”打造5G智慧港口综合业务管理平台，满足港口自动化、数字化、信息化建设要求，助力广西港口及西部陆海新通道的智慧化升级与变革。“沙吴高速智慧交通一体化示范项目”依托5G、V2X、物联网等技术实现车路协同，助力广西智慧交通建设达到全国先进水平，为中国智慧高速建设提供样板和经验。

5G+智慧教育领域，“广西建设职业技术学院5G定制网项目”打造5G+智慧BIM系统，实现师生异地互动教学，奠定了5G技术赋能职业教育教学模式创新研究与实践的基础。“广西警察学院5G+警察教育训练平台项目”建设了5G+虚拟仿真实验室，利用VR眼镜、VR枪械、智能手环等终端，通过5G网络全方位实时汇聚训练数据，然后对数据进行分析研判，大幅降低警察教育成本。

5G+智慧医疗领域，桂林医学院附属医院率先在区内开通5G远程门诊业务，通过5G远程问诊，恭城瑶乡群众看病远、看病难问题得到有效缓解。重庆、广西联合完成全球首台跨省“5G远程聚焦超声消融手术”，通过5G网络实时传输高清手术动态音视频，为手术圆满成功提供有力支撑。

5G+乡村振兴领域，“5G+智慧监控系统”通过5G+高清监控摄像头实时监控彩椒大棚实况，提升彩椒示范基地治安防控效能，推动了现代农业转型升级。5G网络直播推动农村电商销售、民宿旅游等产业发展，带动农家乐、民宿等产业成为新经济增长点。

（二）广西5G产业发展面临四大困境

1. 5G基站建设资金投入有待强化

5G技术本身需要高密集组网、大规模天线部署等，导致5G基站建设资金需求量巨大。然而受经济发展水平制约，广西用于支持5G新基建的资金比较有限，融资主体比较单一，主要为政府和运营商投资。此外，广西5G基站建设还存在居民抵制、运营电费过高等问题，导致通信运营商面临较大运营成本压力。在“碳中和碳达峰”背景下，如何推动5G基站节能降耗，成为广西运营商迫切需要解决的问题。

2. 5G基建投入回报周期较长

5G基建投入回报周期与5G应用推广速度密切相关，广西由于5G应用推广较慢，导致5G投入面临较长的回报期。行业应用方面，广西真正能规模化推广复制的5G行业典型应用还比较有限。一方面，部分企业对数据安全、通信费用等有疑虑，存在“不会用、不敢用、用不起”顾虑。另一方面，行业精品应用缺乏，在2021年第四届“绽放杯”5G应用征集大赛上，广西近300个参赛项目仅9个获得全国奖项，获奖比例远低于发达省市。消费级应用方面，目前除了5G消息，5G相关的消费级精品应用严重缺乏，同时消费者对5G仍然持观望态度，用着低档位5G套餐还关掉5G网络的现象十分普遍，使5G投资回报变弱。

3. 5G产业链发展关键环节薄弱

广西5G相关企业规模不大、经营业务集中在产业链下游等，导致产业链整体韧性不足。一是广西5G相关企业以中小型规模为主。以注册资本数据反映企业规模，广西各市5G相关中小型企业数量占比均超过90%；对于5G相关企业，2021年，广西注册资本大于1000万元的企业占存续企业总量的比重仅为4.46%，比重在西部省市排名垫底。二是广西5G上游元器件面临“卡脖子”危机。广西5G终端设备制造企业所需的一些关键零部件如高端数据通信芯片、高端CPU/FPGA、射频前端器件等严重依赖进口，国产化率较低，面临卡脖子、断供等风险。三是广西5G相关企业集中在产业链下游。基于企业经营范围对5G相关企业进行产业链上中下游划分，分析结果显示，广西5G相关企业经营业务多分布在5G产业链的下游。具体来看，5G产业链上游产品布局有限，关键环节的射频元器件领域广西鲜有企业涉足；5G产业链中游研发内生动力不足，基站和网络设备研发、生产的本土企业数量少，发展基础薄弱；5G产业链下游企业占比较高，广西各市下游企业数量占当地5G相关企业的比重均超过73%，同时受限于5G网络覆盖、改造成本等影响，大部分5G试点的应用推广还较缓慢。

4.5G专业复合型人才缺乏

广西5G相关人才缺乏，人才“引不进、留不住”问题表现较为突出。一方面，广西相对于周边省份对人才的内生吸引力不足，引进人才困难。大湾区的“虹吸效应”加上广西经济发展水平落后，导致广西对5G人才吸引力明显不足。2021年1—10月的招聘数据显示，广西5G相关企业招聘5G岗位的投岗比在全国排名靠后，仅为1.1，远远低于海南的41；广西5G相关企业所提供5G岗位的平均招聘薪酬为6090元，低于内蒙古（7750元）和全国平均水平（6541元），广西对5G人

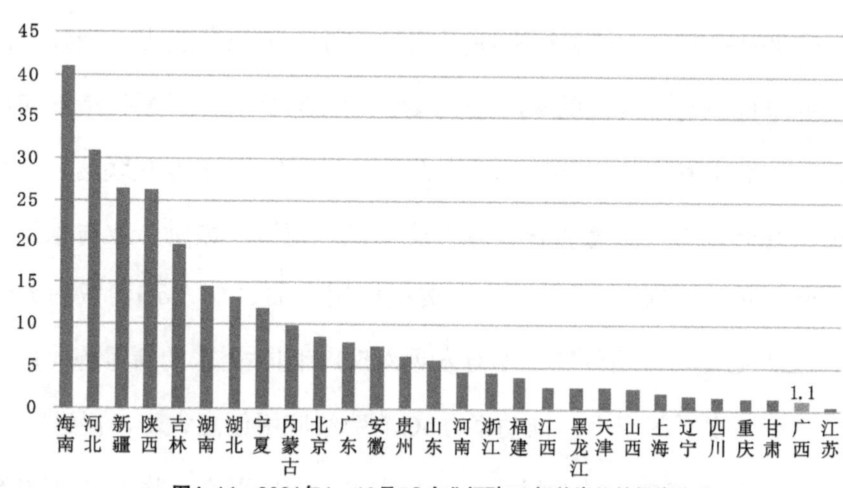

图4-14 2021年1—10月5G企业招聘5G相关岗位的投岗比

才的吸引力亟须增强（图4-14）。另一方面，广西5G复合型人才留住难。在5G高层次人才培养方面，广西相对于周边省份，仅有广西大学、桂林电子科技大学等高校，每年培养人才数量满足不了广西市场需求。同时5G相关专业毕业生出于薪资待遇、发展前景等考虑，多会选择到粤港澳大湾区就业，人才“留不住”问题十分突出。

（三）广西5G产业发展对策建议

1. 创新网络建设模式，推动基站节能降耗

推动各类公共基础设施有序开放共享，增强基站科学选址能力，促进通信基础设施全面发展。拉动民间资本投资参与5G接入网建设，减轻运营商建设负担。支持运营商与工业互联网企业等共同建设差异化行业虚拟专网，满足不同行业差异化需求。推动政府、运营商、设备供应商等共同破解5G基站节能降耗降成本难题：政府提供土地、电力等保障，推动基站电价补贴方式改革；运营商积极引入清洁能源，推动基站绿色节能发展；设备供应商研发和提供能耗比更高的先进设备等。

2. 推广行业应用示范，培育消费级应用需求

行业应用方面，扩大行业应用试点，带动5G服务支出。鼓励区内企事业单位参与全国性的5G垂直行业应用创新大赛，不断打造新应用场景。扩大车联网、车路协同试点范围，以及5G与工业互联网、智慧矿山、智慧港口、智慧教育等融合应用试点范围。鼓励企业与东盟国家联合开展5G试点示范项目。消费级应用方面，加大5G消费内容供给，推动5G交互应用创新，培育发展对5G有刚性需求的新零售、虚拟现实、高清视频等应用，推动举办5G消费级应用创意大赛，促进5G与VR/AR、赛事直播、游戏娱乐、元宇宙等内容的融合。推进5G消息全面商用，支持通过5G消息提供服务、内容消费等。

3. 推动产业强链补链，提升研发创新水平

通过开展重大项目招商、技术合作、产业链协同等方式引进国内外5G重点企业，特别是5G产业链上游元器件制造、下游终端制造企业等。强化龙头企业的资源聚集效应，推动政产学研用协同发展，孵化培养一批成长质量高、创新能力强的专精特新5G企业。发挥广西5G产业联盟的纽带作用，搭建5G应用相关创新中心、孵化器、实验室、投融资机构的沟通与合作平台，支持引进建设5G产品测试中心，探索建立5G产业常态化监测机制，促进资金链、产业链、创新链融合贯通发展。

4. 加强专业人才引进，推动复合型人才培养

多渠道引进国内外高层次5G人才，梳理国内开设5G通信专业的院校目录，通过锚定院校专业、定向招聘等方式，大力引进一批高水平专家人才和创新团队。推进组建广西5G相关人才专家库，发展“飞地”办公模式。推动广西大学、桂林电子科技大学、南宁职业技

术学院等高校开展5G实训，组建5G研发平台，提升原创性技术研发能力。整合政产学研资源，培养复合型人才，建设和提升5G融合应用创新实验室的研发能力与成果转化水平。

四、广西区块链产业发展

区块链具有去中心化、不可篡改、可溯源等特性，被公认为具有巨大潜力的新一代前沿信息技术，是发展数字经济不可或缺的关键技术之一。近年来，广西加快谋划布局区块链产业与应用发展，在政务服务、公共资源交易、司法存证、农产品溯源等领域推动落地了一批典型应用场景，取得积极成效，区块链产业与应用整体发展态势良好。但同时也面临市场需求不足、路径依赖制约、市场主体规模偏小、应用模式亟待创新等困境，现阶段有必要以问题为导向，进一步激发区块链的应用价值，加快带动广西数字经济高质量发展。

（一）广西区块链技术融合应用取得积极进展

1. “区块链+电子证照”成为国家区块链创新应用试点

《基于“桂链”的广西电子证照研究与试点应用》列入中央网信办等17个部委推动的国家区块链创新应用试点，成为全国“区块链+政务服务”和“区块链+政务数据共享”特色领域13个试点之一。该应用场景利用区块链的多中心化同步记账、数据加密和数据不可篡改等特征，确保电子证照信息可信任、可追溯，增强电子证照的安全性与可信度，提高办事效率，做到精简审批。目前该项目已经完成初步建设，基于“桂链”平台实现广西电子证照服务平台的区块链可信存证，累计实现上链证照数据超过1400万条。应用成效主要体现在：一是优化办事流程。避免群众多次重复提供材料，实现多部门业务一次办理完成。二是实现可信的存证用证。相关部门在用证时调取存储于区块链中的可信电子证照进行查验真伪，可降低30%的证照数据共享时间，极大地提高了政务数据共享效率。

2.“区块链+公共资源交易”助推社会信用体系建立

公信力不足、监督监管难、数据共享效率低等是公共资源交易领域的“老大难”问题。广西机关事务管理局针对该问题，探索建设基于区块链的公共资源交易平台，在自治区、设区市、县三级部署全新应用架构。应用成效主要体现在：一是节省交易成本。通过跨部门、跨区块链互认CA数字证书，可有效节省交易成本。据估算，与传统模式相比，可节约90%的证书认证成本，节约人力成本约5000元/（家·次），可为各类市场主体节约投标成本超过2亿元。二是提升公共资源配置效率。区块链可为企业跨区域投标提供业绩、资质、主体信息认证服务，提高投标人跨区域投标效率。同时，可实现投标企业信用数据、优质专家资源跨地区、跨行业共享。三是提升行业监管部门效率。公共资源交易全过程在区块链中形成不可篡改、高度完整的数据记录，可作为有效证据链条，形成了“区块链服务+区块链电子证据+智慧监管”公共资源交易监管新模式，助力优化全区营商环境。

3.“区块链+司法存证”实现行政执法可信化监管

2018年9月，最高人民法院公布的《关于互联网法院审理案件若干问题的规定》确认了区块链存证的法律效力。针对电子证据真实性、合法性问题，自治区司法厅在司法实践中引入区块链存证技术，打造基于区块链的行政执法综合管理监管平台，使电子数据认证过程具有更高的可信赖性。应用成效主要体现在：一是提升执法过程规范化程度。区块链锁定行政执法全过程记录数据（包括音频、视频、图片），实现执法数据可信、可溯、可跟踪、可留痕。二是提升执法过程监管效率。基于可信执法数据，实现对行政执法主体、行政执法人员、行政执法事项和行政执法对象的规范化、标准化、数字化和动态化可信监管，使电子数据认证过程具有更高的可信赖性。

4. “区块链+农业”助推农产品可信溯源和可信金融支撑

广西农村投资集团开展广西制糖行业工业互联网标识解析二级节点建设，依托自主研发的标识解析技术，整合原糖加工产业资源，打通糖的产业链、供应链和销售链。应用成效主要体现在：一是提升全产业链协同效率。将农户种植甘蔗行为、蔗糖检测数据、仓储物流数据、产品价格数据等信息通过区块链进行采集、存证、确权、查询、验证，提升种植户、糖厂、政府各方协同效率。二是助力打造糖业品牌。基于可信产业链数据，面向消费者提供品牌营销等服务。广西猫头鹰科技有限公司开展基于区块链技术的食品溯源和供应链金融应用。应用成效主要体现在：一是提升市场监管效率。服务平南和龙州学校，覆盖团餐食堂300个，人群30万，每年积累可信食安溯源数据50万条。二是提升供应链企业金融服务效率。将货款结算周期从45~60天缩短成3~7天，扶持培育一批中小微农业生产、食品加工等企业。

（二）广西区块链产业发展面临的四大挑战

1. 区块链市场需求支撑不足

从长远来看，区块链产业的持续发展并不取决于技术本身和政府扶持，而在于自发自主的市场需求。在需求侧方面，目前广西对区块链有迫切需求的应用场景还不多，仍存在“不会用、不敢用、不愿用”现象。究其原因，一是社会大众对区块链的价值和场景适用度的认知还不够深刻，对新技术的应用仍缺乏信任。二是区块链系统建设涉及多方数据互联互通和传统业务流程的改造，面临一定的风险和挑战。三是除金融、政务、溯源等领域，已落地运行的区块链应用成效不突出，区块链的不可替代性价值还未显现。在供给侧方面，广西区块链市场主体相对不足，在全国市场中综合竞争力有待加强。2019年至2021年10月的招聘数据显示，广西区块链岗位招聘人数仅为543个，远低于河南、北京、广东、山东等省市。同时，专业人才供给也相对紧缺，尤其是既懂具体的业务应用，又懂区块链技术的复合型人才比较匮乏。

2. 区块链产业市场主体自我“造血”能力不强

作为新一代信息技术产业，区块链产业的发展离不开政府政策的扶持，但也造成过度依赖政府补贴的困境，区块链市场主体自我“造血”机能不强，市场活力尚未充分发掘。根据有关数据显示，我国超过七成的区块链产业园区盈利主要依靠政府补贴，超三成产业园区空置率高于50%。广西于2020年7月建设的广西区块链科创园也依赖于配套的投资补贴、企业发展奖励等激励政策，根据调研数据显示，园区目前引进了30余家企业从事区块链领域相关业务。由于缺乏产业基础

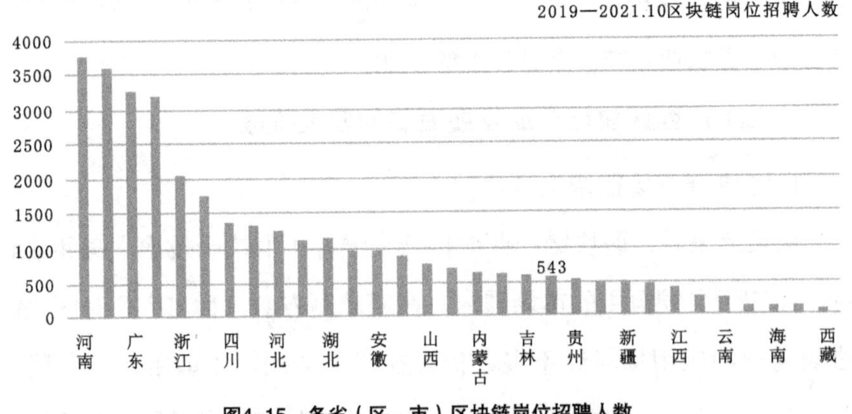

图4-15　各省（区、市）区块链岗位招聘人数

和科研优势，仅仅依靠政府补贴，园区的招商进展并不理想，产业园区作为区块链产业发展的重要载体作用还未充分发挥。

3. 区块链市场主体规模偏小

根据不完全统计，截至2022年5月中旬，广西区块链企业（经营范围涉及区块链的企业，包括在业、存续）达到2343家。从企业注册资本来看，区块链企业规模大多数为中小微型企业。其中，注册资本为1000万元以上的企业仅543家，占比约为23%。

4. 区块链融合应用的模式亟待创新

目前广西已落地的应用案例大多数是结合现有的生产和服务模式，而不是用区块链来创造新的生产和服务商业模式。在这种“区块链+”的模式中，区块链技术仅仅只是作为底层基础性的支撑或协助性的技术支持，用于保证数据可溯源、不可篡改等，而项目的主要建设内容与区块链无关，对经济社会的产出效益贡献不明显，需进一步紧密结合行业痛点难点，探索更多“区块链+”模式的应用场景，不断创造新的价值增量，充分发挥区块链作为价值互联网信息基座的变革力量。

（三）广西区块链产业发展对策建议

1. 供需双侧发力，增强区块链产业发展内生动力

一是需求侧，加强区块链产业和应用发展宣传，增强社会各界应用区块链的动力。组织区块链创新应用成果展示会、创新联盟、高峰论坛、创新大赛等，面向全国和全区推广应用落地经验，引导社会公众认识区块链技术的价值和作用。依托中国—东盟区块链创新中心，开展区块链应用技术支持，为各企业上链提供路径和技术指导。二是供给侧，加大培育区块链市场主体力度。以区块链发展规划和指导意见为指引，加快推进招商育商。对新设或区外迁入的区块链企业，提

供一次性奖励、租金减免等优惠政策，吸引更多区块链企业入桂。对行业独角兽企业、龙头企业等，提供营业收入奖励、税收补贴、融资利息减免等优惠政策，支持其做大做强。

2. 突破核心技术难点，筑牢区块链基础设施支撑

积极融入国家级区块链基础设施建设，面向全区和东盟国家提供区块链基础设施服务，打造连接国家主链的核心枢纽和国家区块链基础设施服务延伸的基石。依托“桂链”平台，在南宁、柳州等有条件的地市建设城市级主链，作为地市级区块链基础设施，逐步实现全区区块链基础服务网络全覆盖。加强区块链核心技术研究与成果转化，重点突破异构区块链跨链互操作、安全隐私、高性能新型共识机制等核心技术瓶颈，推进区块链核心技术自主可控。加强对标准规范的研究，重点建设区块链技术的安全可控、测试评估标准体系及相关配套支撑体系，鼓励第三方开展区块链技术的标准认证，引导产业规范化、标准化发展。

3. 聚焦优势特色领域，深化区块链示范融合应用

建议融合人工智能、5G等其他新型信息技术，着重推动区块链应用于产业数字化。一是面向实体经济，围绕农业、工业、医疗重点应用场景，以电子票据、质量保障与品牌提升、工业品防伪溯源、电子病历等为重点发展方向探索形成融合应用。比如，围绕乡村振兴战略和广西特色农业发展，开展基于区块链的“广西好嘢”数字化品牌示范应用。基于区块链技术构建“链上自贸”平台，建立面向东盟的“先销后税”保税监管服务新模式。二是面向公共服务，围绕政务、司法、公共资源交易重点应用场景，以电子证照、政务数据共享、版权确权等为重点发展方向形成融合应用，推进区块链技术服务公共服

务领域由浅入深，探索公共服务新模式，充分发挥区块链技术在建立信任关系、提高协作效率、促进数据共享、提升政府监管能力等方面不可替代的作用。

4. 引导和撬动更多要素资源，持续优化发展环境

积极引导自治区相关产业发展专项资金向区块链领域倾斜。拓宽资金来源，鼓励设立区块链产业基金，吸引社会资金集聚形成资本供给效应。整合区块链领域专家资源，建立专家组工作机制，开展技术咨询、方案论证、过程指导等工作。加大人才培育力度，强化学科建设，建设区块链人才培训基地、实训基地，鼓励学生基于区块链技术创新创业。完善对区块链技术发展的规范引导，保障区块链技术应用领域的合规性，推动广西区块链产业有序健康发展。

五、广西数字经济中小企业发展

随着世界经济格局的不断发展和变化，数字经济成为各国抢占经济高地的重要领域，中小企业是数字经济最大的参与者与受益者。对广西壮族自治区而言，中小企业是经济发展的主力军，更是数字化转型的重点与难点，数字经济中小企业的发展对于广西的经济增长、社会就业、城镇建设、技术进步和创新等具有重要意义。

（一）发展态势

1. 整体概况

经过对工商登记企业信息进行大数据分析，结果显示，截至2022年年末，广西现有数字经济企业数量约1.51万家，其中，主营业务属于国家统计局《数字经济及其核心产业统计分类（2021）》中的数字经济核心产业，且注册资本在1000万以上规模的大型企业比例约

14%，中小企业占比为86%，约1.3万家，企业数量较上年同期增长约4%，成为推动经济发展的重要力量、促进城乡就业的重要载体和增加地方财政收入的重要来源。

总的来看，广西数字经济企业发展主要呈现以下几个特征。

一是以民营企业为主导。据广西壮族自治区大数据研究院的研究显示，广西数字经济民营企业主体占比2018年以来逐年上升，截至2021年占比达到97.8%，成为广西数字经济增长的主力军。产业主要集中在信息传输、软件和信息技术服务业、科学研究和技术服务业这些新兴生产性服务业领域。

二是整体发展势头较足。广西数字经济中小企业成长迅速，2021年以来，财新网数字经济指数广西在全国排名逐步上升，2022年逐步进入全国第二梯队前列。中小企业提供的最终产品和服务价值占广西生产总值的60%左右，缴税额占广西税收总额的50%左右，提供了75%以上的城镇就业岗位，整体发展表现亮眼。

三是企业发展亮点纷呈。2018至2021年，广西数字经济中小企业获认定国家科技型中小企业1317家，在全区被认定企业中占比48.63%，其中北海石基信息技术有限公司被认定为广西唯一一家国家重点软件企业，银河产业城被认定为国家中小企业公共服务示范平台，广西数字经济中小企业正在获得更多认可。

四是创新创业动能渐强。2022年广西数字经济企业专利数达到700余件，创新能力的增强提升了广西企业在激烈市场中的竞争力，国家信息中心羚羊平台数据显示广西数字经济企业平均存续年限已从4.46年上升至6.85年，与部分东部发达省份基本持平。

五是吸纳人才成效趋好。随着数字经济企业的发展，广西吸引数字化人才的环境有所改善，2022年，广西人才网数据显示，广西数字经济中小企业招聘岗位数约为6000个，平均薪资达约1万元，较上年同比增长25%以上，该平均薪资在西部省份具有较强竞争力，整体而言，广西数字化人才吸引力不断提升。

2. 区域布局

广西数字经济立足产业发展基础和空间布局现状，遵循区域主体功能区规划，推动全区数字经济特色化、差异化、协同化发展，不断强化重点城市集聚效应，中小企业发展遵循“一核一轴三区多点”的发展格局。“一核”是指打造一个引领全区数字经济发展的南宁总部核心，引领全区数字经济加速发展。“一轴”则是建设一条以南宁为核心，以柳州、桂林、北海为重要节点的“中轴”，辐射带动全区数字经济加快发展。“三区多点”则是统筹打造产业数字化示范发展区、桂东承接发展区、沿海沿边开放发展区三大区域，促进全区数字经济协调联动发展。

在此基础上，广西数字经济中小企业区域特色明显。从企业分布看，数量分布占比最高的城市为南宁市（48.3%）、桂林市（10.2%）、钦州市（8.3%）、柳州市（8.0%）和北海市（5.6%）。此外，这些城市的数字经济专利数占全区比例接近六成，汇聚了广西大部分创新成果；从企业质量看，广西壮族自治区大数据研究院构建的数字经济企业“成长指数”显示，南宁、柳州、桂林等城市数字经济发展态势强劲，南宁市数字经济企业存活年限达7.5年，柳州市（6.3年）、桂林市（5.8年）领先全区。一条以南宁为核心，以柳州、桂林、北海为重要节点的“中轴”，已初步形成集聚优势。从细分布局看，一批电子商务企业在县乡兴起，2022年县域数字经济企业数量接近2000家，县域数字经济企业基本以中小企业为主，其中超过一半是从事互联网批发零售的电子商务企业。近4年来企业年报数据显示，县域数字经济企业累计营收已超过165亿元，利税总额超6亿元。以电子商务企业为代表的县域数字经济企业已经成为吸纳就业和支撑乡村振兴的重要力量。

（二）发展中存在的问题

数字广西相关调研显示，广西数字经济中小企业中，90%左右处于数字化入门阶段；8%处于数字化探索阶段；仅有2%处于数字化深度应用阶段。总体来看，广西大部分中小企业数字化渗透率还处在初级阶段。

一是政策保障不足。当前国家和自治区层面虽然密集出台多项支持数字经济发展政策，但由于政策面向全国、全区，且大部分重点服务于行业大型企业的数字化升级改造，对发展基础相对薄弱的中小企业政策接力效应较弱，且存在政策差异化执行的传导时间长的现象，如虽然当前相关部门根据自身管理要求出台了数字经济中小企业扶持政策，但部门之间普遍缺失联动性，出台的政策各不相同，扶持资金管理口径不统一，申办流程较为复杂，不少中小企业难以同时符合条件，导致中小企业难以跟上当前数字经济整体规划和长远布局。

二是企业竞争力弱。一方面，经营风险加剧。2020年以来，广西数字经济中小企业欠税数和税务非正常户认定数均逐年递增，其中2022年数字经济企业税务非正常户占总数比约为4%，比2021年有所提高；另一方面，创新水平不高。核心经营环节尚未实现数字技术的大范围应用。大多数数字经济中小企业为劳动密集型、附加值较低的电子设备加工或配套维护企业，整体处于产业分工末端，缺乏关键技术和核心技术支撑，同时，数字化人才严重不足，广西院校人才培养方面仍以支撑传统产业为主，大数据、人工智能等数字化专业起步晚、内容浅，短期内无法实现数字人才自给自足。

三是缺乏资金保障。首先是成本高。企业紧跟数字化发展需求涉及数字化设备的投入、基础设施改造、系统建设、运行维护等多个方面的成本，投资大、周期长、见效慢，而中小企业自身规模不大，经营模式单一，资金规模有限，导致其数字化转型成本较高；其次是融资难。从政策看，当前政策资金奖励规则大部分集中在高精尖领域，普适性的扶持资金总量相对较少。从贷款看，中小企业往往由于无有效担保抵押物、信用程度不高、承担风险能力较差等原因，导致金融机构对中小企业的金融政策相对严苛，严重制约和限制中小企业的运转和发展。

（三）未来发展对策

当前，数字经济高速发展，中小企业只有制定切实符合广西区情的规划和行之有效的解决方案，才能提升核心竞争力，真正为实现高水平发展创造更有利的条件。

1. 完善中小企业政策支持体系

一是制定专项扶持政策。针对中小企业体量和运营特点，从降低数字化门槛到加快数字赋能，对数字经济中小企业帮扶加力施策。同时实施包容审慎监管，严格落实“减税降费”各项税收优惠政策，帮助企业降低经营成本，提高企业获得感；二是升级金融服务功能。扩大广西综合金融服务平台对中小企业的覆盖面，推动普惠金融数字化转型，进一步提升金融科技在“非接触”模式下服务小微企业的作用。同时创新金融支付模式，以便适应中小微企业支付需求；三是有效改善中小企业资金链紧张局面。一方面，发挥政府性融资担保机构作用，扩大对中小微企业和个体工商户的服务覆盖面。另一方面，支持银行为中小微企业提供汇率避险服务，支持期货公司为中小微企业提供风险管理等，鼓励多元化资本投入中小企业发展。

2.强化数字经济中小企业发展优势

一是支持电子信息制造产业补链强链。以南宁、桂林、北海、钦州、贺州等市为电子信息制造产业重要发展区域，引进电子信息产业中游龙头、骨干及优势企业，支持龙头骨干企业与产业链上下游中小企业抱团发展，壮大以网络通信设备、新型电子元器件、智能终端为主的本土专精特新中小企业；二是助力汽车电子产业强势发展。依托柳州市车联网先导区建设契机，鼓励汽车电子中小企业与陕西比亚迪、天津夏利、上海一汽等优势汽车制造龙头企业开展跨区域合作。鼓励中小企业与高校院所进行产学研合作，研发机械式自动变速器等关键技术，建成行业领先的汽车电子配套产业基地；三是推动软件和信息服务产业升级。大力发展轻量化、易操作、应用广的手机小程序或新兴软件开发轻量化平台。积极研发面向办公、商务、管理、金融、教育、服务、安防、旅游、大健康等领域的行业应用软件，提高基础工业软件及相关服务供给能力。

3.支持传统中小企业数字化转型

一是农业数字化。依托具备完善产业配套基础和智慧农业实施条件的粮食生产经营主体，在有条件的粮食生产功能区、规模养殖场等开展智能化无人农场试点建设，大力推动“广西好嘢”农产品品牌出村进城，实现优质特色农产品产销顺畅衔接、优质优价；二是制造业数字化。建设以自动化和智能化生产、智能仓储、智能管理为主要特征的数字化、智能化工厂，实现产品全过程可追溯、全流程智能化，从而推动实现食品业、制造业、纺织业、建材业等传统产业数字化转型；三是推动电子商务深化发展。持续扩大广西陶瓷、珠宝、中药材、特色农产品、“壮乡”文创产品国内电子商务与跨境电商规模。加快推进跨境电商综合试验区建设，拓展与东盟“一带一路”合作伙伴的经贸合作，支持完善跨境电子商务通关服务平台功能，支持跨境电子商务示范园区建设。发展带动电子商务与物流、金融、信息等完成配套体系建设，激发直播电商创新创业活力。

六、广西数字经济产业发展政策

（一）激发数字经济各类市场主体活力

如何更好发挥企业在推动数字经济发展中的作用，是实现数字经济更好更快发展中的一项重要任务。广西着力引进一批数字经济领域大企业：

首先，对于2018年后在广西注册，并纳规入统的数字经济企业，自治区重点扶持互联网+、大数据、云计算、区块链、工业互联网、北斗卫星导航等产业，以及5G通信设备、车载智能设备、智能养老设备等智能终端制造业，面向商务、教育、医疗、文旅、制糖、汽车、机械制造等领域的高端软件产业，小语种智能翻译、智能工业机器人、农业机器人、智能网联汽车、智能生活等人工智能产业发展。符合上述领域的规上数字经济企业，年度营业收入首次突破1000万元、2000万元、5000万元的，从自治区服务业发展专项资金中按晋级补差原则分别给予20万元、50万元、100万元的奖励。

其次，对于首次上榜工业和信息化部认可的中国电子信息百强、软件业务收入百强、工业互联网百强的企业，进入前10名、11—30名、31—100名的，分别给予500万元、300万元、100万元一次性奖励；连续两年进入上述榜单且排名提档的，给予差额奖励。

再次，对于在广西注册的数字经济企业，首次获自治区认定为瞪羚企业的，一次性奖励50万元，认定期满后获重新认定的，一次性奖励30万元，所需资金从广西科技计划资金中统筹安排。

（二）支持数字经济初创企业

对新成立的软件和信息技术服务业小微企业、创业团队，实际投资500万元以上且正式开展业务运营的，从自治区工业和信息化发展专项资金中给予实际投资额10%的资金奖补，最高奖励200万元。鼓励大数据初创企业入驻政府投资建设的标准厂房和办公用房，企业所在地设区市人民政府按年给予办公场地租金补贴，其中，300平方米以内免房租，300平方米至1000平方米租金减半。对初创企业主体和场地租金的补贴，降低了初创企业的成本压力，极大降低了创业门槛和风险。

（三）重点支持的领域

政策不仅覆盖了数字经济领域大企业，也大力支持正在起步、成长快速、极具潜力的企业及创新创业团队。近年来，全区各地各部门积极抢抓国家实施信创工程的战略契机，引培龙头企业、发展产业生态，为全区数字经济加快发展注入新活力。自治区对进入国家级信创产品库的产品生产企业，落户并在广西生产的予以分类奖补。今年发布的《支持中国—东盟数字经济产业园开发建设的若干政策》中明确指出：支持产业园建成广西开展信创核心软硬件技术研发、培育信创领域高技术企业和人才的核心基地，鼓励产业园在信息技术创新等方面大胆探索，支持开展信创产品本地化适配、投资孵化密码产业和信创产业。自治区多措并举促进各类数字经济市场主体发展更加规范、运营更加合规、创新更加活跃、信心更加稳定，进而促进数字经济整体实现更高质量、更可持续、更加开放、更为安全地发展。

（四）鼓励数字经济企业技术创新

数字经济的发展与创新要素密不可分，加快促进中国—东盟（华为）人工智能创新中心、中国—东盟信息港鲲鹏生态创新中心等成果产出。于2019年、2020年陆续成立了中国—东盟（华为）人工智能创新中心、中国—东盟信息港鲲鹏生态创新中心、中国—东盟区块链创新中心，在2019—2023年期间，自治区财政拨付专项资金，支持人工智能、鲲鹏计算、区块链产业发展。截至2022年共给予259个项目1.68亿元补贴。未来2—3年，自治区将持续予以资金倾斜支持。自治区推出了“桂惠贷—科创贷”政策，区财政每年安排40亿元，对辖区内金融机构当年新发放且符合条件的贷款按照2或3个百分点利差比例进行补贴。鼓励数字经济企业创新使用资本市场融资工具，对通过境内外资本市场发行债务融资工具、资产证券化产品的广西数字经济企业，从自治区金融开放门户建设资金中分别按照其实际支付中介费用的50%给予补助，每家企业每类产品补助金额最高100万元。

数字经济是继农业经济、工业经济之后的重要经济形态。当下，广西数字经济快速发展的时代已悄然开启，对数字经济所涉及的各类企业、市场主体的支持举措，必将助推更多企业加快项目落地、做优做强。

专栏：广西电信数据引航，助力广西数字经济驶向星辰大海

近年来，广西电信强基础、强应用，持续筑牢数字底座，消除城乡信息鸿沟，推动融合应用，助力广西数字经济蓬勃发展。

（一）持续加强基础设施建设，夯实数字广西基石

近年来，广西电信充分发挥自身技术优势，持续加快构建高速、安全、泛在、优质的“云网一体”新一代信息通信网络，筑牢数字底座，夯实数字广西基石。

2023年2月19日，河池市东兰县巴畴乡安桃村中国电信5G通信基站建成开通，宣告广西实现5G通信网络对所有行政村的覆盖，同时在全国率先建成覆盖所有行政村的“双千兆”网络（即千兆5G+千兆光网）。

千兆光网和5G网络是数字经济时代实现制造强国、网络强国、数字中国、智慧社会等重大国家战略的关键信息基础设施，是新一轮科技革命和产业变革的双轮驱动力。

广西电信始终坚持“先有路，后有车”的网络建设思路，不仅在光宽带网络和千兆光网建设上走在全国前列，于2023年1月5日率先实现千兆光网对所有行政村的覆盖，并实现广西境内中国电信有线宽带全网千兆覆盖。

在5G网络建设上，广西电信更是抢抓国家新基建和数字广西建设政策机遇，统筹谋划、科学布局，集中资源加大投入，克服疫情影响，近三年总投入建设资金超过60亿元，每年增加近万个基站，目前5G基站已经达到3万多个，信号覆盖了全区所有行政村。这意味着，广西的自然村，中国电信在4G覆盖率达95%的基础上，又逐步叠加了

5G信号覆盖。

广西电信全面布局全区云计算中心，已完成东盟国际信息园一期、柳州云计算中心二期、20个县级云机房第一阶段能力建设。同时，进一步加强省际互联网出口带宽建设，带宽能力达1540万兆，占全区出口带宽的70%，继续发挥主导作用。

（二）数智赋能千行百业，推动“双千兆”规模化应用

广西电信充分利用5G和千兆光网的优势，深入实施工业互联网创新发展工程，探索5G全连接工厂建设，推进垂直应用落地和规模化应用，推动“双千兆”应用规模化发展，为千行百业注智赋能。

广西盛隆冶金有限公司年工业总产值700亿元，是广西最大的民营企业，信息化建设面临多处痛点。一是16个分厂网络独立，网络质量、安全性得不到保障，各分厂数据独立，数据采集分析效率低；二是车间高温、粉尘、电磁干扰大，设备故障率高，影响生产，网络运维工作量大、成本高等。以问题为导向，以效率为目标，广西电信为盛隆公司量身打造工业无源光纤网络，构建起“融简智宽”的数字化工厂网络，即实现融合、极简、智能、高带宽的数字化融合。经过上述建设，盛隆公司迎来光联万物的数字化工厂时代——淬火工艺机器视觉、辊道电机实时监测、质检结果云端共享、电解槽能耗自动分析、溶液1450℃精准分析，不仅实现16个分厂网络统一规划建设，网络性能质量跃升，智能化水平提高，内部网络维护人员也从10人下降到2人，且故障率大幅下降。

在政务领域，广西电信为柳州市政府量身打造了基于新一代互联网标准IPv6的电子政务外网建设服务，运用全千兆的IPv6网络为

政务外网赋能，提升网络管理效率，提升网络基础设施业务保障能力。通过建设，柳州市电子政务外网满足了500个市级单位、办事点及市民中心、办证大厅等公共区域实现千兆光网接入，市民中心、办证大厅等公共场所市民可免费接入互联网，有效推进“放管服”的改革创新，助力柳州市政府推进政务服务规范化、标准化的“数字政府”建设。

近两年来，广西电信积极推广“双千兆”在广西各行各业的应用，在全区涌现出一批典型的5G应用创新案例：与广西钢铁集团、柳州五菱、柳工等龙头企业深入合作，拓展工业云、工业连接，推广“智能制造”；利用物联网技术，与通用五菱合作车联网；大力推广“双千兆”行业应用，建成以华润水泥、柳州联合汽车电子5G全连接工厂、广西盛隆云网未来数字工厂项目为代表的5G+智能制造；以柳铁中心医院“双千兆”远程诊疗为代表的智慧医疗、以田林智慧葡萄园农业生产项目为代表的5G智慧农业、以漓江水质监测项目为代表的5G智慧环保项目。

为发挥好连接产业上下游的作用，目前广西电信建立了成员超过300家的5G产业生态伙伴联盟，聚集更多合作伙伴参与数字广西建设，发挥5G对实体经济的助推作用。

（三）重保障惠民生，助力乡村振兴

近年来，广西电信积极践行社会责任，加快5G、千兆光网等信息通信基础设施建设，在深山里、海岛上架起一条条“信息高速路”，持续提升农村和边境地区通信网络质量；继续向农村脱贫群众延续套餐优惠政策，让边远村屯群众、海上渔民等均享受到了电信普遍服务带来的便利。广西电信还积极打造数字乡村标杆示范，助力农民生活智慧化，实现乡村治理数字化。

广西电信积极推广远程教育、远程医疗等信息化平台和应用，缩小城乡信息化水平差异。在自治区教育厅组织的联网攻坚行动中，广西电信投入1.12亿元，解决了农村和边远地区2555个未联网教学点中的1971个教学点网络连通问题，高效支撑完成联网攻坚行动，实现优质资源共享、进一步缩小城乡数字鸿沟，提高教育质量，促进教育公平。

广西电信推动优质资源向基层下沉、向农村延伸，围绕乡村治理和公共服务信息化需求，积极推进建设数字乡村综合信息服务平台，提供智慧党建、应急指挥、政务村务公开等20多个场景化应用，服务乡村千家万户，助力“和美乡村”建设。目前已在富川、恭城、横州等国家数字乡村试点县（市）打造了多个数字乡村典型样板，打造引领全国数字乡村建设的“广西模式”，以信息化助力乡村振兴发展。

未来广西电信将继续以用户的需求为出发点，深化技术融合创新，全面助力数字化生活转型，赋能数字经济发展，为用户打造有获得感、幸福感、安全感的信息化美好生活，为数字广西智慧蝶变贡献电信力量。

专栏：“六核芯片”助推中国—东盟数字经济产业园高质量发展

广西数字经济生态产业有限公司党支部自2020年成立以来，倾力打造“六核芯片”党建品牌，以高质量党建引领中国—东盟数字经济产业园项目高质量建设发展。2022年6月30日，产业园实现开园试运营，标志着我国西部地区首个以信创为主题的产业园正以势不可挡的步伐驶入发展快车道。

（一）不忘“初芯”：服务国家战略

面对我国经济发展对信息技术应用创新的迫切需求，我国明确了“数字中国”建设战略。数字产业公司党支部始终牢记紧跟国家战略，导入华为鲲鹏体系、中国电子PKS体系、中国电科生态链，集聚区内外信创领域的优质企业，形成涵盖“基础硬件、基础软件、应用软件、信息安全”的信创“全产业+适配”链条，力争打造成为“立足广西、面向东盟、聚焦信创、服务国家”的“中国信创第一园”。

（二）树立“信芯”：培育信创沃土

为推动产业园项目快速建设发展，数字产业党支部积极推动产业园先后列入自治区重大统筹项目、广西“双百双新”项目、《北部湾城市群建设“十四五”实施方案》以及自治区、南宁市、青秀区三级“十四五”规划。2022年5月，自治区人民政府办公厅印发《支持中国—东盟数字经济产业园开发建设的若干政策》，为产业园做强做大树立了“信芯”。

（三）独运“创芯”：推动产业聚集

为提升入园企业职工的工作和生活体验，数字产业党支部不断加强调研数字经济市场发展情况及国内同类园区运营模式，探索园区特色运营思路。除了对“衣食住行”等基础性服务进行智能化全方位提升，还通过聘请国内信创领域顶级专家担任名誉主任、与区内外10余家单位和高校共建等方式推动数字经济人才聚集，并联合工信部电子标准院等单位共建综合服务平台。

（四）缔造“匠芯”：打造产城融合典范

产业园一期工程项目占地158亩，重点建设“六中心一基地”。为确保项目建设如期推进，数字产业公司成立“山阵”党员突击队，通过“比安全”“比质量”“比进度”等方式加快推进项目建设。目前，园区已有16栋单体建筑建成，建成面积合计约17.52万平方米，完成开园建设目标。

（五）播种“莲芯”：筑牢廉洁之风

产业园党支部不断加强对重点环节和重大项目的监督，为企业高质量发展营造风清气正的干事创业环境。支部书记多次深入项目现场，通过实地督办、专项督查、专项巡察等方式，深入项目了解存在的风险点，协调解决困难和问题，确保项目有序推进。结合党史学习教育，要求党员干部从党史学习教育中汲取智慧和力量，更好推动项目建设。

（六）协力“齐芯”：共谋数字经济发展

为推动招商工作，数字产业公司成立“铁鹰”党员突击队，奔赴北上广深等地拜访数字经济相关企业并深入洽谈超200家。截至目前，与产业园签订合作协议的数字经济企业超70家，已签约首批入园的企业包含天融信、麒麟软件等33家信创龙头企业，基本涵盖信创全产业链。

七、广西数字经济产业精准招商决策体系研究

近年来，我国数字经济蓬勃发展，成为经济高质量发展的新引擎。在此形势下，招商引资活动也需与时俱进，适应新形势新要求。以大数据为支撑，创新招商模式成为各地招商引资工作的重点。广西积极探索新型招商模式，深度挖掘适合区域产业需求的招商资源价

值，以期为高质量推进数字经济发展提供参考。

（一）广西招商工作现状

广西积极响应中央决策部署，各级政府部门高度重视招商引资工作，统筹优化营商环境，搭建招商平台，组建招商队伍，大力推动项目落地，初步建立了部门协作、上下联动“大招商”的工作格局，特别是自数字广西建设全面启动以来，结合广西实际，高频度编制发布了多项相关政策措施，形成了卓有成效的招商引资工作机制，初步形成了三大招商引资模式：

一是依托平台招商。积极利用中国—东盟博览会、数字中国建设峰会、中国—东盟信息港论坛、人工智能峰会等全国性展会开展数字经济招商推介活动。二是园区载体招商。将广西数字经济建设产业园等园区作为全区数字经济资源要素主要承载区，成立专门的招商中心，吸引一批优强数字龙头企业在广西设立分公司与重大项目落地，促进本地产业结构升级，同时鼓励本地企业面向东盟信息港服务，以激发本地数字经济活力。三是专业渠道招商。拓展委托招商、中介招商、以商招商、节会招商等方式方法，创新线上招商、云洽谈、云签约等新模式，充分发挥各类市场的投资促进作用。

截至目前，现行招商工作取得一定成效。据广西投资促进局发布的第一、二、三、四批广西重点产业驻点招商引资项目文件，从2021年全区数字经济招商成果产业对比来看，数字经济产业招商重点项目数共计73个，金额合计1549.85亿元，在公布的15个重点产业中项目数排名第六，项目金额在产业中排名第四。从2021年各市数字经济重点项目招商情况来看，钦州市、北海市、桂林市、南宁市、贺州市重点项目招商总金额分别为510亿、241亿、224.4亿、203亿、

164.25亿，在全区处于领先地位，与此同时其他城市数字经济重点项目招商金额及占比相对较少，各地区数字经济产业招商发展水平较不均衡（图4-16）。

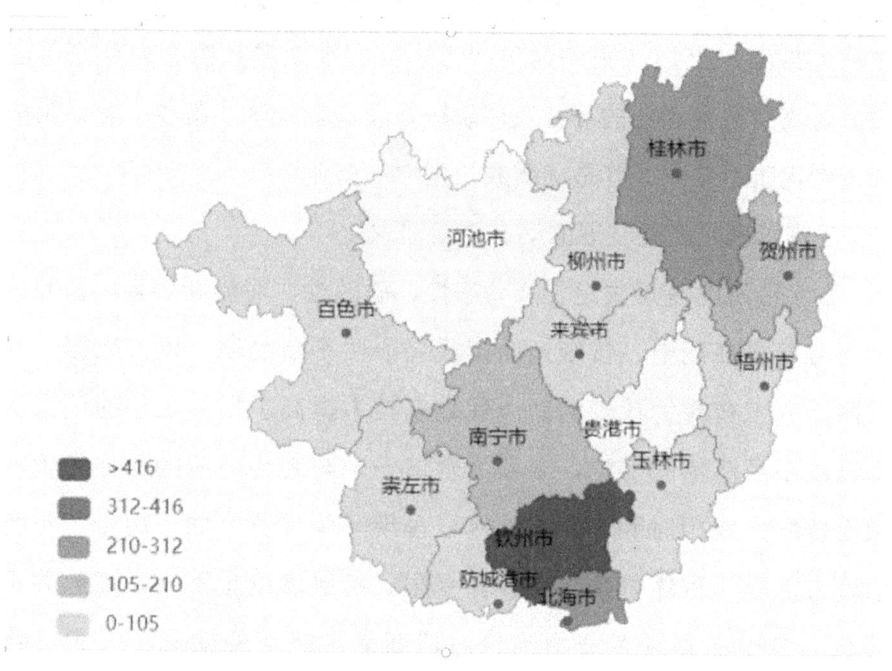

图4-16 2021年广西各市数字经济重点项目招商金额分布（单位：亿元）

（二）传统招商方式面临的问题

在取得阶段性成效的同时，广西数字经济招商引资各环节动态性、复杂性和不确定性等特征显著，存在制约招商工作开展的瓶颈和问题。

1.容易受压力驱动而造成盲目性招商

各级政府及招商干部面临较大的任务压力，容易产生为招商而招商，为指标而招商的简单做法，对引进项目是否符合地区产业发展规划，是否促进产业结构调整等问题关心不够，尤其是委托中介招商时，考核指标是指挥棒，政府考核什么指标，就引进什么企业。同时，招商过程中偏重于对企业前置性审批、工商、税务注册登记流程等“一条龙”事务性工作的处理和服务，对于企业的认知更多地停留在网上搜索，上门（去外地生产工厂）实地察看和听企业介绍等层面，对高新技术企业的行业发展阶段与发展前景知之甚少，容易错失或误判优质企业，尤其是优质成长型中小企业。

2. 难以满足产业发展的动态更新需求

数字经济的特点决定了其动态性、敏感性，对创新要素、营商环境等有着更高期望。传统招商模式局限性不断显现，以大数据、互联网、人工智能为代表的新一代数字技术提高了招商工作的要求。推进数字经济招商引资，要着力营造一个与之相适应的总体环境，然而传统方式相对静态的方法难以呈现环境优势，如采用传统招商引资方法组织程序复杂、工作面受限、接触深度也不够，成效并不理想，难以在海量企业中筛选与招商需求匹配的信息，人力、物力、财力等资源配置效率相对较低，且难以挖掘适合自身区域产业发展的招商资源价值。

3. 加剧了产业结构的不合理状况

传统招商引资带来的经济发展模式难以持续。此类招商模式产生的经济效应依赖于企业所处的行业周期、企业本身的强竞争力和良好的资源环境，长期没有形成较为完整的产业链的情况下企业状态不仅较为脆弱，在产品运输、生产效率等方面的劣势也会导致其缺乏竞争力。对于引进企业持续性的辅助发展机制不够完善。平台、数字经济新业态没有针对性招商策略，对于企业的新困难、新需求敏感度欠佳，缺少市场化招商模式的服务创新，导致存在产业结构失衡的潜在问题，招商引资综合效益不高。

以上问题基本指向同一个根本原因，即资源、需求和招商工作的不匹配，导致对招商区位选择不够精准、对企业发展方向了解不足。因此，新形势下，经济发展新旧动能加速转换，创新驱动、绿色发展备受关注，创新招商引资模式迫在眉睫，必须要从“广撒胡椒面”的传统招商，过渡到“以我为主、符合我的需要、为我发挥作用”的精准招商，实现招商工作的精准有效，精准是有效的前提，有效是精准实现的结果，对于提升广西招商引资成效，寻求新的发展机遇，推动经济结构调优，提升整体发展水平等都具有极其重大的战略意义。

（三）构建精准招商的方法体系

要实现精准招商，就要制定企业发展情况的量化方法，关键在于精准招商评价体系的建立。

1. 预筛选重点招商对象

根据地区数字经济发展实际情况，结合招商产业定位、招商具体目标和需求、专家意见、当地资源禀赋、产业政策及规划、企业主营业务情况、信用状况等信息对招商企业进行初步标记，确定潜在目标企业进入招商候选企业池，明确招商对象优先级。定性方法主要考量企业与广西政策因素和经济因素的匹配度。

在通过定性方法确定的企业池基础上，建立和维护数字经济行业识别的关键词库、数据资源等，及时对监测领域和行业进行调整优化；充分运用算法和数据替代人工来动态甄别和筛选招商目标企业池中符合招商产业领域的数字经济企业名单，并动态管理数字经济行业企业池。步骤如图示（图4-17）。

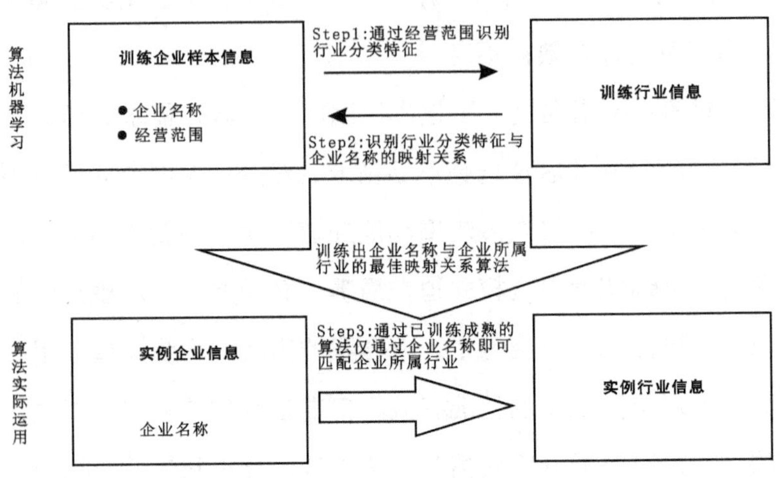

图4-17　基于机器学习的数字经济行业分类流程

2.精准招商指标体系构建

一是数据来源。主要数据来源包括互联网数据，即通过大数据手段进行数据挖掘以及预测等产生的数据集；政务数据，包括工商资质、知识产权、税务、行政等领域数据；社会数据，包括企业及第三方机构采集的私募通数据库、Wind数据库、舆情数据等。对以上多源数据进行整合建模，进一步拓展招商行业领域监测范围、完善招商监测评价体系、提高招商工作针对性和准确性，为数字经济精准招商实践提供客观、科学参考依据。

二是模型建立。从市场化的角度将企业实力指数、劳动力活跃度指数、资本活跃度指数、科技创新指数（表4-10）等影响招引效果的主要评价要素作为一级指标，体现对数字经济领域重要招引因素的关注，然后结合具体需求对一级指标逐步分解，确定二级指标等，进而构成整个指标评价体系，以此全面刻画企业发展现状。从而为招商引资工作提供可量化、可参考使用的评价结果，最终以评分表的形式呈现。

表4-10 指标评价体系

一级指标企业	二级指标	指标说明	指标类型
实力指数(25%)	企业资质(9%)	是否为高新技术企业	0/1指标
	企业上市情况(8%)	企业或本体是否上市公司	0/1指标
	企业类型(8%)	是否为股份有限公司	0/1指标
劳动力活跃度指数(25%)	企业招聘需求量(13%)	企业近3年招聘总人数	正向排名指标
	企业招聘薪酬(12%)	企业近3年招聘平均薪酬	正向排名指标
资本活跃度指数(25%)	企业融资金额(13%)	企业获融资金额	正向排名指标
	企业注册资本(12%)	企业注册资本(金)额	正向排名指标
科技创新指数(25%)	企业新增专利(13%)	企业近3年新申请专利数	正向排名指标
	企业研发人力资源投入(12%)	企业近3年招聘研发人数	正向排名指标

采用以上方法构建的指标体系是一个开放性体系，取决于广西对企业的基本要求和企业自身实力和成长性素质，因此该模型拓展性较高，伴随数字经济新业态的涌现，再根据招商结果的反馈来不断完善招商引资评价方法，综合其他相关因素，实现方法体系良性更新循环，为做出合理的招商决策提供更准确的参考。

（四）对策建议

为顺应新形势新要求，深刻把握数字经济应用前景和增长潜力，不断创新招商模式，进一步推进数字经济精准招商引资工作，应从以下方面开展工作：

1.增强精准招商顶层设计及统筹协调

加强数字经济精准招商顶层设计，组织国内外知名专家学者等对广西数字经济产业、资源布局进行系统性调研，使产业长远发展与广西战略定位、发展阶段，以及区位优势、资源条件相适应，编制高质量指导自治区数字经济重点产业发展的招商远景规划，提出技术实现路径和区域空间布局并在落地实践中不断调整优化。同时，创新数字经济招商工作方式，政府部门主要做政策引导、招商规划、营商环境创建等工作，充分发挥各类数字经济企业招商引资主体作用，企业根据自身经营状况、产业链及配套项目等进行有针对性招商；协同发挥多部门联合招商模式，依托招商专业中介机构等进行招商，提高行业招商效率。

2.精准发力推进行业招才引智

由政府主导组建具备丰富招商实践经验、行业领域专家及相关财务、法律、金融等专业人才的招商团队，集聚发挥智力优势，分类、分层次组织开展数字经济行业精准招商工作；深化政企合作模式，积极引进数字经济相关领域科技人才及团队组建专业性研究院（所），聚焦行业领域前沿科研工作创新和技术攻关，联合开展数字经济招商运行监测及统计分析工作，推动更多研发、制造及平台项目落户；加强政企联动配合，增强对产业高级人才吸引力，出台对应的人才引进政策，在税费、住房、奖补等方面给予必要支持。

3. 强化招商企业要素保障体系

着力优化要素资源配置，保障招商企业在能源、用地、环境、资金等方面需求，特别是推动金融创新、加大融资力度，增加对招商优质企业（特别是研发创新型中小企业）的信贷支持，逐步缓解企业在不同发展阶段的多样化资金需求；加快构建数字经济校企协同育人长效机制，加大对生产、服务等技能型人才及创新创业人才的培养力度，为数字经济企业落地发展提供坚实的人才支撑。建立完善的行业相关招商法律法规，维护行业市场秩序、保护企业知识产权，加强信用体系建设，营造促进企业公平竞争、诚信经营的市场环境，减少企业成长风险和不确定性。

4. 开发搭建精准招商智能管理平台

聚焦招商核心需求，厘清参与单位数据资源目录、字段、种类、数量、更新周期、依托平台等，对数字经济精准招商各要素进行宏观、中观及微观层面监测，包括招商企业征信、项目画像、招商触达、招商地图等。同时，智能生成各类招商评估报告，主要包括对目标企业市场环境、招商可行性、招商综合价值、企业概述、主要产品、投资实力、核心诉求预判和企业画像等。其次，对数字经济精准招商对象进行全周期跟踪管理，运用智能招商战略管控，对数字经济产业集群、招商目标与计划、龙头项目、招商政策与资源、招商绩效、开工进度、政策兑现、招商项目效益、部门协调效率、新兴产业动态等方面进行跟踪管控和监督。

八、广西智慧园区发展对策研究

智慧园区作为数字经济发展、民生服务普惠和社会治理创新的新型载体，在广西“十四五”系列规划中实现了战略部署全覆盖，加快智慧园区建设有助于增强园区企业的整体数字化创新能力，有助于推动园区服务再次提档升级，有助于发挥市场主体作用促进数字经济发展，有助于培育新的本地化数字产业生态圈，有助于加速新型数字基础设施布局。智慧园区建设瞄准传统园区“服务体验差、运营效率低、管理成本高、产业承载弱、体制创新难”等痛点进行靶向施策，推动园区管理、服务、运营、安全和低碳发展等各业务流程变革，运用新一代信息通信技术，打破政府、园区、企业和个人等多方之间的信息壁垒，不断促进以园区为核心的各类数据要素流通和融合应用创新，以“数据驱动、平台赋能”方式撬动整个园区产业链和产业生态健康可持续发展，推动云计算、大数据、人工智能、区块链、物联网、数字孪生、云通信等前沿数字技术产业生态圈在广西的布局和发展。鉴于此，广西应加快推动智慧园区建设，促进数字经济发展和数字社会建设。

（一）智慧园区发展趋势特征和各地举措做法

1. 发展趋势。智慧园区作为一个基础设施高端、管理服务高效、创新环境高质，可成长可扩充且面向未来持续迭代发展的未来园区，对园区运营管理体系、园区产业服务体系、园区人文社区体系和园区社会治理体系四大服务体系进行全方位的智能管理，对提升园区管理及服务效率，充分发挥产业链的拉动力、竞争力具有重大的现实意义。在需求与技术的双轮驱动下，传统园区在数字化转型发展的过程中从传统模式向智慧模式转变，从封闭管理走向开放管理，从单一发展逐步迈向融合发展，从服务缺失到服务贴心，从单点智慧到全域智慧化发展。智慧园区发展特征主要体现在：一是系统高速互联、数据高度互通。随着全光网络升级改造和5G双千兆宽带网络提质增效，以及全新一代无线局域网传输技术Wi-Fi 6网络升级应用，园区中的各种设备、系统和资源可实现无缝接入和数据互通，有力推动系统互联、数据互通共享。二是能源利用率高、节能环保。智慧园区形成比较完善的能源监测体系，能源采购、输配和使用全流程可视化，可以更加合理化地对能源利用进行监测和分析，极大提升了能源利用率，达到了节能减排的效果，有效推动园区向绿色节能环保可持续方向发展。三是全面智能感知、体验感强。随着智慧园区承载的功能日益多元化，大量城市要素和生产活动在园区内并存聚集，从单一生产型的园区，逐渐发展成为集生产与生活于一体的新型数字园区，服务范围也逐渐扩大，集聚和辐射效应也持续增强，在新一代技术加持下，科技赋能园区硬件智能化、服务平台化、运营数字化、产业生态化等数字化转型升级，园区内人与物的相关信息逐步实现无缝连接、协同联动与全面感知，形成从宏观到微观的全方位管理。

2. 地方做法。上海、重庆、江苏、广东等地在自身科技创新和产业园区优势的基础上，开阔国际视野，紧抓信息化发展机遇，创新引领推进智慧园区发展。

上海：着力推动智慧园区高端化、智能化、生态化发展。《上海市经济信息化委关于加快推进本市智慧园区建设的指导意见》指出要推动实现重点园区信息基础设施能级、信息化应用水平、运营管理效率、配套服务能力和产业发展水平显著提高。《智慧园区建设与管理通用规范》率先提出包括设施、管理、服务、产业等在内的完整的智慧园区总体框架，创新性地对工业区、商务园、科技园、创意园等不同园区类型提出了差异化建设内容。当前，上海已有三批智慧园区试点单位，合计共30家园区，其中集中在科技园有18家。

重庆：着力打造智慧园区试点示范。《重庆智慧园区建设总体方案》提出要以信息技术为手段、智慧应用为支撑，全面整合园区内外资源，升级园区信息基础设施，建设基础设施网络化、管理精细化、服务功能专业化和产业发展智能化的载体和平台，构建智慧园区平台体系，推进园区产业智能化，打造智慧园区试点示范，提高园区产业聚集能力、可持续创新发展能力、区域协同发展能力及企业竞争力。目前，重庆已启动智慧园区管理服务平台建设，建成15个智慧园区。

浙江：着力加快数字化园区建设支撑数字产业集聚发展。《浙江省推进数字化园区建设实施方案》提出要加强新一代信息技术在各类开发区、高新区、特色小镇、小微企业及产业集群中的应用，整合各类资源推动园区信息基础设施完备、企业数字化转型升级和园区智能化服务高度覆盖，不断支撑园区数字产业集群发展。目前，浙江省数字化示范园区有55家企业，省数字化试点园区有46家企业。

江苏：启动了智慧园区认定和管理行动。《江苏省智慧园区认定和管理暂行规定》指出要融合应用云计算、物联网、大数据等新一代信息与通信技术，通过监测、分析、整合以及智慧响应的方式全面整合园区内外资源，实现园区基础设施智能化、规划管理信息化、公共服务便捷化、社会治理精细化和产业发展现代化。江苏2017年已评定南京江宁滨江经济开发区新一代信息通信产业园等18家产业园区为江苏省特色创新产业园区。目前，江苏省商务厅启动评定第三批江苏省智慧园区。

广东：着力打造5G智慧园区引领经济高质量发展。《广东省人工智能产业园区申报指南》指出要加快构建支撑广东制造业高质量发展的新型基础设施，深化5G与制造业各垂直行业领域的融合创新发展。广东是中国制造大省和全球重要制造基地，拥有产业集群或专业镇超过400个，5G智慧园区以及“5G+工业互联网”应用示范园（包含了8个先进的5G+智慧工业园区），正成为引领广东经济高质量发展的新动能和新引擎。

山东：出台专项规划推动智慧园区健康发展。《山东省智慧园区规划与建设指南（试行）》指出要优化园区信息基础设施、健全园区业务支撑体系、强化园区公共服务平台、创新园区管理信息系统等。目前，山东省内首个5G智慧园区落地，也是全国第一批落地的5G园区。

3. 经验启示。纵观各地方智慧园区建设举措和做法发现：一是政府在智慧园区建设中起到了非常重要的引导作用，政府的大力投资和政策支持的作用不容忽视，企业在智慧园区建设中充分发挥市场主体作用和吸引资源、人才的举措值得借鉴。二是“摸着石头过河”的智慧园区建设，敢于坚持战略推动、大胆尝试、创新突破，在顶层设计、体制机制、法规标准、交流合作等方面率先探出新路子、拓展新空间。三是勇于打造“试验田”环境，政府带头主动干，与企业共同营造先行先试、允许试错的发展环境，打造各领域智慧园区建设的标杆和灯塔，让智慧园区建设成为行业共识，营造社会资本愿意投、商业模式愿意试、智慧服务踊跃用、数字人才积极来的良好发展氛围。因此，广西在建设智慧园区的过程中，既要借鉴外省先进经验，又要结合本地优势和特色，在发展优势、发展动力、驱动措施等方面，敢于突破旧思维出新招，为智慧园区发展提供良好环境，探索出一条适合广西自身发展的智慧园区建设路径。

（二）广西智慧园区建设面临的四大问题挑战

当前，广西智慧园区建设取得积极成效，但仍然面临着诸多问题和挑战，究其原因有发展理念和缺乏大局意识等主观因素，也有信息基础设施缺乏配套和衔接、招商引资盲目和不规范、信息化网络联动性差等客观诱因，还有关注短期经济效益而出现同质性竞争等障碍。主要表现在：

1.智慧园区规划建设缺乏调控协调和指导

部分园区能对接上层规划形成相关产业簇群和产业链簇群，保障园区的经济效益，但在信息化具体建设和招商引资中仍缺乏指导和规范，甚至出于谋求短期发展需要在业态与功能选择上容易贪快求绩，忽略长期考虑，缺乏协同合作机制，互动交流、资源整合较少，园区之间和园区内企业间存在同质竞争，企业之间的互补性和协同性不足，使得难以协调，容易造成竞争激烈而合作不足的局面。

2.智慧园区发展需求与信息化基础设施相对滞后存在矛盾

广西各种类型的园区数量逐年持续增加，而园区有限的信息化基础设施服务支撑与企业及用户增长的生产生活需求之间的矛盾愈发突出，如支撑园区信息化的基础设施建设差异大，投入大见效慢，信息化水平低的园区基础设施建设不成体系等。如何夯实园区信息化基础设施硬实力，强化园区运营管理、产业服务等软环境支撑，以吸引更多企业入驻园区形势依然严峻。

3.信息化平台缺乏兼容性，孤岛严重，信息共享难

智慧园区对产业数据、企业经营数据、行政数据等数据的时效性和准确性有较高的要求，而园区的信息化建设通常缺乏统一标准与规范，容易造成园区内企业信息不共享，信息化网络联动性差，数据挖

掘不够，赋能不足等问题。

4. 智慧园区资金人才匮乏

智慧园区运营服务需要专业的技能和专业的团队去全面规划开辟可行的运营模式和盈利空间，而部分园区缺乏自己的信息化专业建设团队，容易出现重建设轻运营服务的现象，如重管理智能化、轻大数据智能化、重硬件轻软件等，使得信息平台的组建、维护及升级存在较大难度。

（三）加快推动广西智慧园区建设的几点建议

1. 政府引导、市场主导共同推进智慧园区建设

聚焦广西产业园区数字经济发展规模不大、产业能级不高、数字技术供给能力不足、开放合作优势不够等问题，在全区范围遴选出产业基础较好、管理服务规范的园区，如南宁、柳州、桂林、北海等4个自治区数字经济示范区，中国—东盟信息港（鲲鹏）数字经济产业园、广投数字经济产业基地、桂林华为生态产业合作区等10大数字经济产业园，以及各高新技术产业开发区、保税港区、综合保税区、保税物流园区等，推广实施《广西壮族自治区智慧园区建设指南》，谋划布局一批全面感知、泛在联结、主动服务、智能进化的示范性引领性智慧园区，加强云计算、大数据、人工智能、区块链、物联网、元宇宙等数字技术融通创新，推动园区向基础设施高端、管理服务高效、创新环境高质方向可持续发展，打造特色鲜明、多元协作、辐射带动能力强的智慧园区生态。同时，突出数字化赋能产业园区高质量发展，加强数字技术协同创新，推进数字产业化和产业数字化，催生新产业、新业态、新模式，有效发挥数字经济产业链的拉动力、竞争力，不断做大做强广西数字经济。

2.加快推动智慧园区一体强基数字平台研发应用

实施园区数字化转型重大工程，加快研发智慧园区一体强基数字平台，打造智慧园区智能中枢数据湖、智能中枢融合集成子平台和智能中枢数字孪生服务子平台“一湖两平台”，高水平高效率支持智慧园区服务数智化、园区管理数字化、园区产业智能化等全方位数字化转型。同时，加快布局以“智慧园区一体强基数字平台”为核心的前沿数字技术产业，谋划试点建设一批“零碳”智慧社区、“零碳”智慧园区、“零碳”智慧建筑等，助力广西碳中和碳达峰工作。进一步强化智慧园区一体强基数字平台赋能作用，为全国第一届学生（青年）运动会智慧体育场馆、中国—东盟信息港（数字广西）运营展示中心和智慧产业园区等一系列“十四五”重大项目和重点工程提供具有融合集成、数据智能和极简运维的一体化能力底座，持续推动传统优势产业智能化升级、技术应用创新发展，不断打造优势产业、关联企业和相关保障要素集约建设和产业转型升级“雁阵效应”。

3.加快推进广西中马钦州产业园金鼓江片区数字孪生城市试点建设

着力构建“数字孪生城市”体系，将中马钦州产业园金鼓江片区建设成为自治区“智慧孪生片区”典范。通过深入剖析金鼓江片区业务全貌、创新片区治理体系、构建片区治理能力、落实精细化实践路径，提升城市全面感知、智能分析、精准研判、协同指挥和应急处置等方面能力，实现片区建设管理数据化、社区服务职业化、协同共治多元化。同时，着力营造安全、便捷、健康、和谐的社区氛围，提升金鼓江片区治理效能，打造“智慧社区”，实现片区数字模拟运行、交互反馈、全域生态治理数字化监测。进一步推动新型智慧片区管理可视化，提高片区科学化决策水平，赋能片区高质量发展，示范引领广西数字与产业融合发展与“数字孪生城市”示范建设。

4. 探索构建智慧园区建设评价认证体系

加快构建智慧园区建设评估体系，明确智慧园区评价边界和相关要素，率先开展评估工作，对智慧园区建设的发展水平、建设重点、价值成效、特征模式、发展趋势进行结构性分析，帮助园区提出智慧化建设方案，助推企业精准融合、转型升级。从理论和实践层面制定科学具体的评估方案和评估指标，形成具有较强引领性的智慧园区建设评价工具，形成基于数据的精准施策和精准服务模式，指导各园区智慧化建设与应用，探索出一条适合广西的智慧园区建设新路径。

第五章 广西数字经济与实体经济深度融合研究

一、研究背景及研究意义

（一）研究意义

1.数字经济是新一轮世界科技革命和产业变革的主力军

数字技术作为新一代通用目的技术，不仅催生了大量新产业、新业态、新模式，且以其强渗透、广覆盖的特征，为传统产业创新和竞争力跃迁提供了更多的机会和途径。从产业革命史看，每一次科技革命都是重塑世界发展格局和新兴大国崛起的关键力量。这一轮数字技术主导的变革正在加速国际产业分工和经济格局的大调整、大重构。主要发达国家对发展新兴数字技术、加速数字化转型的重视程度和投入规模都达到空前高度。从某种意义上来说，谁能抓住数字经济发展先机，谁就有望抢占未来国家发展和全球竞争的制高点。

2.实体经济始终是经济社会高质量发展的根基

制造业作为实体经济的核心基础，在保就业稳增长中发挥着重要作用，直接关系国家经济的平稳运行。习近平总书记多次强调制造业是立国之本、强国之基，是国家经济命脉所系，要把制造业搞上去，加快建设制造强国。我国是全球规模最大的制造业大国，制造业增加值已是美、日、德三国的总和。但值得注意的是，与主要发达经济体相比，近年来我国制造业在GDP中的比重下降速度偏快：从2011年的

32%下降至2020年的26%，制造业出口占全球比重也从2014年的38.6%下降到2020年的30%。尤其是新冠肺炎疫情对实体经济的冲击，使得各行业不同规模的实体企业都受到了不同程度的影响，亟须为实体经济复苏注入新的动能。

3.数字技术与实体经济互动融合是进一步释放数字化红利、构建现代化经济体系的主要抓手

从微观机制看，数字技术创新及其扩散可以帮助制造业企业大幅提升对需求的感知和挖掘能力，有助于满足人民群众日益增长的高质量、个性化需求。同时，人工智能、5G、工业互联网等新兴数字技术与传统产业深度融合，也可以大幅提高工业企业生产的效率，为改进产品和服务质量提供更好的技术保障，对振兴实体经济将发挥重要作用。从宏观影响看，数字经济发展对畅通国内国际双循环、构建新发展格局发挥着重要的促进作用。根据中国互联网协会发布的《中国互联网发展报告2021》显示，2020年我国数字经济规模达到39.2万亿元，占GDP比重达38.6%，增速高达9.7%；其中，以应用数字技术和数据资源为传统产业赋能的“产业数字化”比重超过80%。数字技术还在很大程度上摆脱了时空限制，数字贸易等新型贸易模式发展畅通了国内国际经济循环。

4.数字经济与实体经济深度融合是贯彻落实习近平总书记视察广西时讲话精神的重要要求

加快推进数字经济与实体经济深度融合发展，有利于培育新模式、新业态、新增长点、推动新旧动能加快接续转换，有利于做强经济能级、重塑竞争优势，有利于催生新的产业生态、打开经济新局面。但目前广西互联网、大数据、人工智能和实体经济的深度融合不

够，亟待进一步明确和优化融合路径和推进方式。

5. 推动数字经济与实体经济深度融合发展对促进广西经济平稳增长，巩固脱贫攻坚成果具有参考意义

当前我国“一带一路”建设打开对外开放新局面，新时代西部大开发形成新格局，建设中国—东盟信息港，建设粤港澳大湾区、西部陆海新通道，打造面向东盟的金融开放门户，建设中国（广西）自由贸易试验区，多项国家级政策叠加，为广西数字经济和实体经济发展提供抓手和落脚点。加快推动数字产业化、产业数字化，促进数字经济与实体经济深度融合发展，成为广西经济实现高质量发展的必然要求。本研究可为广西各级政府参与国家各项战略、发展地方经济制定相关政策提供参考。

二、数字经济与实体经济深度融合的内涵及作用

（一）数字经济与实体经济深度融合的内涵

实现数字经济和实体经济深度融合是促进我国经济高质量发展、构建国内国际双循环相互促进的新发展格局的必然要求，二者的融合发展表现在数字产业化与产业数字化两个维度，本质上指数字技术与实体产业的融合，数字经济实现自身产业化并与实体经济相融合，形成数字产业与实体产业携手并进，共同发展助力地区经济高质量发展。

（二）数字经济与实体经济深度融合的作用

数字经济与实体经济的融合一是实现实体经济发展方式质的转变，通过信息化手段使有限的资源得到高效分配统筹，降低了交易成本，充分发挥数字技术的优势，强化与实体经济的深度融合，从而实

现规模经济，为高质量的经济发展创造优越的资源配给环境。二是进一步深化经济体制改革，促进企业在数字平台进行汇聚，延伸产业链，促进行业从纵向发展到跨界合作，从而重构价值创造模式，构建全新产业生态。三是有助于打破时空限制，实现生产过程的精准监督，全面大幅降低生产能耗，提高实体经济的生产效能。总之二者的融合，可有效提升实体经济竞争力，深化经济体制改革，改善国际分工体系地位。

三、广西数字经济与实体经济深度融合发展现状

近年来，广西高度重视发展数字经济，顺应数字化趋势，重点依托中国—东盟信息港，实施大数据战略，加快数字产业化、产业数字化，推动数字经济和实体经济深度融合，以数字经济发展带动实体经济高质量发展。

（一）数字经济与实体经济融合发展环境持续向好

一方面，近年来广西有关数字化转型支持的政策持续出台。如《加快广西数字经济发展的若干措施》（桂政办发〔2020〕70号），明确提出“推动数字技术与实体经济融合发展”；《广西数字经济发展规划（2018—2025年）（2021年修订版）》，提出数字经济与实体经济发展融合；《广西数字经济发展三年行动计划（2021—2023年）》提出：推动数字技术与实体经济深度融合发展，构建形成具有广西特色的数字经济生态体系，其同时还提出，要深入实施大数据战略，推动数字经济与实体经济深度融合，加强数据资源整合共享；《广西壮族自治区国民经济和社会发展第十四个五年规划和二〇三五

年远景目标纲要》提出，要加快数字广西建设，持续推进数字技术赋能各行各业，加快数字产业化、推进产业化数字转型，这些制度文件为今后推动数字经济融合发展提供有力支撑。此外，广西每年主办的中国—东盟人工智能峰会、壮美广西云数字峰会等专业盛会，以会兴业，以会引才，推动“政用产学研”各界参与交流，为数字经济和实体经济融合营造良好的发展氛围。另一方面，新基建将持续发力，进一步增强产业数字化转型的基础支撑能力。受新冠肺炎疫情等因素影响，消费乏力、出口承压，“十四五”期间我国持续加大新基建布局，新基建将成为稳经济的重要引擎。新基建投资将大大促进大数据、人工智能、工业互联网、云计算等数字技术的创新推广与融合应用。未来，广西的5G、数据中心、工业互联网等为代表的新型基础设施仍将保持快速建设与运营步伐，不断支撑数据流和信息流的高效运转，加强产业链的融通与稳定，为数字经济与实体经济深度融合奠定坚实的基础。

（二）产业数字化加速向深层次拓展

2018年数字广西建设大会召开以来，各级政府和单位抢抓机遇，合力推动以科技创新赋能产业转型发展，实现数字化技术与工业、农业、服务业等传统产业的深度融合，为制造业数字化转型升级初步打下基础。新冠肺炎疫情的暴发向世界各国充分展现了数字化转型在提升企业韧性、应对外在冲击、保持经济增长等方面的巨大潜力，也为数字技术的应用提供了重要的试验场。以先进制造业为代表的大量企业在疫情期间利用大数据、互联网、人工智能等信息技术及时实现复工复产，并加强企业生产端与市场需求端的紧密连接，保证产品供需的精准匹配与高效生产。《2020中国数字经济发展指数（DEDI）》显示，广西工业化、信息化融合指数目前位于全国第三梯队，排在第二十二位。近年来，广西深入实施企业“上云用数赋智”行动，评选出自治区级智能工厂和数字化车间45家。据统计，2020年上半年，广西共上报工信部大数据产业发展试点示范项目、新型信息消费示范项目等四批44个项目，3个项目列入工信部大数据产业发展试点示范。同时，自治区工信厅发布了2020年广西工业互联网试点示范项目名单，“广西泛糖科技有限公司基于糖产业链的智慧管理平台”等55个项目入选。国有企业为上下游的中小企业赋能，对提升整个产业链数智化转型水平可以起到很大的促进作用。2022年广西企业100强中排名前10的企业有7家是国有企业，广西有一批行业龙头企业的数字化转型走在广西的前列乃至全国前列。

（三）数字新基建支撑能力不断增强

2020年4月，广西启动“信息网”基础设施建设三年大会战，旨在提升全区数字基础设施支撑能力。截至2021年年底，广西省际出口带宽40.4T，处于全国中上游水平；全区5G基站达到4.3万座，建设密度高于全国平均水平，5G网络实现全区111个县级行政区主城区室外连续覆盖，全区1279个乡级行政区中已有1208个实现主要区域基本覆盖，覆盖率为94.4%；4G基站数达到10.7万座，建设密度略低于全国平均水平；移动电话基站数30万座，建设密度略高于全国平均水平；移动互联网普及率由2020年的95.7%提高到2021年的101%；固定互联网普及率由2020年的32.1%提高到2021年的36.5%；移动互联网接入流量增速31.8%；100M及以上固定宽带接入用户比例由2020年的

89.9%提高到2021年的95.6%，比全国平均水平高2.6个百分点，1000M以上固定互联网宽带接入用户占比15.9%，排名全国第一；固定互联网宽带接入用户1827万户，同比增长10.7%；移动互联网用户5011万户，同比增长4.4%；移动电话用户5511万户，同比增长3.4%。中国—东盟信息港大数据中心、中国移动（广西）数据中心、中国电信（广西）东盟数据中心、中国—东盟信息港老挝云计算中心等国内外云计算中心建成运营，建成国家级互联网骨干直联点、国际互联网数据专用通道、国家顶级域名节点、中国—东盟工业互联网标识解析二级节点、柳州市工业互联网标识解析二级节点。

（四）数字经济发展势头迅猛

2019—2021年，广西数字经济一直保持较快发展速度。2019年数字经济总量6593亿元，占GDP比重31.05%。2020年全区数字经济规模总量进一步扩大，规模达7267亿元，排名全国第十八位，西部第四位，占GDP的32.8%，对经济增长的贡献率达到73.3%，部分数字经济核心产业实现高增速发展，重点领域融合程度不断加深。截至2021年12月31日，广西数字经济企业1.45万家，同比增长11.68%。从分布看，南宁数字经济企业超过7800家，占全区总量的55.97%，数字经济企业数量位居西部省区前列。

（五）数字化治理体系不断完善

广西数字政府建设成效显著，“一云承载、一网通达、一池共享、一事通办、一体安全”的“五个一”数字政府构架初步形成，成为首批政务数据开放共享国家标准试点地区。全面推进智慧城市建设，促进智慧城市项目建设，强化智慧城市成果运用，有效助力政府治理能力的提升。此外，大力推动政府“放管服”改革，推行政务服务一窗办、一表办、一网办、异地办、承诺办，试点“跨省通办”，促进数据共享，打通各业务部门数据与信息壁垒。2021年省级移动政务服务能力调查评估结果显示，广西排名全国第六位；省级政府一体化政务服务能力总体指数84.4，排名全国第十四位。数字社会公共服务、治理水平不断提升，为广西今后布局元宇宙产业营造良好环境。

四、广西推动数字经济与实体经济深度融合面临的机遇

（一）日益完善的顶层设计为数字经济与实体经济融合提供了政策环境

《中华人民共和国国民经济和社会发展第十四个五年规划和2035年远景目标纲要》明确提出加快数字化发展，建设数字经济、数字社会、数字政府，构建数字生态，为数字经济和实体经济深度融合发展提供了政策环境和广泛的实践空间。十九届四中全会以及随后出台的一系列文件明确数据要素在经济发展过程中的重要地位，数据要素市场化配置上升为国家战略，为广西数字经济与实体经济深度融合创造了新的历史机遇。而广西出台《深化新一代信息技术与制造业融合发展实施意见》《加快推动工业互联网发展专班工作方案》《加快推动工业互联网发展的若干措施》《加快推动工业互联网发展工作方案（2020—2022年）》《关于推进工业振兴三年行动方案（2021—2023年）》等一系列政策文件，使其在制造业数字化和转型方面的顶层设计进一步完善，系统推进数字经济与实体经济融合发展

各项工作，相关企业和部门齐心协力，协调配合，构建一盘棋的良好格局，提高了地区数字经济与实体经济融合发展软实力。一方面，针对各个行业不同的融合应用需求，有针对性地精准施策，有序推进融合发展工作。聚焦广西现有机械装备制造、电子信息、金属新材料、汽车等9个重点产业集群和13条关键产业链，把握传统产业的生产、流通等环节和领域的特点，鼓励建设标识解析节点或打造特定行业标识解析应用场景，全面落实各项政策和配套措施，从而激发制造业企业个体活力。另一方面，充分借力中国工业互联网研究院、中国信息通信研究院、中国电子信息产业发展研究院等上层机构的力量，加强关键技术研发突破。此外，成立广西工业互联网产业联盟、广西加快推动工业互联网发展专班等区内组织，结合广西特点，有针对性地做好各项机制设计；通过签订战略合作协议、举行专项活动等形式推动工业互联网建设，普及工业互联网应用。

（二）“新基建”的发展为数字经济与实体经济融合提供了技术支持

2020年，自治区“信息网”累计完成年度投资278.36亿元，投资完成率达105.83%；全区建成5G基站超3万座，发展5G用户超1000万户，光纤网络已覆盖全区所有行政村和80%以上自然村。截至2020年12月，广西已建成数据中心77个，总机架规模达到1.22万架，上架率约53%，覆盖了全区14个地市。[①]新基建的发展使得软件和信息技术服务业得到快速增长。随着近年广西实施数字发展战略，全区发展工业

①广西卫视.广西：数字经济乘风破浪新基建激发新活力[EB/OL].2021.http://www.gxzf.gov.cn/zt/jd/szgxjszl/zxdt_27980/t8001910.shtml.

互联网，加速云计算、大数据、人工智能、5G、区块链等新技术落地，数字相关服务业迅速成长，数字产业增速位居全国前列。中国电子北部湾信息港、中盟科技园、北海高新区等集聚区持续建设，创新能力显著提升，为数字经济与传统产业融合发展奠定扎实基础，为经济高质量发展提供强有力保障。2020年广西数字经济总量达7267亿元，占全区GDP的32.8%，数字经济企业超过11000家，在西部地区排名第四位，数字产业得到迅速发展。[①]此外，广西加快新技术协同创新体系建设。组建区块链创新中心、中国—东盟人工智能创新中心、北部湾大数据交易中心、5G产业联盟、鲲鹏生态创新中心、云端智能创新产业研究院工业互联网产业联盟等一批创新应用机构，共同推进数字技术协同研发与产业项目实施落地工作，产业融合与多边技术合作进一步深化。

（三）数字经济新业态成为数字经济与实体经济融合的动力源泉

数字经济时代，全球价值链重构趋势愈加明显，利用数字化手段对价值链进行重构，使大规模量身定制成为可能。以大数据应用为引领，发展数据采集、存储、处理、挖掘、应用、展示、衍生等产业，打造数字产业链条，培育数字产业集群，搭建培育数字技术创新联盟、产业联盟等，提升新一代信息技术产业发展能级，通过数字化技术改造传统优势产业，释放数字经济对传统经济的放大、叠加、倍增作用。我国应当重新审视在数字技术带来的变革契机下市场和政府的角色定位，同时在需求端和供给端构建数字经济发展的良好环境。

①莫桦：《立足“新”深化“融”加速“转”持续推动工业高质量发展》

（四）新产品新服务为数字经济与实体经济带来新机遇

基于信息化网络的加速升级，许多企业抓住机遇进一步发展。互联网时代造就了BAT（百度、阿里、腾讯）等企业，随着4G技术的广泛应用，字节跳动、快手等短视频公司迅速崛起，并迅速遍及全球。基于互联网平台发展的微创新、微应用、微产品等大众创业、万众创新不断兴起，广泛开辟了新就业渠道，激发了多元创造力。未来随着5G时代的到来，区块链、大数据、人工智能等技术的发展，数字经济将迎来新的辉煌。

五、广西数字经济和实体经济深度融合发展存在的主要问题

虽然广西数字经济与实体经济融合发展已取得一定成效，但由于数字基础设施尚不完善、技术基础仍然薄弱、开放数据技术难题仍未解决、产业生态圈有待构建等原因，进一步推动数字经济与实体经济深度融合仍存在诸多问题和短板。

（一）数字经济与实体经济融合发展不充分

目前，广西数字经济与实体经济融合已经取得一定成就，截至2020年广西数字经济规模约8300亿，增速超过15%，数字化为经济社会发展赋予强劲动能。但数字经济与实体经济各领域融合的深度与广度还有待提升，数字技术与不同行业融合的速度与方式存在较大差异，其底层融合路径与机制仍需探寻。一方面，数字经济与实体经济融合发展是涉及组织架构、业务流程、经营管理等各方面的系统工程，大部分企业会面临如何平衡资金投入与收益、选择技术平台、变革商业模式等现实问题，而出现“不敢转、不会转、不能转”的难

题。另一方面，由于企业对融合发展与数字化转型存在认知偏差，很多企业只是在数字经济发展背景下简单应用数字技术，对数据的挖掘和利用远远跟不上数据爆发式增长的态势，忽视数据作为新型生产要素的价值，缺乏对数字化渗透生产工艺的底层逻辑的了解，而不能满足企业实际的运营需求。

（二）数字经济与实体经济融合发展不平衡

数字经济与不同行业的融合程度存在较大差异。广西大数据局数据显示，2021年第4季度，广西两化融合水平为46.9，比全国平均水平低10.9，位于全国平均倒数第五位。其中，工业生产设备数字化率、数字化研发设计工具普及率和工业云平台应用率分别为43%、65%和37%，分别比全国平均水平低9、10、13个百分点。服务业数字化方面，2021年全区实物商品网上零售额占社会消费品零售总额的比重为7.9%，比全国平均水平低16.6个百分点。此外，广西产业数字化发展程度有待提高。一方面，不少企业仍以产业规模的扩大为主要任务，从而忽略数据作为新型生产要素的重要性，未能在生产制造中有效挖掘数据价值；另一方面，部分信息技术企业发展起步晚，未能充分掌握数据作为新型生产要素的技术，从而难以满足企业与数字化深度融合的需求。

（三）数据要素应用程度有待加深

广西数据要素市场化、开放共享程度不高，数据安全、跨境流通机制不健全，数据要素应用场景深度和广度不够等问题仍制约着广西数据要素融合发展。当前数据要素确权问题仍然存在，数据市场监管体系不健全，加上广西数据基础设施较为薄弱，数据安全防护的关键技术研发能力不足，数据安全缺乏有效保障，导致数据开放共享程度受到一定的限制。从行业看，以工业为例，工业数据开发利用不足、数据安全存在风险等因素制约着数据要素与传统工业的融合发展。从应用看，数据要素在电商等信息化程度较高的行业融合效果较好，但与制造业、农业等行业融合程度仍有待深化。

（四）跨界融合的应用型人才储备不足

目前，随着数字经济与实体经济各领域融合的深入，对相关数字技术与具体行业的场景应用也更加广泛，进而对兼具数字技术与行业专业知识的跨界融合应用型人才产生了较大的需求，但从当前的人才结构看，跨界复合型人才储备不足仍然是制约广西数字经济与实体经济融合的重要因素。例如对于工业企业来说，精通产品研发和生产运营的人才较多，但同时真正掌握大数据分析、云平台建设、人工智能等新兴技术的人才又较为缺乏，这就给企业数字化转型造成一定困难。

六、“十四五”时期促进广西数字经济与实体经济融合发展的对策建议

（一）加强顶层设计，强化各项政策落地实施

近年来，广西出台的政策基本覆盖当前数字经济各主要领域。下一步，围绕工业、农业、社会治理、民生服务等领域，可重点扶持具有三个特征的项目、工程和平台：即应用范围延伸层级多（区、市、县）；应用点可渗透至生产、生活多个环节；可带动上下游多个生态伙伴落户广西。在扶持的方式上，逐步改变单一“给资金”“给政

策”的模式，重点“给市场”，筛选各市具有以上三个特征的重点项目工程和平台，全区统筹推广，打破区域市场限制。

（二）强化数字新基建，夯实融合基础

强化硬件基础设施建设，加快推进软件、制度环境和实体经济数字化进程，完善的数字基础设施对产业数字化转型有着重要的支撑作用，为万物智联、智能应用奠定基础。一是加大对5G网络、物联网、人工智能、数据中心等为代表的新型基础设施建设的投资力度，加快对传统基础设施的数字化改造与升级，推进全光网络演进升级，持续推进千兆广西、光纤到户建设。加快下一代互联网（IPv6）规模部署和应用。积极构建大数据网络中心、智能计算中心和工业互联网平台，提升实体经济各行业实时数据采集、存储、处理和分析的能力。二是国家和地方政府要积极出台有助于新基建建设的各类政策与制度，合理规划区域数字基础设施建设，提升数字基建的普惠性。不断提高基础薄弱地区、乡村地区的数字基础设施建设，提高网络覆盖率、宽带光纤网络通达率等，促进物联网、智慧物流配送体系向这些区域延伸发展。三是加快推进云平台与云计算的创新应用，统筹推进以数据中心、智能计算中心为代表的算力基础设施建设，实施“东数西算”工程，推动国家一体化数据中心西南分中心落户广西。逐步缩小区域、城乡间的“数字鸿沟”，为实体经济各领域数据存储和算法提供空间支撑。

（三）转变生产方式，完善数字经济产业链条

优化产业链布局，进一步完善制造业产业综合配套体系。依托大数据产业先期发展成果，将数字经济与实体经济发展深度融合，数字经济的创新动力和技术赋能内化为经济增长的创新点，不但可以激发市场主体的创新驱动力，也可以创造新的消费需求和生产动力，从而支撑经济向高质量发展转变。一是通过数字技术赋能，以数字经济发展引领传统实体经济产业结构升级，全面提升资源配置效率，改变原有的投入产出比例，提高资源的利用效率，形成高质量、高收益的经济增长态势，启动“百千万工程”工业领域专项行动，大力促进工业互联网发展应用，推动企业“上云用数赋智”，分类推进数字化车间和智能工厂建设，深化布局云计算、大数据、5G、人工智能、区块链、北斗、信创等产业。二是以质量为导向，在全生产流程中聚焦产品创新研发和服务质量提升，充分发挥数据要素在生产环节中的重要作用，从产品层面保证经济增长的高质量，借力鲲鹏产业和信创产业落地，发展壮大电子信息制造业，在北海、桂林等地打造电子材料、光电子器件、智能装备等特色电子信息产业基地，面向高端装备、应用电子、智能终端等领域，发展精密光学器件、传感器件等。三是从新型生产关系着手，做强做优软件研发、嵌入式软件开发、移动互联网等软件与信息服务业，在发展基础好的地区谋划打造软件信息服务产业基地，积极引进行业龙头企业，保持发展良好势头。

（四）培育跨界复合高端人才，提升发展支撑力

在人才引进方面，大力引进国内外数字智能人才，重视高端人才社区打造，在重点城市规划建设一批适用于高端人才工作生活、子女教育、高端医疗的国际社区，从资金、住房、医保社保等多方面加大支持人才落户力度。在人才培养方面，应充分利用新一代科技和信息技术，整合现有的各类优质教育教学资源，积极开展跨界融合人才的培养，培养一批既具备数字经济领域的理论基础，又能够掌握实体企业生产制造和工艺流程的复合型人才。探索培养新型政产学研跨界人才，鼓励校企、校院创新合作模式，并给予相应的人才优惠政策，培养一批数字经济和智能科技人才。支持推行混班学习交流机制，围绕数字经济与实体经济融合发展，开设政府官员、国企管理者、民企管理者共同学习交流的混合班，在相互交流、认识理解的基础上，可大大将政策宣传、投资意向和创新思路融为一体，短期内促进技术、投资与模式的创新。

第六章　广西产业数字化发展

一、制造业数字化转型发展研究

制造业高质量发展是我国经济高质量发展的重中之重，是大国经济的“压舱石”。习近平总书记在党的二十大报告中提出了要“坚持把发展经济的着力点放在实体经济上，推进新型工业化，加快建设制造强国、质量强国、航天强国、交通强国、网络强国、数字中国”和“实施产业基础再造工程和重大技术装备攻关工程，支持专精特新企业发展，推动制造业高端化、智能化、绿色化发展”的要求。中国是制造业大国，同时是互联网大国，制造业与数字经济融合拥有广阔的发展空间和无限潜力。推进制造业数字化转型可发挥我国制造业大国和互联网大国的优势，从而推动我国从“制造大国”向“制造强国”升级发展的有效路径。近年来，广西高度重视制造业数字化转型，《广西工业和信息化高质量发展“十四五”规划》提出，要“构建智能制造体系，助力传统产业高端化、智能化、绿色化，打造全产业链数字化生态，发展高端智能数字化产品，全方位推进制造业数字化转型发展”。广西制造业数字化转型升级成效明显，使广西制造业形成数字经济新动能，推动广西经济高质量发展。

（一）广西制造业数字化转型的现状

自2018年数字广西建设大会召开以来，广西深入贯彻落实国家战略，抢抓机遇，大力发展数字经济。2021年广西数字经济规模超8512亿元，占全区GDP比重达34.4%，数字经济企业达1.45万家，数字经济成为地方经济高质量发展的强劲动能。广西各级政府和社会各界合力推动以高新技术赋能传统产业转型发展，以数字化技术与传统产业的深度融合为目标，为制造业数字化转型升级奠定了扎实的基础。

1.数字化转型态势良好

近年来，广西大力推进数字技术与传统产业深度融合，产业数字化水平不断提高，智能制造、智慧物流等新模式、新场景、新应用不断涌现。截至2021年年底，广西智能制造相关企业存续数量为3700家，是2018年（1277家）的2.9倍。2018—2021年间，广西新增智能制造相关企业数量连续在全国排名均位于前15名，在西部省市排名均位于前4名。广西壮族自治区工业和信息化厅积极实施企业“上云用数赋智”行动，2022年评选出自治区级智能工厂和数字化车间各70家。全面铺开“千企技改”工程，至2022年10月已累计推进2196家企业实施技术改造项目2869个，积极支持企业机器换人、生产换线、设备换芯和数字化、智能化升级，建成242个智能工厂、137个数字化车间，传统制造业发展质量和水平得到快速提升。此外，广西每年组织实施科技创新重大项目100项以上，集中精力攻克一批制约产业向中高端发展的关键核心技术，为制造业数字化转型打下良好基础。

2.制造业效率大幅提升

5G、人工智能在广西本土大型工业企业生产领域的应用产生了可观的经济效益。2020年，通过数字化手段东亚糖业含杂检测准确率达到94%以上，数广集团对铝材表面质量进行智能检测准确率达到98%以上，柳工、五菱等大型工业企业生产装备自动化和半自动化率超过90%，数字化研发设计工具普及率达65%，玉柴公司智能化转型，打造“黑灯工厂”生产模式，工序自动化率高达80%以上，工人劳动强度降低95%以上，生产产品合格率达99.8%。根据广西壮族自治区工业和信息化厅信息化和软件处统计，企业经过数字化改造可明显提升经济效益，广西相关企业设备管理效率提升约30%，产品质量合格率提升约5%，产品生产周期缩短约20%，运营成本降低20%以上。

3. 新基建支撑不断增强

近年来，广西持续推进新基建项目。自2020年3月印发《广西“信息网”基础设施建设三年大会战实施方案（2020—2022年）》后，广西“五网”建设大会战正式启动，已累计推进建设项目723个，完成投资639.65亿。截至2022年9月，广西累计建成5G基站5.8万座，5G网络完成对全区各市、县城区的连续覆盖以及部分乡镇街区和重点农村的覆盖，5G用户数接近1678万，排名西部第二；建成4G基站18.4万座，覆盖全部行政村和20户以上自然村；全区千兆宽带用户达379万户，排名全国第六；全区已建、在建93个互联网数据中心（IDC）最大承载能力达到32.2万架标准机架。数据要素市场不断壮大，数据要素流通不断加快，形成广西制造业数字化转型的强大动力。截至2022年8月，北部湾大数据交易中心已注册企业100多家，挂牌交易数据产品168个，数据服务调用次数达7亿次，累计交易规模超7000万元，在全国省级大数据交易机构的行业影响力、服务品类、服务规模上综合排名位于前列。此外，中国—东盟星动云算力中心等重点项目正加快推进，新型互联网交换中心项目正积极调研谋划中。

4. 数字化政策持续完善

近年来，广西先后发布了《广西数字经济发展规划（2018—2025年）》《广西面向东盟的“数字丝绸之路”发展规划（2021—2025年）》《数字广西发展“十四五”规划》《广西工业和信息化高质量发展“十四五”规划》等相关规划，以及《广西加快5G产业发展行动计划（2019—2021年）》《广西新型基础设施建设发展规划（2020—2025年）》等产业发展规划，推动糖、铝、机械、冶金、汽车、建材等传统制造业转型升级，推动新一代信息技术、新能源汽车、高端装备制造、新材料等重点战略性新兴制造产业倍增发展，推动轻工业重点特色产业、纺织服装、精品碳酸钙等特色制造业加快发展。2021年11月，广西壮族自治区工业和信息化厅印发《广西加快工业互联网发展推动制造业数字化转型升级行动方案》对自治区制造业数字化转型作出全面部署。多项政策的出台进一步完善了广西在制造业数字化转型方面的顶层设计，系统推进数字化产业与制造业融合发展各项工作，相关企业和部门齐心协力，协调配合，构建全区一盘棋的良好形势，提升了广西数字化与制造业融合发展软实力。

5. 互联网平台全面建设

广西建设了广西工业互联网创新体验中心（梦工厂）、广西工业互联网态势安全感知平台、广西工业互联网（云）平台等公共基础性平台，培育优势行业工业互联网平台，完善行业工业互联网平台方案，推动基于工业互联网平台的企业级平台建设，征集并发布了超过40家云服务商提供的免费云服务产品，其中云视频会议、订单服务云平台等6类82款云产品，受到工业企业特别是中小企业的广泛欢迎。此外，广西在制造业领域推广普及工业互联网标识解析二级节点（柳州）平台、中国—东盟工业互联网标识解析节点，搭建完成了柳州螺蛳粉产品认证平台、基于标识解析体系的蔗糖通平台，实现基于二级节点平台的数据共融，构建起工业互联网网络、平台、安全三大功能体系。2022年4月，广西工业和信息化厅、广西通信管理局印发《广西推进工业互联网标识解析体系建设工作实施方案》，将标识解析体系建设作为广西实施制造业数字化转型行动的重要内容，并列为广西新型基础设施建设重点工作，力争到2025年在全区建设30个以上工业互联网标识解析二级节点。截至2022年10月，广西累计建设工业互联网标识解析二级节点7个，其中已建成的2个二级节点累计标识注册量超2.4亿、解析量超6.9亿，累计推动“5G+工业互联网”项目超100个。玉柴集团、柳工集团、南南铝业有限公司等建设“黑灯工厂”、智能车间，上汽通用五菱搭建的“数字化供应链协同智造云平台”已在供应链上推广应用，“柳工智能管家云平台”接入工程机械20余万台，柳钢集团防城港基地建成全国首个“5G云上钢厂”。广西工业互联网平台体系不断壮大，覆盖了39个工业大类行业，企业级的工业互联网平台有37个，重点产业工业互联网平台跨领域、跨行业影响力逐步加大，数据汇聚赋能能力持续提升。

6.5G技术全面推广运用

广西积极推进玉柴集团、广西建工集团、华润水泥、广西糖业、柳钢、广西中烟、南宁富士康、吉利百矿等企业与电信服务商合作开展了5G网络覆盖及应用试点工作，其中广西糖业集团与广西电信建设

“5G+智慧糖厂”、广西玉柴集团与广西移动合作成立了基于5G网络的“工业智能制造实验室”、广西柳州钢铁集团与广西联通正在进行5G设备温度测试和5G行吊设备监控试点。5G+在广西14个重点行业累计推广100个应用场景，已经形成良好的示范效应。2022年5月发布《广西5G应用“扬帆”行动计划（2022—2024年）》，明确提出将围绕5G+工业互联网、智能制造、车联网、农业、港口、物流、交通领域开展5G应用实践，打造30个行业专用场景示范标杆、20个5G全连接工厂、不少于20个5G+智慧港口创新应用场景，助力实现广西产业转型升级。

（二）广西制造业数字化转型存在的问题

1. 数字化应用范围还不够广，两化融合不深

当前广西工业化水平有待提升，由于制造业的融合应用数量和质量均不足等因素，导致广西制造业的融合应用使用范围小，影响制造业数字化转型升级。据广西大数据发展局测算，2021年年底广西两化融合水平为46.9，低于全国平均水平。大部分规上企业两化融合水平尚处于起步阶段，只有少部分龙头企业步入了集成提升和创新突破阶段。在两化融合深度方面，广西企业信息化主要集中在财务管理、产业链方面，而对于降低生产成本至关重要的生产、销售等环节的数字化程度还不够高。此外，传统企业“上云用数赋智”有冲高回落之忧，通过分析与云服务、大数据、智能化改造等相关的招投标数据发现，广西区内相关招投标总量自2017年达到峰值4752个后开始呈现下降趋势。

2. 基础创新能力有待提升，难以支撑转型

创新能力弱、研发能力不足是广西数字经济发展的薄弱环节，特

别是支撑制造业发展的科技力量较为薄弱，如新基建行业等重点行业表现更为明显。另外，创新点主要集中于大数据、云计算、人工智能等新技术基础设施领域，融合应用领域的创新较少，专利分布不均衡，研发结构有待进一步优化。2021年，广西获得国家发明专利4573项，每亿元GDP伴随的专利产出数量有0.185项，每万人专利产出数量为0.91项，可见广西经济发展的技术含量不高，尚处于传统产业经济发展模式阶段，离技术创新驱动型经济发展模式还有一定的距离，科研机构的研发能力还有待提升，基础创新力仍较为薄弱。

3.中小型企业基础薄弱，存在转型障碍

中小企业是数字经济发展的主力军，也是数字化转型的主战场。但整体而言，广西中小企业数字化发展仍处于起步阶段，信息化水平不高。广西制造业中小企业存在创新能力不足、生存能力不强、自身竞争力弱等问题，对风险的抵御能力较弱。同时，中小企业发展的稳定性和信誉度较弱，造成企业融资困难。因此，中小企业在数字化转型过程中存在“不愿转”“不会转”“不能转”“不敢转”等诸多障碍。中小企业部分中高层数字化思维受限、数据安全隐患、数字技术与生产经营系统不相融合等原因导致广西制造业中小企业“不愿转”；由于数字化转型资金、数字化转型技术、数字化转型人才的缺乏，导致其“不会转”；现有扶持政策不能完全满足转型需求、缺乏支撑数字化转型的一站式服务平台、互联网平台标准体系建设不健全，导致其“不能转”；对于转型过程中投资回报的顾虑导致企业“不敢转”。

4.产业集群协同程度低，转型难以延伸

产业集群有利于产业资源共享和产业协同，加快推动产业数字化转型。广西桂东、桂南、桂西、桂北和桂中五大经济区域制造业企业呈现出一定集聚性，但各经济区的表现存在差异性。在产业集聚方面，区域结构尚不均衡，尽管南宁、柳州等市已形成较为完善的产业集群，但其余市规模以上制造业集聚效应还不够明显，还未真正形成具备较强的资本、技术、人才吸纳能力，以及社会认知和影响力的集群品牌。另外，由于广西制造业企业多为劳动密集型和资源型，产品同质性较高，企业之间的竞争较为激烈，造成集群内部产业联动与合作水平有待提高，产业集而不群，影响了产业协同力量的有效发挥。产业集群协同程度不足，导致数字化资源在集群内的流通受阻，制约了广西制造业数字化转型。

5. 数字化发展人才匮乏，转型后劲不足

制造业企业数字化转型需要相关人才的保障，数字化人才是组织适应能力的决定因素之一，同时是推动企业数字化转型的关键要素。当前广西制造业企业需要大数据、物联网、人工智能、区块链等技术研发以及数字经济运营管理等方面的高层次人才。人才匮乏，智力资源紧缺，成为制约广西制造业数字化转型发展的重要因素。一方面，由于广西与东部省份薪酬水平差距较大，粤港澳大湾区对广西形成人才“虹吸”效应，导致人才流失严重，人才引进困难；另一方面，区内各大高校相关专业人才规模化培养处于起步阶段，高校所培养的相关领域人才大量流失，导致人才外流较为严重。

6. 数据要素市场化不足，共享程度不高

当前，广西培育数据要素市场仍处于起步阶段，还面临着数据要素权属不清、数据定价困难、数据治理体系不健全、数据价值化较低等诸多挑战。目前，虽然已成立北部湾大数据交易中心，但仍然缺乏在全国有广泛影响力的数据交易服务平台，缺乏针对数据产品和交易商的评估标准。在公共数据资源方面，各政府部门数据共享交换主动性不强，开放数据的意愿不高，共享的数据权威性、规范性不足，政府层面对公共数据资源的应用程度还处于较浅层次，数据资源的价值挖掘不够。在数据流通方面，各领域数据互联互通不够。由于缺乏统一的数据资源整合标准，数据存储的格式、调用方式、业务系统接口和结构也不统一，导致各领域数据库之间存在共享和流通的壁垒，制约数据交换共享、数据供需对接和有效使用，公共数据和社会数据尚未形成一体化结构。

（三）广西制造业数字化转型发展的对策

制造业是我国国民经济主体，其关联性强、价值链长、带动力大，在现代化经济体系中发挥引领和支撑的重要作用。加快制造业数字化转型，有利于改造升级生产方式、优化要素资源配置、推进产业绿色发展，是制造业高质量发展的重要路径。习近平总书记提出："要推动数字经济和实体经济融合发展，把握数字化、网络化、智能化方向，推动制造业、服务业、农业等产业数字化，利用互联网新技术对传统产业进行全方位、全链条的改造，提高全要素生产率，发挥数字技术对经济发展的放大、叠加、倍增作用。"制造业是广西实体经济的支柱产业，推动制造业的数字化转型是夯实广西实体经济发展的重要着力点。因此，要切实把握数字经济发展趋势，积极推进广西制造业数字化转型。

1. 加强制造业转型顶层设计，不断完善政策体系

以习近平新时代中国特色社会主义思想为指导，深入贯彻落实党的二十大精神以及广西壮族自治区关于深化新一代信息技术和制造业

融合发展的重要决策部署，持续优化广西制造业数字化转型顶层设计。一是聚焦广西区内制造业中小企业数字化转型，明确其在生产智能化改造、供应链数字化升级、制造服务化转型、组织平台化调整等方面的战略任务，制定中小企业数字化转型顶层政策。二是完善数据要素市场管理和监督体系，明确数据要素权属、定价规则，建立数据资源交易以及定价评估机制，健全数据要素价格机制。三是健全各市、产业园区制造业数字化转型配套文件，落实推进融合发展，为制造业企业开展数字化转型实践提供指引。

2.瞄准带动性强的重大项目，推进高标准新基建

夯实基础支撑，大力推进广西制造业的数字基础设施建设。一是优化基础网络建设，推动基础电信企业通过改造升级已有网络、建设新型网络等方式，推进制造业重点产业园区万兆入园、千兆入企，提升企业生产设备联网率。二是在制造业企业中加速标识规模化应用推广，围绕制造业供应链管理、全生命周期管理等应用需求，进一步完善标识解析体系，推动标识解析系统与自治区重点工业互联网平台、工业App等融合发展。三是推动大数据中心集群，推动各部门和企业数据规模化、有序化、集约化、一体化、绿色化发展。四是构建面向粤港澳大湾区及华南区域、东盟区域的超算中心，推进数据中心集聚发展，在各市建设与南宁核心区相互支撑的大数据中心，完善数据中心集群格局。

3.推动中小制造企业数字化，健全精准服务体系

引导中小企业深化对数字化转型的认识，提高服务水平，加快制造业中小企业数字化转型。一是加快推动中小型制造企业“上云上平台”，提升在不同场景的灵活部署和综合集成能力，提供低成本、低

门槛、易推广的工业互联网产品和服务，进一步降低企业“上云上平台”的门槛和成本。二是针对制造业中小企业开发和推广平台化、组件化的工业互联网行业系统解决方案，从评估规划、设备改造、系统上云、人才培训等环节提供全方位陪伴式服务，研制轻量化应用并深化生态级协作，提升面向中小企业的数字化转型产品和服务水平。三是发掘一批优质应用产品和优秀应用案例，梳理一批制造业中小企业典型应用场景并予以全面推广。四是开展大中小企业融通创新“携手行动”，鼓励和支持制造业龙头企业立足自身优势，开放数字化资源，带动中小企业数字化转型。

4. 推动制造业产业集群转型，完善数字产业链条

大力推进高端软件、大数据、云计算、网络安全、数字创意等信息服务业集群发展，持续培育和引进一批工业互联网服务商，培育本地开发者，支持国内先进的工业互联网企业在广西设立分支机构。完善产业链布局，形成以传感器、智能网关、工业机器人等硬件设备厂商为上游，数据采集集成、数据分析、自动化集成、工业软件等平台服务商为中游，行业应用制造企业为下游的产业集群。针对广西制造业不同集群分别制定相应的政策，以加速产业数字化转型。一是在机械装备制造产业集群上，支持广西“两企三城”建设，鼓励研发和生产工业机器人、智能化生产线等智能制造关键装备，开展智能工厂、数字化车间认定，推动机械装备制造行业工业互联网平台建设，实现全产业链上下游企业的高效对接和协同创新。二是在汽车产业集群上，以南宁、柳州、桂林、贵港为重点，构建广西特色现代汽车产业体系，开展网络化协同研发设计，打造汽车工业互联网平台并建立贯穿全产业链的沟通渠道。三是在电子信息产业集群上，鼓励电子信息龙头企业，以工业互联网平台

为枢纽，针对研发设计、生产管理、质量检测、供应链管理等环节实施数字化管控，加快系统集成互通和数据分析应用，优化资源配置，实现供应链动态、精准协同。四是在金属新材料产业上，鼓励企业数字化、网络化、智能化改造。推动数字孪生平台建设，建立数字孪生模型，打通核心数据链，提升关键设备、关键流程数据采集和应用分析能力，实现数字化监控、设备动态预警和预测性维护，重构企业战略决策、运营管理、市场服务等业务活动新模式。

5. 创新人才培养、引进机制，夯实数字经济基础

健全人才引培政策，夯实数字人才基础。一是支持广西区内数字经济相关培训机构发展，支持高校创办人工智能、数字经济相关专业，探索开办职业院校。在部分高校推动计算机编程和大数据等课程的普及，加强人才培养的政产学研联动，不断完善制造业数字化人才培养体系，促进教育链、人才链与产业链、创新链有机衔接。二是联合区内高校、科研机构、研究平台，组织高层次科研人才，打造一批技术研发创新平台。在人才选拔方面，组织大数据领域的职业技能竞赛，选拔相关人才；在人才引进方面，制定专项政策鼓励制造企业与区内高校、研究机构、培训机构等建立数字人才培育和引进机制，利用广西定向选调生、中央博士服务团等渠道，引进一批数字领域人才，加强制造业数字人才政策宣传和社会舆论引导，营造引才聚才的良好氛围。三是促进数字技术成果转化为一线技术人员的收入、研究建立数字技术人才评价、绩效奖励和职称评审制度，落实住房保障措施，增加其子女教育优惠力度，倾斜人才配额，做好人才全方位服务工作。

6. 加快推进数据开放、流通，提高数据共享程度

培育数据要素交易市场，促进和鼓励政府和企业开放数据，实现

双向共享，进一步优化公共数据共享利用体系，提高制造业企业对数据的利用率。一是加快推进公共数据安全合规开发利用，推动数据跨业务、跨部门、跨层级、跨区域、跨系统的流通共享，加快建立合法高效的数据交易市场。二是统一机构、行业数据标准，推进政府和制造业龙头企业数据分类开放，夯实数据开放共享的基础。三是加强新技术研发，提高数据安全指数，保障数据交易基础。

二、广西物联网产业发展

随着经济社会数字化转型和智能升级步伐加快，物联网已经成为新型基础设施的重要组成部分。国家“十四五”信息通信行业发展规划将部署移动物联网作为五项重点任务之一，物联网产业在推动数字经济发展、赋能传统产业转型升级方面的作用越来越凸显。广西在物联网产业发展中取得一定成效，但仍存在成果转化数量偏少、产业优势不明显等不足。本文基于广西物联网产业发展现状，提出了打造典型应用场景、推动技术成果转化、构建物联网产业链等建议。

（一）广西物联网产业发展现状

1. 物联网相关政策加速出台

广西物联网的发展起步较早。2014年，《广西推进物联网有序健康发展实施方案》提出“要着力推进物联网研发应用，推进物联网有序健康发展”。2021年，随着物联网应用技术日渐成熟，广西针对智能终端制造、市政设施管理、环境监测、安全监管等具体领域加速推动相关政策文件的出台，发布了《工业和信息化高质量发展“十四五”规划》《数字广西发展“十四五”规划》《广西战略性新兴产业发展“十四五”规划》等政策文件，对窄带物联网、智能物联网等产业做了明确的规划，为物联网发展指明了方向，加快推动物联网技术融合创新发展。

2. 物联网相关产业规模不断扩大

蜂窝物联网终端用户数快速增长。近年来，随着广西物联网技术与各产业融合的不断深入，在政府部门的大力支持下，运营商对物联网加大投入建设，给物联网创新业务的发展提供了良好的机遇，带动了蜂窝物联网终端用户数快速增长。2020年广西蜂窝物联网终端用户数尚且不足千万户，2021年已经突破3000万户，快速缩短与全国主要省份的差距。

“物联网+5G”基础设施快速建设。5G技术的高速率、低延时有效提高了物联网设备信息传输的效率，“物联网+5G”是物联网未来发展的重点支撑。广西在5G基站建设方面积极推动落地，物联网5G基站基本覆盖全区。据统计，广西5G网络基站数从2020年的2.1万座迅速增至2021年的4.3万座，5G相关市场主体从2019年的1200多家发展至2021年的5000多家，增速位居西部省市第一位。

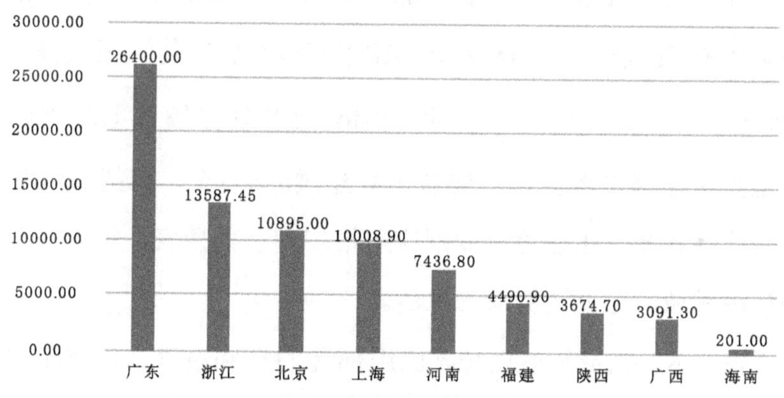

图6-1　2021年全国主要城市物联网终端用户数对比（万）

物联网专利数量快速增长。伴随企业加大对物联网技术的研发投入，广西物联网相关专利呈数量上升、范围扩大的趋势。截至2022年6月，广西涉及物联网技术的相关专利数量为706件，较2020年年底的546条增长了29.3%。专利利用范围扩展到汽车生产、海洋养殖、林业检测、医疗检测等各个方面，助力传统产业数字化转型，为行业发展注入了新活力。

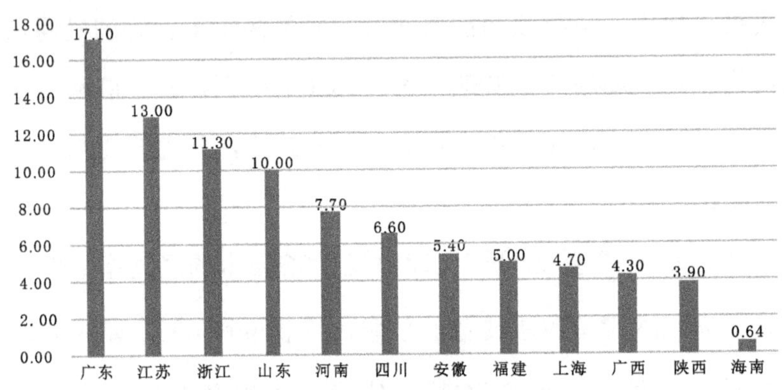

图6-2 全国主要省份5G基站建成数（万个）

3. 物联网相关技术蓬勃发展

铺设窄带物联网NB-IoT，推进物联网应用的普及。NB-IoT在广西建设完成的时间比较早，中国电信广西公司于2018年3月宣告完成对广西城乡的覆盖，广西移动于2018年3月率先在全区正式商用NB-IoT网络。截至2021年9月，广西NB-IoT已实现乡镇以上区域连续覆盖、重点区域深度覆盖，小区覆盖数超过3.8万个，可提供近30亿的物联网连接容量，迅速将物联网应用推广到远程抄表、智能停车、共享经济等领域，方便了群众的生活。

部署IPv6，创造物联网IPv6应用部署的有利条件。IPv6庞大的地址数量、可靠的安全性、良好的移动性等特点有利于更多的物联网传感设备部署到各类生产环境之中，提高物联网技术在复杂生产环境下的服务质量。广西是国内推动IPv6建设的优秀省份，政府率先开展了IPv6改造。截至2021年，广西各级政府门户网站IPv6支持率超过97%，位居全国前列，并入选了国家IPv6技术创新和融合应用试点。随着IPv6改造的推进，改造工作逐步在工业、金融等领域进行，为物联网IPv6应用的部署创造了良好条件。

4. 物联网应用实践助力社会数字化转型

智能交通方面，建设了柳州汽车联网平台、国家货运平台并与车辆进行数据交互，每年至少为新增的8万辆车提供物联网的连接。建成全长约50公里的智能网联城市道路、快速环路，实现了C-V2X（蜂窝车联网）网络全覆盖。建设完成了国家汽车质量检验中心（广西）区域内占地140余亩的智能网联封闭测试场。

智慧文旅方面，推广智慧旅游新模式，建设广西智慧旅游监测平台，以桂林漓江、阳朔、北海银滩、涠洲岛等发展较成熟的景区为重点，部署基于NB-IoT和eMTC（增强机器类通信）技术的安防、环保、城管、消防、节能、物价、交通、应急等监测体系，实现全区景区运行状态的全面、实时、动态监测。

智慧城市方面，推进广西公租房智慧云监管平台建设，在全区12个设区市34个公租房小区安装了10套智慧门禁、5561户智慧门锁，并实现63个公租房小区5G网络/千兆宽带覆盖，实现公租房小区安防、违约取证、到期退出、违规清退等的智能化管理。广西公租房智慧云监管平台入选了工信部2021年全国44个移动物联网应用优秀案例。

新电商方面，推行物联网+新电商试点，在南宁青秀区、良庆区、兴宁区等7个城区建设服务站，完成试点建设及运营。物联网+新电商主要采用全球通用的物网编码对商品进行防伪认证，消费者可通过编码查看原产地等信息，产品认证在技术上杜绝假冒伪劣，解决传统电商难题，为新电商运营注入新活力。

教育方面，组织开展全国首场“1+X物联网智能家居系统集成和应用”职业技能等级证书（高级）师资培训及考试工作，推进物联网技术人才培养工作。

（二）广西物联网产业存在的问题

1. 应用场景不够广泛

目前，广西的数字化项目跟物联网相关的场景融合不够深入。以数字广西建设标杆引领重点示范项目来看，2019—2021年，在全区近500个获奖项目中基于物联网技术开展的项目仅有12项。物联网示范引领项目在广西数字化建设进程中占比较小。从项目领域来看，广西仅1个消防领域的项目入选了2020—2021年度全国物联网关键技术与平台创新类、集成创新与融合应用类项目；仅1个物流领域的项目入选了2021年全国物联网示范项目。显示出广西缺少特征明显的物联网应用场景示范点、产业园区，物联网技术缺少应用场景作为发力点，还难以在各行业中起到技术引领、产业创新的作用。

2. 成果转化数量偏少

近年来，广西出台了《广西壮族自治区促进科技成果转化条例》《广西科学技术奖励办法》等政策。激励政策的出台加速了广西各单位、企业申报科技成果转化，但物联网相关的项目仍偏少。据统计，广西2019—2021年重大科技成果转化项目中，仅15项与物联网相关的项目获得了科技成果转化，占科技成果转化总数的0.5%。2021年共有162项科技成果获得广西科技奖，其中制造业、农业、电子信息产业等适合物联网应用的产业占比超过60%，但使用了物联网技术的科技成果仅有《中继辅助蜂窝网络的安全传输和能效优化研究》《高可信智能电表物联网关键技术及产业化应用》2项。总体上，使用物联网技术的科技成果转化数量仍较少。

3.产业优势不明显

物联网产业链包括感知层、传输层、平台层、应用层四个层级，涉及传感技术、射频识别技术、网络通信技术与数据分析、挖掘技术等多种技术。目前我国已初步形成环渤海、长三角、珠三角和中西部地区四大区域集聚发展的物联网产业空间格局，各产业集聚区相互独立、各有特色。广西处在物联网下游生态链，领头羊企业在广西拉动物联网的应用发展效果不明显，对比先进省份有差距。

比照物联网产业链，广西暂未形成有效的产业集聚，材料、设计、制造、应用的相关企业融通性不足，供需关系不明确，上、中、下游企业未形成产销匹配，暂时没有明显的优势产业链带动物联网技术发展壮大。

表6-1 物联网各领域企业在全国分布情况

发展重点	地区
芯片制造	江苏、上海、北京、四川、重庆、广东
传感器设备	上海、北京、广东、福建、湖北
标签成品	北京、广东、福建、湖北
读写器制造 系统集成	江苏、北京、广东、福建、北京、 江苏、广东、四川、浙江
网路提供与运营服务	北京、上海、广东、江苏、山东
应用示范	北京、上海、广东、江苏、 福建、重庆、湖北、山东

（三）广西加快物联网产业发展建议

1.打造物联网产业典型应用场景

结合广西特色、政策扶持及区内产业布局，打造项目示范先导区、物联网应用示范城市等示范点。利用广西地处粤港澳大湾区与东盟贸易区的地理优势，选定特色产业如制造业、新能源汽车产业、口岸产业等作为典型，发挥物联网产业联盟的引导作用。在项目示范先导区、物联网应用示范城市中开展集成创新与融合服务的示范应用，形成一批典型应用场景，总结共性经验。最终辐射带动物联网产业及相关产业的发展，形成一批物联网创新应用，推动建设广西物联网公共服务平台。

2.推动物联网产业技术成果转化

加速科技成果转化，推动物联网产业链向上下游延伸。一是坚持政府引领+市场驱动的推动模式，推动政策的落实，创造良好经营环境，开展成熟商业模式的应用推广，让市场驱动行业发展。二是推动产学研结合，鼓励企业和高校科研机构在广西充分参与物联网典型场景的创建试点工作，对行业标准的完善和建设起到引领性作用，加速科技成果转化。三是构建数据共享安全和可控环境，落实权属关系，加快数据确权、数据共享权属的研究与制定，推进各行业公共服务相关大数据的安全共享。

3.加快探索形成物联网产业链

一是依托现有产业基础，制定产业规划。结合广西的重点领域（如钢铁、有色金属、港口、制糖等）的发展特点，由政府引导物联网产业链的形成，提供特色化、专业化规划，并以企业为主体推动规划落地。二是围绕龙头企业及关键项目带动发展，在产业规划的基础上，充分调动及整合各个环节资源，引进和培育龙头企业及关键项目，拉动产业集聚，形成产业基地。三是营造良好的营商环境。将物联网相关的招商引资工作重点落在产业集群的培育、发展及升级上，加强基础设施建设力度，优化硬件条件，优化物联网企业办事程序。改善软件条件，为产业集群发展提供良好的环境。

三、“数智能量”赋能西部陆海通道建设

习近平总书记强调，要加快建设数字中国，构建以数据为关键要素的数字经济，推动实体经济和数字经济融合发展。近年来，广西加快实施大数据发展战略，推进数字广西建设，尤其是大力促进数字经济和实体经济融合发展，为西部陆海新通道高质量建设注入了“数智能量”。

（一）广西“数智能量”赋能西部陆海通道建设现状

1. 助力基础设施数字化转型

数字经济正在改变世界各地传统行业的经营方式，尤其是物流和通道基础设施领域。随着数字经济与西部陆海新通道融合持续深入，区内众多实体企业成为数字化转型的先行者，积极主动开展传统基础设施数字化、智能化改造，投资建设新型物流基础设施。北部湾港股份有限公司持续推进智慧港口建设，从自动化集装箱码头建设、集装箱堆场自动化改造、散货自动化堆场建设、港口信息化建设、港口数字化运营（OCC）等方面入手，运用5G、人工智能、大数据、云计算、物联网、区块链等新技术，识别记录关键节点，实现生产经营过程中角色、职责、过程和结果可视、可追溯，为中国乃至全球的集装

箱码头建设贡献了可推广可复制的“北部湾方案”。

2.重构数字通道产业生态

数字通道产业生态通过数字技术和互联网平台，将物流、信息流、资金流、商流等多元化的参与者进行有效连接和整合，形成具有高度互动性、协同性的新型产业生态。当前西部陆海新通道正在重构数字经济与通道经济双向驱动的新生态。以广西为支点，中国—东盟信息港逐渐成为中国和东盟的信息枢纽，用数字互联互通构建“数字丝绸之路”。广西与东盟国家的高校共建北斗联合实验室和电离层观测站，与5个东盟国家开展基于北斗高精度的跨境地质灾害监测系统的示范应用。中国—东盟信息港已经开工建设多个重点项目，并在东盟国家建设了数据中心和海外云计算中心，为西部陆海新通道建设提供重要的市场信息和数据支持，帮助沿线企业更精准地把握市场需求和投资机会，同时优化了供应链管理、提高了物流效率、降低了物流成本，数字通道产业生态逐步形成。

3.集聚高端国际化人才

大数据、云计算、人工智能、区块链等新技术领域的快速发展，对高层次、高技术的人才需求强烈。广西各级政府将数字经济相关高端人才纳入人才引进目录，以提升专业数字经济技术人才的问题解决能力和高技能人才关键技术操作能力为核心，与国内外知名院校、科研院所、龙头企业建立数字经济、大数据实验室，开展数字经济领域人才技能培训认证工作，多渠道提升本地数字经济从业人员的技术和管理水平。积极鼓励现有区内高校加快培养大数据、软件开发、网络信息安全等相关专业人才，培育批量化、高素质的数字经济专业人才队伍。

（二）广西“数智能量”赋能西部陆海新通道措施

为更好地用数字化引领西部陆海新通道高质量建设，推动数字技术与西部陆海新通道建设深度融合，实现数字经济与通道经济双向赋能，广西仍需在三方面持续发力。

1. 建设强大的数字基础设施

应充分利用区域优势投资建设和完善数字基础设施，包括但不限于5G、6G等下一代网络技术和边缘计算、量子计算等新兴技术，助力物流、通信、金融等领域发展，这对西部陆海新通道建设至关重要，也将为广西未来的数字经济发展奠定坚实基础。

2. 优化运营，发展数字化业务

可借助大数据、物联网、云计算等技术优化物流运营，提高物流效率，发展数字物流，如建设物流信息平台，实现货物实时追踪和调度，减少运输成本，提高运输效率。推动数字贸易发展，降低交易成本，为广西的产品和服务提供更多出口机会。

3. 培育新兴产业，推动数字资产无形资产化

应鼓励和支持以数字技术为基础的新兴产业，如人工智能、区块链、大数据分析等，这将为广西经济增长提供新的动力。积极发展数字金融，如移动支付、在线银行等，为居民和企业提供更加便捷的金融服务。政府应制定出台优惠政策，提供财政支持，创造有利于数字经济发展的环境。加快数字资产的无形资产化进程，梳理、整合、构建、打包现有的数字化平台、数据信息、数字化资产，进行无形资产化，助力企业盘活数字资产，做大资产规模。

四、广西重点行业IPv6网站规模部署和应用的对策及建议

“十四五”时期是加快数字化发展、建设网络强国和数字中国的重要战略机遇期，也是我国IPv6实现新的更大发展的关键时期。为贯彻落实习近平总书记关于网络强国的重要思想，中央网信办等3部委联合印发《关于加快推进互联网协议第六版（IPv6）规模部署和应用工作的通知》，明确了主要目标、重点任务和时间表。根据要求，广西积极贯彻落实，加强统筹协调，以创新为核心，以示范为引领，全面推进IPv6规模部署和应用，取得初步成效。本文总结广西重点行业网站IPv6规模部署工作情况，分析存在的关键环节不畅、终端支持不足和应用程度不深等问题，提出加强引导、共同推进和拓展改造深度等对策建议，为加快规模部署和融合应用，实现整体转换提供参考。

（一）广西重点行业网站IPv6规模部署成效初显

我国IPv6整体发展呈现加速态势，从“通路”到“通车”，从“能用”到“好用”，流量规模大幅提升，应用生态持续完善，融合能力不断增强，基本形成应用驱动、协同创新的良性发展格局。在此形势下，广西主动把握机遇，按照有关工作部署，全面开展基于IPv6的下一代互联网建设，加快推进全区重点行业网站IPv6规模部署，取得初步成效。

稳步推进IPv6升级改造。以重点行业网站IPv6升级改造和创新应用为主线，以政府、新闻媒体和金融等重点行业示范带动为引领，逐级推动重点行业网站IPv6升级改造，大力推进规模部署和应用。截至2021年12月，广西各级政府门户网站IPv6升级改造已基本完成，

IPv6支持率为97.02%，全国排名位居前列；重点行业门户网站改造正有序推进，IPv6支持率为87.71%，全国排名第十九位，其中，政府、金融行业支持率均超过97%。

构建统一IPv6转换系统和评测体系。一是建成广西政府网站集约化平台IPv6协议转换系统，为全区政府集约化网站和政务服务应用提供统一的IPv6协议转换服务和网络安全保障，有效提高了网站和应用的IPv6支持率。基于广西政府网站IPv6改造模式，开展应用创新、服务创新和管理创新，规划设计面向全区党政机关、企事业单位（含学校、医院、银行等）的“统一IPv6智能联通中心”，形成可复制推广的“广西经验”。该中心作为广西唯一的重点行业IPv6融合应用项目，入选中央网信办等12部门组织开展的IPv6技术创新和融合应用试点工作名单。截至2021年年底，广西政府网站集约化平台IPv6协议转换系统对接的政府网站和应用数量超过450个。二是建成“IPv6支持度评测体系”，全面掌握重点行业网站IPv6升级改造和规模部署工作进展，实时监测和科学评估运行质量，提供技术咨询服务，引导技术应用和创新发展。该项目被评为2021年国家IPv6规模部署和应用优秀案例。

（二）广西重点行业IPv6改造存在的问题

就目前情况看，广西重点行业网站IPv6改造存在几个方面的问题，制约了规模部署和应用工作的推进。

1.关键环节不畅

受限于资金和人员投入不平衡、改造技术路线选择不合理等因素，重点行业网站IPv6改造工作的规划和实施未能齐头并进，导致改造工作推进缓慢，网站群规模还不大。同时，网站改造面临的“外链问题”未能从根本上解决。

2. 终端支持不足

由于各行业各部门的网络和终端设备IPv6支持率较低，大部分网络终端设备不支持IPv6/IPv4双栈协议，网络通道的“最后一公里”未完全打通，影响网站升级改造，限制网络正常访问。

3. 应用程度不深

网站改造难点主要集中在应用支撑系统层面，存在工作难、成本高、风险大等问题，部分行业持畏难心理，导致部署改造工作不到位，网站二、三级等深层次链接不支持IPv6，以及“天窗问题”未能解决，造成部分网站IPv6支持不全面，应用系统IPv6改造不深入。

（三）对策及建议

为加快IPv6规模部署和融合应用，实现全业务全功能支持IPv6，提高IPv6用户规模，带动IPv6流量提升，完成IPv6整体转换，提出以下几个方面建议：

1. 推动重点行业网络和终端设备更新迭代，强化设备对IPv6的支持能力。贯彻深入推进IPv6规模部署的政策指导和标准引领，准确掌握重点行业IPv6部署成本、改造方案、人力投入、改造周期等情况底数，瞄准难点堵点、精准发力、补齐短板。做好IPv6网络改造的规划设计，落实细化IPv6网络改造的实施方案，加快推进网络和终端设备的升级改造和替换工作，使办公设备、智能终端设备均支持

IPv6/IPv4双栈协议，提升网络和设备的IPv6支持度。推动网络安全保障系统的改造升级，提高IPv6环境下漏洞监测发现与处置能力；加强IPv6环境下网络安全管理和个人信息保护，提升IPv6网络安全综合防护能力。从而彻底解决网站和用户接入IPv6的“最后一公里”障碍问题。

2. 构建统一IPv6智能联通中心，推进重点行业网站IPv6规模化部署。复制广西政府网站集约化平台IPv6协议转换系统的成功经验，构建统一IPv6智能联通中心，为政府、新闻媒体、国有企业、金融、教育等重点行业网站提供统一的网站接入、网站IPv6改造和安全保障服务，从而快速实现全区重点行业网站IPv6规模化部署，以及网站IPv6改造“零成本”，有效解决网站IPv6改造面临的“天窗问题”和“外链问题”。以点带面、以标治本，在有效提高IPv6用户规模，带动IPv6流量提升的同时，实现IPv4网站向IPv6网站的无感平稳过渡，为广西重点行业网站和应用IPv6的深度改造节约时间成本，为全领域全行业的应用服务体系整体向IPv6迁移起到加速器的作用。

3. 加强引导、共同推进重点行业网站IPv6规模化部署。自治区网信办、自治区大数据发展局统筹部署和共同推进，厘清全区重点行业网站的底数和IPv6改造完成情况，加强对全区网站IPv6改造工作的指导，明确IPv6改造实施范围。一是组织协调暂无条件开展IPv6改造的重点行业网站接入统一IPv6智能联通平台，快速实现网站的IPv6改造和部署。二是鼓励有条件的各行业各部门先行先试，加强政策引领和资金保障，聚焦行业专网和特色应用，开展数据中心、数据中台、云服务平台、应用平台的IPv6/IPv4双栈、IPv6单栈的深度改造，提升互联网IPv6应用深度，实现全业务全功能支持IPv6访问。三是建立健全量化考核、监管评估机制，将网站的IPv6改造完成情况纳入常态化监管，加强对网站IPv6联通性监测、定期检查评估。

4. 拓展网站IPv6改造深度，推动重点行业IPv6融合应用。以全面推进IPv6融合应用为主线，以构建IPv6网站群生态体系为重点，深度挖掘重点行业网站IPv6改造潜能，推进支持IPv6的主流数据库、中间件、程序开发软件和办公软件的实践和应用，探索IPv6融合应用创新技术，加快网站应用支撑系统的深度改造步伐。以IPv6技术创新和融合应用（广西）试点为契机，聚合重点行业的资源优势，打通用户—网站—应用之间的互联障碍，加强IPv6融合应用成功经验和创新技术推广，实现重点行业网站从端到端能用向好用转变、从表层改造向深度支持转变，从用户数量向使用质量转变、从外部推动向内生驱动转变，全面提升IPv6规模部署水平。

第七章　广西公共服务数字化

当今世界正处于百年未有之大变局，新冠肺炎疫情影响广泛深远，逆全球化和贸易保护主义抬头，全球治理体系深刻调整，数字经济成为引领经济社会发展的重要引擎。党的十九届五中全会明确提出要加快数字化发展，建设数字中国。2021年3月，中共中央政治局就推进国家治理体系和治理能力现代化进行第三十四次集体学习时强调，要加快数字经济、数字社会、数字政府建设，以数字化转型整体驱动生产方式、生活方式和治理方式变革。数字治理是实现国家治理体系和治理能力现代化的重要途径。我国政府在数字化转型方面取得了巨大成就，但在数字经济发展方面仍有很大空间。广西作为我国西南边疆地区、西部地区和东盟国家的交汇点，必须抢抓发展机遇，推进广西数字治理能力与经济社会高质量发展相适应，为服务国家发展战略、加快建设壮美广西提供坚强支撑。

一、广西公共服务数字化现状

（一）数字政务水平显著提升

1. 电子政务云网体系基本建成

广西电子政务外网五级纵向覆盖率100%、横向接入率76.3%，全区非涉密业务专网迁移打通率、非涉密信息系统迁移上云率达99%，政务服务事项对接完成率95.07%。初步建成“1+N+14”架构的物理分散、逻辑集中的壮美广西·政务云，形成“一云承载”新体系。建成自治区级电子政务外网云计算数据中心，积极建设来宾灾备数据中心，统一承载壮美广西·政务云（“1”）和壮美广西（“N”）·行业云。同时14个设区市加快推进市级政务数据中心和壮美广西·市云（“14”）的统筹建设。

2.政务服务体验不断优化

广西数字政务一体化平台贯通自治区、市、县、乡、村五级，汇聚政务服务事项80万项，41万个事项实现“网上办”，30万个事项、541个高频便民服务应用实现“指尖办”，网上可办率达99.7%。移动政务服务能力显著提升，“广西政务App”以及“壮掌桂”政务服务小程序开发上线，手机移动端应用达591个，超过28.3万个政务服务事项、591个便民服务应用实现“掌上办理”。广西在2021年中国软件评测中心发布的《省级移动政务服务能力调查评估报告》中综合排名全国第六[①]，自治区政府网站在工信部主办的2021年数字政府服务能力评估排名全国第三[②]，创历史新高。全区行政审批事项提速率达到74.95%、最多跑一次事项占比99.75%，办件好评率超过99.9%。广西市场监管局全面实现“1套材料、6个事项、0.5个工作日、零成本”完成企业开办，便利程度居全国前列，2021年全区新登记企业全程电子化率达83.64%；新建商品房转移登记平均办结时限从233小时缩短至0.5个小时，该项信息化技术保持全国前列。2020年国务院办公厅将广西“简易办”改革作为政务服务典型案例向全国推广。

①来源：中国软件评测中心

②来源：广西日报

3.“跨省通办”能力持续推进

2021年，全区开展政务服务“简易办”改革冲刺年活动，220项高频政务服务事项实现“跨省办”“简易办”，《广西“三个三”强力推进“跨省通办”着力提升企业群众办事便利度》信息稿被国办列入简报印发，广西推进道路运输事项“跨省通办”办理成功率全国第一，被10月24日中央电视台新闻联播节目报道，“不动产登记跨省通办”等工作成果获得国务院领导的采纳性批示以及行业顶尖专家做出的“居于国内领先水平”的高度评价。依托全国一体化政务服务平台，广西已开通了广西区内城市和区外城市188个“跨省通办”专区，2021年全区成功为群众办成了10万多件“跨省通办”事项。广西加入了十二省区政务服务“跨省通办”联盟、泛珠三角区域九省（区）政务服务“跨省通办”联盟，全区14个市分别与12省（区）40个市开展点对点“跨省通办”，实现广西的2595项高频政务服务事项在外省可办，外省的4987项高频政务服务事项在广西可办①。

（二）社会数字服务更加普适

1.“互联网+医疗”取得显著成效

医疗信息系统能力持续升级，全区积极开展医院主体自身信息系统升级，已有多家互联网医院落地，并开展互联网线上诊疗等服务，南宁积极拓展“互联网+医疗服务”和智慧医院服务，实现线上问诊线下服务；积极推进医院间信息共享，桂林正针对区内三级、二级医院统筹推进“一卡通用”建设。积极探索智慧医疗服务创新。当前，全区电子健康档案覆盖已超过4200万人②，居民持有电子健康卡，可

①来源：广西交通新闻中心

②来源：广西壮族自治区信息中心《数字广西支撑经济社会新进步》

实现区域内医疗机构的看病就医挂号缴费、办理看病就医手续、享受基层基本公共卫生服务、家庭医生签约服务、信息查询等各类医疗健康业务。与此同时，广西审慎探索医疗健康大数据资源开发应用，正面向公立医疗机构和业务系统开展数据汇聚与应用挖掘等工作，其中南宁市已完成全市首批医疗机构103个业务系统的全量数据采集汇聚、标准化入库工作[①]。

2. “互联网+教育”实现规模服务

广西教育信息化基础环境显著改善。截至2021年6月，全区中小学（含教学点）宽带网络接入率达到100%，多媒体教室实现学校100%全覆盖[②]。广西数字教学资源日益丰富，完成国家教育资源公共服务平台本地化部署，为全区义务教育学校提供17个学科122个品种的数字教材及其配套资源。疫情防控期间，组织空中课堂，保障中小学“停课不停学”，并组织1513名优秀教师录制2095节“空中课堂”课例，仅百天网络点击量达15.2亿次。网络扶智行动取得积极进展，自治区积极推进5G+4K/8K超高清制播体系建设，打造智慧教育应用示范工程，成功入围国家发改委新基建终审环节，最终排名第二。《广西推进中小学“三个课堂”建设与应用实施方案》《广西中小学“三个课堂”建设指南》等政策逐步落实，截至2021年6月底，柳州市、兴业县、都安瑶族自治县和平乐县等开展“同步课堂”规模化建设取得显著进展，各地线上教育常态化应用正有序推进。继续教育方面，广西道路运输驾驶员继续教育免费网络远程教育平台启用以来，

---

①来源：广西壮族自治区信息中心《数字广西发展报告(2021年)》
②来源：广西壮族自治区信息中心《数字广西发展报告(2021年)》

已减轻道路运输驾驶员负担超过135亿元，被交通运输部列为全国5个试点省份之一，试点使用量全国排名第一[①]。

3.智慧康养模式不断创新

广西“慧康养”养老产业平台正式上线运行，平台以“免费建设+持续运营”为建设模式，全面助力建设居家和社区机构相协调、医养和康养相结合的养老服务体系，努力实现全区各养老机构、60岁以上老人高频办事的服务场景实现“监管+服务”。区内各地市积极推动养老事业多元化多样化发展。河池依托巴马康养生态基地，聚集一大批大健康、生态型产业，并围绕养生、养心、养慧、养志，积极推进数字技术相关服务。来宾兴宾区通过线上养老服务平台，构建“虚拟养老院”，以线上线下相结合的方式为老年人提供全方位服务。南宁市建成智慧养老服务平台，提供居家养老看护、社区养老服务等应用。桂林市构建了“互联网+养老”智慧养老云平台，推出居家养老政府买单模式。梧州市“云家庭”服务平台已建立精准的老年人电子档案，为老人送去线上关怀服务超24万次[②]。

4.智慧社保实现全域覆盖

广西实现社保信息系统六级全覆盖，建成全区人力资源和社会保障系统业务网络，向上与人社部实现双线路连接，向下与14个地市及区本级各节点实现联网，同时，首创“数字人社”村级就业社保服务平台，已覆盖14268个自然村[③]，真正实现“部、自治区、市、县

①来源：自治区道路运输发展中心《广西道路运输发展中心荣获交通运输部“2021年度交通运输法治政府部门建设通报表扬的基层集体”荣誉称号》

②来源：广西壮族自治区信息中心《数字广西发展报告(2021年)》

③来源：广西壮族自治区信息中心《数字广西发展报告(2021年)》

（区）、乡镇（街道）、村”六级全覆盖，并成为广西的一张特色名片。积极拥抱新兴技术，有效提升人社公共服务水平。当前，全区就业社保平台可满足人们足不出户办理社保就业信息查询、生存认证等业务，大量“一网通办、一事通办、异地通办”等公共服务不断革新。与此同时，建成12333电话咨询服务平台，率先推行智能机器人服务，为群众办事提供规范化、智能化的业务咨询和引导服务。此外，全国人社系统首个“区块链+人社”综合应用平台，南宁市“区块链+人社”应用平台正式发布，切实解决人力资源与社保“取证难、示证难、认证难、存证难”等问题。

（三）数字城乡融合发展再提速

“六市一区一县”新型智慧城市建设取得明显成效。新型智慧城市应用服务创新成果涌现。“爱南宁”App注册用户数达到南宁常住人口的78%，为广大居民提供各种智慧生活服务，基本实现“一码玩转南宁”。贵港市依托“数字贵港”建设，打造大数据平台、数据开放平台、云计算中心和智慧城市管理中心，实现公共服务高效赋能。柳州市打造一站式公共服务平台“龙城市民云”，有力推动公共服务的新业态、新模式发展。新型智慧城市建设荣获诸多奖项，贵港市全市25621项事项可在App上办理①，并连续三年入选“中欧绿色智慧城市优秀案例”城市。南宁市致力打造面向东盟的科技创新高地，2019年在“中欧绿色智慧城市优秀案例”评选中获评荣誉城市，同期作为国内唯一受邀的城市亮相第十三届东亚峰会智慧城市展，南宁不断将其新型智慧城市建设成果惠及更多市民和企业。

①来源：《数字广西发展报告(2021年)》

二、广西公共数据开放问题研究

随着数据要素市场化改革的深入推进，广西积极推动公共数据开放，实现开放数据总量快速提升，为数字经济发展奠定坚实的数据基础。但在公共数据开放与利用过程中，广西仍存在开放理念待强化、数据质量待提升、应用成效待深化等问题。有必要以需求侧的实际场景数据需求为牵引，依托隐私计算、数据沙箱、区块链等技术深入推动公共数据安全有序开放，不断提升公共数据开放质量，促进数据创新融合应用，助力数字广西建设迈上新台阶。

（一）广西公共数据开放取得显著成效

1. 公共数据“聚”的质量提升明显

广西统一建设了广西公共数据开放平台（简称“平台”），用于汇聚各部门各地市可开放的公共数据，并实现量质齐提升。从开放数据总量看，截至2022年6月，平台接入88个自治区级部门，14个市、86个县（区）共616个单位，汇聚公共数据资源目录6339个、接口资源561个、库表资源5992个、结构化数据5.49亿条、开放文件3.66万个。与2021年末相比，公共数据资源目录、接口、库表等数量的增速都超过12%（图7-1）。从开放数据可用性看，用于数据分析和应用的结构化数据占比从2021年年末的82.96%提升至2022年6月的96.89%，半年增速超过13%，表明广西公共数据在开放数量增加的同时，也实现质的有效提升。从第三方评估结果看，《中国开放数林指数》系列报告显示，自平台上线以来，广西数据层指数和综合指数呈增长态势，其中数据层指数从2020年的17.6增至2021年的21.23，表明广西在数据数量、数据质量、数据规范、开放范围等方面取得良好成效（图7-2）。

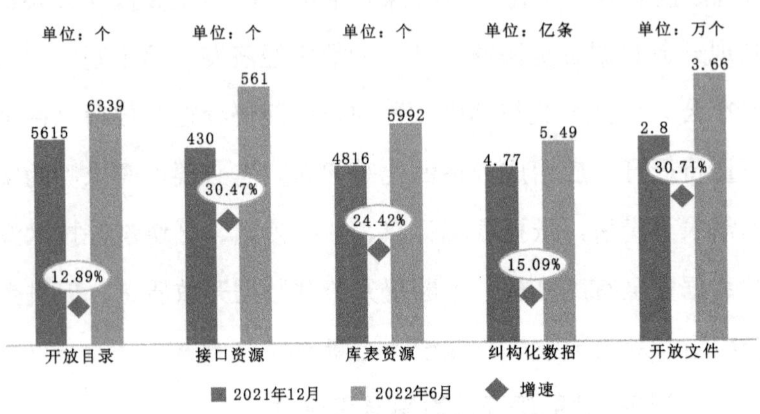

图7-1 广西公共数据开放数量及增速

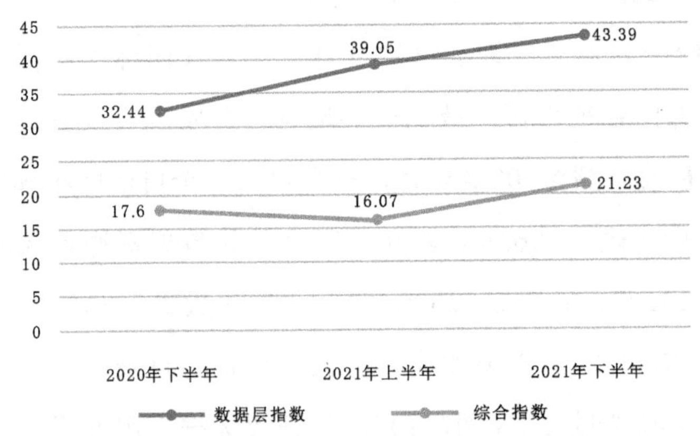

图7-2 中国开放数林指数（广西）相关指数趋势

2. 公共数据“用”的成果丰富多样

公共数据开放的目的在于挖掘数据资源价值，促进数据资源的社会化利用。目前广西通过举办广西公共数据应用开放大赛等推动公共数据开发利用取得积极成效。一方面，公共数据应用成果数取得新飞跃。平台上“应用成果”专区数据显示，目前已形成爱南宁、乐游南宁、爱广西等140个创新应用成果，涉及移动应用、web应用、分析报告、小程序、创新方案等，覆盖了城建住房、生活服务、财税金融等16个领域（图7-3），另一方面，公共数据使用量取得新突破。赛事举办和应用增加带动公共数据使用量快速提升，截至2022年6月，平台累计访问量超过1099万次，文件资源被下载逾11.49万次，接口资源被调用近119.9万次，相比2021年年末，平台累计访问量增长了292.5%，文件资源累计下载量增长了53.2%。

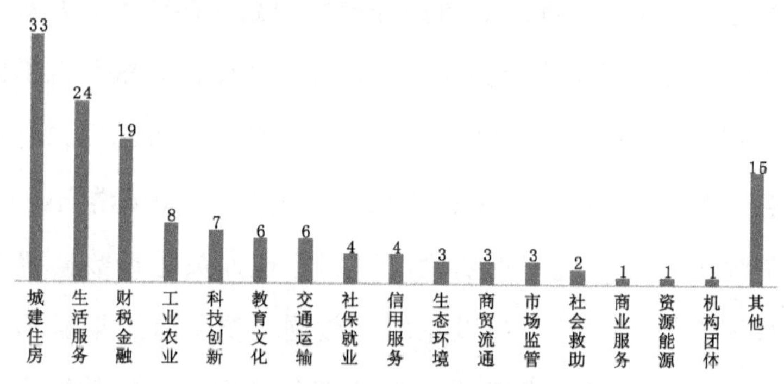

图7-3　各领域公共数据应用成果数量分布

3.公共数据“评”的成效名列前茅

在国家权威机构开展的相关测评中，广西公共数据开放水平位居前列。2022年1月，复旦大学和国家信息中心数字中国研究院联合发布的《中国地方政府数据开放报告》显示，广西“开放数林”指数为32.44，在全国省级政府数据开放综合排名中位居第十位，在西部省份中排名第三位。对比各地省级公共数据开放平台数据汇聚情况，广西开放数据总量位列全国第八。其中，开放目录数量在全国排名第四，西部第一；开放数据量仅次于四川省，位列西部第二。

（二）广西公共数据高质量“聚用”面临的问题

1. 开放理念有待强化

广西一些拥有公共数据的部门的开放理念尚未达成共识，开放主动性不强，存在“不敢开、不愿开、不会开”的现象。一是出于风险考虑而不敢开放数据。随着《数据安全法》《个人信息保护法》等法律生效实施，广西拥有公共数据的部门因为担心在数据开放、使用与分析过程中存在敏感数据泄露风险而不敢开放数据。二是出于路径依赖而不愿开放数据。广西少数政府部门习惯于因循固有工作模式，私有化理念仍然存在，各部门对数据开放后的数据存储、数据安全、数据确权等权责问题无法清晰界定，导致没有“硬性要求”就不愿开放数据。三是出于管理边界不清晰而不会开放数据。各部门原有政务信息系统主要建在部门内部，采集的数据格式不统一、标准不一致，加上数据资源相关管理规则不明确，数据管理人员进行数据整合、清洗、比对等工作短时间内难以完成。数据资源普查结果显示，全区80%以上部门的数据资源仍存在底数不清的情况，导致数据开放工作无法有效推进。

2. 汇聚质量有待提升

广西公共数据虽然汇聚数量快速提升，但仍面临“质量不高、鲜活度低、形式开放”等问题。一是开放数据的质量不够高。从数据完整性看，截至2022年6月，开放方式为“数据集”的数据目录中，信息项为空或仅有1条的占比为4.44%，信息项的完整率需要继续提升。从数据可用性看，虽然结构化数据集占比率已达到96.58%，但仍有1.85%的目录资源可继续整理为库表、接口等结构化类型资源。从数据规范性看，存在少数数据目录未按照目录编制要求对信息项用中文命名或未标明具体年份时间信息等。二是开放数据鲜活度不够高。通过对数据目录中的“数据集”“文件集”的更新情况进行分析，截至2022年6月，约9.39%的非API（接口）数据目录没有按照更新频率更新数据，其中超过1年未更新数据的比例达0.41%。由于数据的更新不及时使得数据鲜活度下降、数据可开发利用价值逐渐降低。三是部分数据存在“形式开放”现象。广西开放数据的总量虽然较大，但涉及核心业务办理、社会公众迫切需求的数据较少，实用性较强的公共数据开放程度不足，优化营商环境急需的水、电、气等数据汇聚几乎仍是空白，数据集和数据质量无法满足社会日益增长的需求。

3.数据应用有待深化

广西基于数据开放形成的成果数量虽然较多，但精品应用少，利用水平、成果展示、促进措施等仍待完善。一是广西公共数据利用水平不高。《中国开放数林指数》相关报告显示，2021年，广西公共数据开放利用层指数仅为3.60，全国排名第十二位，与部分先进省市存在较大差距。二是广西各地市数据利用成果展示差异较大。对各地市平台上的应用成果数进行统计，贺州市表现抢眼，该市平台上展示了15项应用成果，而百色市平台上尚未对有效成果进行展示。三是数据应用领域有待探索。目前应用成果主要集中在城建住房、生活服务、财税金融等领域，市场监管、商业服务、资源能源等领域的应用数还很有限。四是数据开发利用的促进措施还不完善。目前仅在自治区层面举办了一届公共数据开放大赛，常态化的公共数据开发应用激励措施尚未形成。

（三）广西公共数据开放对策建议

1.深化公共数据开放理念，激发“聚”的动能

以全面推动广西数据要素市场化改革为契机，在技术、方法、制

度等方面持续推进公共数据开放宣传工作，深化开放理念。一是以新技术激发公共数据开放意愿。加快打造全区统一的公共数据资源平台，使用隐私计算、数据沙箱、区块链等技术构建可信的计算环境，降低敏感公共数据开放理念风险，促进数据拥有部门敢于开放数据。二是以新方法加强公共数据开放宣传。强化公共数据开放服务社会民生发展理念，在政府网站、微信、微博、短视频、直播等新媒体平台上加强对公共数据开放宣传，支持在各数据拥有部门开展公共数据开放讲座，让公共数据开放理念深入各部门，提高公共数据开放意愿。三是以新制度推进公共数据开放培训。完善公共数据开放相关政策和标准，加快出台广西数据条例，推动定期开展全区性的数据开放和数据治理培训。支持各单位成立数据要素使用小组，组织开展数据开放专班教育，深化数据开放意识，提高公共数据开放工作能力。

2. 深化公共数据督查机制，提高“聚”的质量

建立并完善公共数据开放的长效督查机制，以监管促进各级各部门提升公共数据开放的种类、数量和质量。一是不断优化公共数据开放目录。进一步完善数据治理和审核机制，加强对当前数据开放目录的梳理和清洗，推动利用新技术用活开放目录中的文件、表格等“死数据”，实现文件、表格、图像等非结构化数据向库表、接口等结构化数据转化。二是持续强化对高价值数据进行监管。宣传数据更新意识，推动各部门按照更新频率及时更新数据。优化完善数据开放平台功能，告警提示超时未更新的数据目录等。三是持续完善数据开放评价体系。更新和完善广西数据开放评价指标体系，持续开展公共数据开放水平动态评估，对出现异常的指标及时进行回溯分析，定期发布公共数据开放指数报告，以评促改推动提高公共数据质量。

3.深化公共数据应用驱动，提升“用”的成效

完善公共数据供需流程，以应用需求驱动公共数据高质量开放，提升数据使用效能。一是强化应用创新，拓展应用场景。持续举办公共数据开放大赛，以赛促用，培育公共数据应用新场景；以用促聚，推动各类公共数据开放。持续开展应用场景调研，以新场景为牵引，不断依托新技术将高价值数据开放给社会使用。二是完善专题数据，促进数据融合。根据应用场景，分阶段建设不同行业的数据专区，以及疫情防控、热点专题等数据专区，面向政府和社会提供数据服务。鼓励企业深入开展特定领域的数据汇聚融合、清洗加工、挖掘分析等。建设重点领域大数据联合实验室试点，打通产学研用资源，积极探索多源数据融合，形成数据应用场景落地。鼓励公共数据使用单位展示优秀应用成果，提升成果影响力。三是探索数据交易，释放数据价值。完善公共数据开放利用配套制度，探索开展数据交易，引导公共服务企业参与数据开放，鼓励企业依法依规对自有不涉密数据进行开放共享和商业化运营，推动政府数据、企业数据、社会数据和互联网数据深度融合创新，以数据流通充分释放公共数据价值。

第八章　广西数字化治理能力

一、广西数字化治理研究

近年来，广西深入贯彻落实党中央、国务院关于数字经济发展的一系列重大决策部署，坚持以数字技术赋能社会治理，加快推进数字经济和数字社会建设。

（一）广西数字化治理现状

1. 数字监管模式不断创新

“互联网+监管”持续完善。全区“互联网+监管”平台加速建设，已覆盖全区14个通用监管系统，涵盖40多家行业监管系统，汇聚监管数据共7751.4万条，同步建设移动监管App，实现全区监管手段标准化、数字化、移动化。国家系统对接数据走廊加速打通，广西是“互联网+监管”国家试点省份之一，已完成与国家“互联网+监管”系统数据对接，成为首批正式接入国家信息系统的省份。在全国率先出台《加强网络交易监管构建线上线下一体化监管新格局工作方案》，建立3项机制，形成线上线下全覆盖，各业务领域分工协作、齐抓共管的网络交易监管格局，得到市场监管总局肯定。

信用监管持续深化。先后建成壮美广西·政务云、数据共享交换平台和“互联网+监管”平台，为实现信用监管全面赋能打下坚实基础。企业“画像”助力风险监测。贺州市场监管系统共归集涉企信息7554条，其中行政许可6665条，行政处罚889条，为后续监测和失信企业整治打下基础。信用监管范围全面扩大。南宁市基于区块链、大数据等技术构建了面向政府部门、金融机构、公共事业单位、行业协会以及社会公众的信用共享平台，搭建了以“一网三库”为核心内容的一体化公共信用基础数据库及服务平台，实现公共信用信息互联互通，已与33474个市场主体签订事前信用承诺书，力争实现监管全覆盖。

“非现场监管”应用加速推广。目前南宁、贵港等市利用区块链、人工智能、物联网等数字技术打造“非现场监管”场景。南宁市建设“食安八桂”监管App、城市道路主干道和特色商圈户外广告牌电子银屏监测系统、智慧农贸市场综合管理平台等系统，提升了“非现场监管”能力。贵港市“非现场监管”系统已完成与自治区应急厅、交通运输厅非现场监管系统的接入工作，目前已接入视频资源10546路。

2. 安全应急治理能力显著提升

公共安全智能防控体系初显成效。可视化指挥实现多方位覆盖，广西建设警务指挥“一张图”，涵盖100余个基础图层和各类专业应用图层，实现了指挥调度资源在地图上的精确定位和对人、地、事、物、组织的“一键式”管理。各区市智能化技防体系建设快速推进，环桂、环市、环县及边境道路技术防控网，各行业视频监控网，物联社会治安管控网基本建成，其中桂林市三年来“天网”工程建设成效显著，新增14000个公共区域高清视频监控探头、高清智能卡口127套、高清视频卡口1400套、人脸卡口1100套，极大提高了公共安全防控能力和打击犯罪效率。

安全生产智能监管系统持续建设。广西以“双重预防体系”为抓手，大力推进大数据普及应用，在危险化学品、工贸、非煤矿山等领域实现全链条安全生产监管。建成广西安全生产综合应用系统，截至2021年9月，该系统纳入管理危化企业2986家，重大危险源企业115家、非煤矿山企业1166家、烟花爆竹企业699家、工贸企业5751家，对重点监管企业的危险化学品温度、压力、液位、气体浓度、视频监控信息开展智能分析研判，依据风险等级开展重点监管的工作模式初步形成。梧州市建成全区首个气瓶安全监管追溯管理服务平台，累计监控智能化气瓶31万只，实现气瓶的使用登记、检验检测、充装、储存、流通、报废等全生命周期精准监管。

数字化应急防控体系逐步完善。广西应急预警能力稳步提升，广西应急广播云平台连同全区57个县级应急广播系统共同构成了广西应急广播体系，共覆盖669个乡镇、8106个行政村（社区），覆盖2464万人，纵向实现自治区、市、县、乡、村五级应急广播垂直播发，横向可实现与应急、气象、地震、水利等政府部门信息发布系统的互联互通。灾后调度信息化水平提升，应急管理“一张图”平台建设完成，汇集气象、水利、自然资源等9个部门单位及14个设区市的共293类、约5.9亿条数据，实现应急管理信息图上分析、图上会商、图上调度，并在多次防灾减灾救灾工作中发挥了重要实效。全区森林火灾火点识别、火情监测和处置信息化支撑不断完善，森林火灾防治、陆生野生动植物疫情疫病防治，林业有害生物防治智能监管水平不断提升。

数字抗疫全区联动扎实推进。疫情期间广西将大数据技术等科技手段全链条、全周期融入社会治理中，构建了覆盖全区的“一库多应用”（疫情综合数据库、桂战疫、桂核酸、数战疫、桂人助、广西健康码、广西免疫规划信息系统等）新冠肺炎疫情大数据分析体系，实现政府防控和公众自助的疫情数据流程“双闭环”。截至2021年11月3日，广西健康码信息系统已稳定运行超过20个月，开放应用生态圈累计接入26个平台和服务端，累计注册人数超过4500万人，累计亮码超33亿次，访问量超30亿次，有效、高效支撑全区的疫情防控工作[①]。2021年年底八桂药店智慧监管系统正式上线，充分发挥零售药店在疫情防控上的“哨点”作用，为流调提供精准的靶向信息。

3. 生态环境治理水平持续优化

生态监测信息化能力全面提升。自治区、市、县三级生态环境监测架构确立，初步实现空气环境质量监测、水质监测、近岸海域环境监测、森林资源监测等11项统计数据开放共享，配套的生态监测网络同步建成。广西空气质量预报预警系统、广西水环境自动监测系统、广西土壤监测管理系统、广西森林资源动态监管平台等生态监测信息系统持续完善，实现生态质量监测的科学化、标准化、合理化及规范化管理，为生态治理和政府决策提供准确有效的数据支持。截至2020年年底，广西固定污染源自动监测数据传输有效率已达99.40%，位列全国第五[②]。生态管理平台建设持续升级。自治区河湖长制智慧监管平台上线，包括“移动巡查、公众监督、云端管理”等功能，实现河长会议成员单位有关水资源、水安全、水污染、水环境、水生态、水域岸线、执法监管等监控信息数据资源的共建共享。数字漓江

①来源：广西壮族自治区大数据发展局
②来源：《数字广西发展报告(2021年)》

5G融合生态保护利用综合平台是全区唯一一个获得2021年度新基建中央专项资金的项目①。截至2021年11月底，全区已完成2轮次重点河湖卫星遥感监测，整治河湖“四乱”问题1804个。广西土壤污染源头精准监管系统实现全区重点危险废物无害化处置24小时监控，信息自动存储60天，有效规范企业行为。广西森林资源动态监管平台为森林资源监管保护提供了强力的数字化支撑，实现了从人工监测到智能监测的转变，大大提高了森林资源监管和保护的质量和效率。

生态监管执法信息化进一步深化。2021年广西累计通过自动监控、视频监控、用电（用能）监控、遥感、走航车、无人机等手段开展随机抽查732次，打造“执法终端+指挥中心+专家会商+数据融合+无人机侦查+应急联动”的生态环境监管执法新模式。联合执法“跨区域”，贺州市与梧州市同广东肇庆水利部门依托信息化手段，每年定期组织开展联合执法行动，加大交界河道水利执法协作力度，实现水利治理的跨区域执法。全区森林草原湿地资源监管执法信息化进一步深化，林业部门依托信息化手段，对破坏森林草原湿地资源的行为实行周期性监测，实现森林草原湿地治理高效执法，有效保护了全区森林草原湿地资源。

4.数字经济安全体系不断健全

数据安全保障能力有效提升。一云承载、一网通达、一池共享、一机通办、一体安全的“五个一”政务数据治理模式基本形成，实现数据全生命周期安全治理。数据安全前沿技术应用积极布局，2021年广西建成量子通信试验平台，量子密钥分发网络和传输加密网络在南

①来源：《桂林市数字广西建设工作总结》

宁覆盖总里程达35公里，量子密钥系统日均成码率最高达33.21kpbs，日平均值8.5kpbs，满足用户站点量子密钥需求。截至2021年6月底，全区量子通信试验平台传输数据总量约3400GB，日均数据量约21.6GB[①]，有效提升广西政务数据安全保障能力。防城港市2021年实现全年重大网络信息安全和数据安全事件零发生，电子政务外网合规性检查合格率87.4%，政务云合规性检查合格率97.6%[②]。

网络安全体系逐渐完善。广西创新构建“一批网络安全项目相继落地”“一池数据互联互通”“一批人才融数赋能”“一个生态雏形初显”的“四个一”网络安全发展体系。自主开发及实施了广西数字政务一体化平台安全管理系统、广西政府网站集约化平台安全态势感知系统、广西电子政务外网、数字广投系统迁云等多个网络安全系统重大项目，同时南宁、柳州、来宾等地市挂牌成立网络安全运营中心，稳步扩大广西网络安全区域覆盖面。国内首个国家级、国际型网络安全技术交流和人才培训基地中国—东盟网络安全交流培训中心建成运营，累计培养了超1.5万名数字化人才，为中国及东盟国家网络安全领域输送人才超2万人[③]。中国东信安全隐私号平台，在出行、外卖、快递、中介等多个行业，为多家互联网头部企业提供用户号码隐私保护服务，是目前业内承载容量、呼叫量“双领先”的通信安全管控平台。

（二）广西数字化治理存在的问题

①来源：《数字广西发展报告（2021年）》
②来源：防城港市大数据和行政审批局
③来源：国务院国有资产监督管理委员会《广西探索构建“四个一”网络安全发展新体系》

尽管广西在数字治理方面取得了一定的成效，但也存在一些问题和不足：

1. 数字基础设施建设仍需完善

5G网络覆盖存在不平衡问题。截至2020年年底，广西已开通5G基站26486个，在用基站数量与全国平均水平相比差距较大，远低于广东（38673个）和江苏（52572个）。2020年上半年，广西移动、电信和联通三大运营商分别累计开通5G基站6699个、7772个和30752个，分别占全国的20.2%、13.7%和11.4%。南宁、桂林和柳州三市5G基站数量最多。2020年上半年，广西移动5G网络建设投资3.2亿元，比上年同期增长35.1%，5G基站数量为15791个，比上年同期增长44.7%。其中柳州移动5G基站数量为6297个，同比增长192.3%；南宁移动5G基站数量为7620个，同比增长42.2%。但目前广西仍有约30%的县城地区5G网络覆盖率低或无覆盖，5G网络发展相对滞后。

云计算服务能力有待提升。目前广西仅有南宁、桂林和柳州三市开通了云计算数据中心（以下简称“云数区”），数量不足全国平均水平的10%。2020年上半年广西云计算企业共实现收入15.1亿元，同比增长7.1%；其中南宁、桂林和柳州分别实现收入7.2亿元、5.8亿元和4亿元。云数区在技术、资本等方面相对落后于广东、上海等地区。此外，广西的云计算企业中仅有广西世纪互联信息技术有限公司具备数据中心服务能力。

2. 数字经济发展水平较低

（1）数字经济规模较小。根据《2020中国数字经济发展与就业白皮书》显示，我国数字经济规模为29.2万亿元，占GDP比重为36.2%，位居全球第二。虽然广西数字经济规模迅速增长，但仍处于较低水平，2020年，广西数字经济增加值仅占GDP的4.3%，远远低于全国平均水平（5.9%）。据中国信息通信研究院预测，到2025年我国数字经济将达到60万亿元规模。与发达地区相比，广西的数字经济规模尚处于较低水平。

（2）数字化转型步伐不快。当前，广西在数字化转型方面还存在一定的阻力。首先，各部门各行业在数字化转型过程中缺乏统筹协调和整体规划。其次，各行业企业对于数字化转型的重视程度不高，在一定程度上阻碍了数字技术在传统行业中的应用与推广。此外，广西企业对数字化转型的认识还不够深入、全面。

（3）信息化和工业化深度融合不够。当前，广西大部分企业仍处于机械化、自动化阶段，企业生产的产品附加值低、生产效率低、质量不高、安全风险高。同时，广西中小企业数量多、规模小、管理水平不高等问题依然突出。此外，由于信息基础设施建设不足、信息化和工业化深度融合不够等因素的制约，广西工业互联网发展水平不高。

3.政府数据开放共享力度不够

在政府数据开放共享方面，广西与广东相比差距较大，主要体现在两个方面：一是对数据的挖掘利用不够深入。广东在政府数据开放共享方面具有先发优势，近年来政府数据开放共享取得了明显进展。截至2021年3月底，广东省已有超过150个部门实现了数据资源共享。广东省是全国第一个政务数据资源全覆盖的省份。目前广西在政府数据开放方面仍处于起步阶段，缺乏专门的工作机制和专门的政策法规进行支撑，相关标准规范有待进一步完善。

目前广西政府数据开放共享还存在一些问题：一是缺少统筹协调机制。由于缺乏统筹协调机制，部分部门间存在重复建设、各自为政、资源浪费等问题。二是政务信息资源目录和标准不完善。目前广西在政务信息资源目录方面存在标准不统一、目录编制重复等问题，一些部门提出的信息目录缺少相关文件支持，各部门存在重复编制和信息孤岛问题。平台提供的政府数据开放功能还不够丰富，开放范围还需进一步扩大。

4. 互联网与传统行业融合不够

广西是农业大省，但农业信息化应用水平不高。广西是传统的农业大省，当前，互联网在农业中的应用尚处于起步阶段，大部分农民仍以传统的种植方式为主，对互联网认识不足、重视程度不够，农业信息化水平偏低。且生产效率低下，农民的劳动投入较大但收益却较小。广西工业基础较为薄弱，互联网在工业中的应用相对落后。当前广西传统工业信息化水平低，生产方式粗放，产品附加值低，企业竞争力弱。在传统产业中运用互联网技术改造和提升传统产业发展水平的比重仍然偏低。广西服务业也相对滞后。当前广西服务业信息化水平整体不高，特别是新兴服务业发展滞后，许多行业企业尚未实现全流程、全业务、全要素、全价值链的数字化转型升级。数字经济与传统行业融合不够，导致大量人力物力资源浪费。

5. 数字化公共服务水平有待提升

一是信息资源共享不足。目前，广西各地各部门之间的信息资源共享程度仍较低，数据壁垒依然存在，数据信息的开放共享还存在制度和技术障碍。目前，广西部分政务服务平台功能简单，事项办理系统不统一、操作复杂，办事群众需要多次往返于多个部门窗口，时间成本高，办事效率低。广西正处在推动数字公共服务向社会提供的初期阶段，以数字化、网络化、智能化为主要特征的信息技术在教育、医疗、交通等领域的广泛应用仍处于起步阶段。广西部分地区仍存在学校的校舍和教学设施设备相对陈旧，网络基础设施落后，部分医院的诊疗设备较为落后，交通领域智慧化水平较低等问题。二是数字公共服务应用不足。目前，广西信息化服务存在“重建设、轻应用”的现象，信息化应用缺乏有效引导和支撑；同时，政府数字化公共服务存在重技术轻用户体验问题。此外，在农村地区尚未全面推广使用数字化教育、医疗卫生等信息产品和服务。

6. 经济总量小，数字治理基础薄弱

广西经济总量小，地区经济发展不平衡，区域协调发展不够，整体经济实力有待增强。2018年，广西数字经济规模仅占GDP的16%左右，在全国处于相对落后的位置。从基础设施看，广西数字基础设施建设总体落后于其他省份。2019年，广西5G基站仅占全国的0.03%；电子政务外网未实现全覆盖；在用计算机、服务器数量较少。从数据基础设施看，目前广西公共数据开放共享水平不高、数据安全保障不足等问题仍然存在。从制度体系看，广西在数字治理上的制度建设滞后于数字经济发展。据统计，目前广西仅有《数字广西发展规划（2016—2020年）》《数字广西建设指南（2016—2020年）》等文件出台，《关于加快推进政务服务“一网、一门、一次”改革的实施意见》等政策文件尚未出台。

此外，广西数字治理基础薄弱还体现在与东部沿海省份的差距上。目前，我国正处于新旧动能转换阶段，新动能的培育对数字治理提出了更高要求。作为西部省区和边疆省区，广西是我国与东盟国家交流合作的重要门户，在中国—东盟自由贸易区和泛北部湾经济合作区建设、“一带一路”倡议实施中具有独特优势。但是，相比于东部发达省份以及其他西部省区来说，广西在数字治理的发展方面仍然存在较大差距。

7. 传统产业多，数字治理需求少

随着经济社会的发展，广西经济社会已经进入了数字化时代，数字产业和数字技术已经融入经济社会的各个领域，推动着传统产业转型升级。当前，广西正处在工业化、城镇化加速推进阶段，传统产业转型升级、新兴产业快速成长需要较高的数字治理能力，但由于传统产业多、信息化基础薄弱等原因，导致广西数字治理需求少。在这种情况下，如果只依靠数字技术的引进、应用来推动数字化转型发展，既无法为数字经济提供强有力的支撑和保障，也难以适应当前广西数字化发展需求。因此，广西只有不断完善数字治理基础设施、加快推动传统产业数字化转型升级、积极推进数字治理需求的供给侧改革，才能有效推动广西数字治理能力的提升。

8. 高校专业少，人才缺口大

目前，广西高校开设的数字治理专业少，高校数字治理人才培养缺乏顶层设计和统筹规划，难以适应数字治理新形势的需要。广西数字治理人才队伍建设存在的问题，既有受经济社会发展水平、产业结构等影响，也有高校人才培养体系尚未完善、高校专业设置缺乏顶层设计和统筹规划等原因。

一方面，由于部分高校对数字治理人才培养认识不足，缺乏系统的数字治理人才培养计划和课程体系，导致广西高校数字治理人才培养存在一定缺口。另一方面，由于广西部分高校对数字治理专业建设投入不足、师资力量薄弱等原因，导致广西高校数字治理专业教学质量不高、学生就业困难。

9. 传统管理理念强，数据开放共享滞后

数据开放共享是数字治理的基础。“信息孤岛”是阻碍数据开放共享的重要因素，政府数据开放共享滞后是广西数字治理能力较弱的重要原因之一。受传统行政管理理念影响，政府管理部门之间的信息壁垒现象严重，“信息孤岛”现象较为普遍。在此背景下，政务服务平台的建设主要是以政府部门内部使用为主，相关部门之间的信息互联互通不足。“数据孤岛”现象普遍存在于广西政务服务平台，导致相关部门在数据共享过程中缺乏整体规划和统筹协调，部分数据处于“沉睡”状态。公共数据开放共享滞后不仅降低了政府服务效率，还影响了政府决策的科学性。在公共数据开放共享方面，广西起步较晚，缺乏统一规划和统筹协调。2018年12月，广西壮族自治区大数据发展局发布《关于公布全区公共数据开放目录和开放清单的通知》（桂大数据局〔2018〕427号），并公布了全区公共数据开放目录。2020年4月13日，广西壮族自治区人民政府办公厅印发《广西政务服务数据共享管理办法》（桂办发〔2020〕5号），明确了广西政务服务平台公共数据的采集范围、共享和开放的原则、途径和流程等要求。但截至目前，广西政务服务平台公共数据仍未实现共享。

（三）原因分析

目前，广西数字治理发展存在的问题，既有自身客观原因，也有其他方面的原因。

从广西经济社会发展情况看，广西作为全国脱贫攻坚的主战场之一，实现了整体脱贫、全面小康的目标。虽然近年来广西数字经济发展取得了显著成效，但整体上仍处于数字基础设施建设初期阶段。从数字治理能力看，由于数字基础设施建设滞后、数据开放共享水平不高、互联网与传统行业融合不够等问题的存在，导致广西在数字治理上还存在一定差距。从数字治理人才队伍看，由于广西高校人才培养体系尚未完善，高校数字治理人才培养缺乏顶层设计和统筹规划，导致部分高校毕业生就业面临严峻形势。从数据开放共享看，由于广西在公共数据开放共享方面起步较晚、力度不够等原因，导致广西政务服务平台在全国处于落后位置。

从外部环境看，当前世界正处在新一轮科技革命和产业变革之中，新一轮科技革命和产业变革正在重构全球创新版图、重塑全球经济结构。随着科技进步和技术创新日新月异，数字治理已成为全球各国推动经济社会发展的重要战略选择。

（四）广西数字化治理的对策建议

1. 鼓励数字经济发展与创新科技研发：政府应明确提出推动数字化转型的重要性，并在政策层面给予支持，如提供财税优惠、简化审批程序等，引导和推动企业进行数字化转型。加强与其他国家在数字经济领域的交流与合作，互相学习、分享经验，并吸引更多的国际数字经济大企业来华投资。另外，政府还需要注重数字化科技研发，投入更多的研发资源，促进大数据、区块链、人工智能等技术的发展。这将有助于为数字治理提供更精准、更高效的技术支持。

2. 优化公共服务供给并推动智慧城市建设：应用大数据的技术手段，对公众的服务需求进行全面、细致的研究，配置更加符合公众实际需求的公共服务资源，以提升公众对公共服务的满意度。同时，全面推进智慧城市建设，打造以大数据为基础，以人工智能为驱动的智慧城市，实现城市的智能化、网络化和信息化，对城市的经济发展以及公众的生产生活都有着积极推动作用。

3. 培训公务员的数字化能力并建立评估机制：政府应定期组织对公务员进行数字化管理知识和技能的培训，提升公务员的数字化理解和操作能力，保障数字化政务的具体实施。同时，除了确保公务员具备必要的数字化运用技能外，也需要建立科学的数字化治理工作评估机制，对已进行的数字化治理工作进行科学、严谨的评估，这可以帮助政府及时发现和解决在数字化治理过程中发现的问题，以确保数字化治理工作的质量和效果。

4. 提升政府透明度：政府应通过数字化平台，公开透明地分享政府工作进度、决策理由、招商引资信息、公共资源配置信息等，让公众能够了解政府的工作，以增强政府的透明度和公信力。此外，政府还应鼓励公众参与政策的制定和执行，让公众在获取信息的同时，也能参与到政务工作中，提高政府工作的公开性、公平性和公正性。

二、广西新型智慧城市发展现状与推进策略研究

为推动广西新型智慧城市发展，打造具有本地特色的新型智慧城市范例，提升城市精细化管理和智能化服务水平，通过总结广西新型

智慧城市的发展现状和存在的问题，提出相应的对策建议，助力广西推动新型智慧城市健康有序发展。

（一）智慧城市背景

2008年继IBM提出“智慧地球”后，我国开始了智慧城市领域的探索。智慧城市是以互联网、云计算、物联网、数字城市等新技术为支撑，实现城市智慧式管理和运行的高级城市发展形态。2015年年底，中央网信办、国家互联网信息办正式提出了“新型智慧城市”概念以及工作要求。新型智慧城市是智慧城市概念的中国化表述，核心是以人为本，是推进新一代信息技术与城市现代化深度融合、迭代演进，实现国家与城市协调发展的新生态。我国当前处于城镇人口快速上升、数字技术蓬勃发展、经济加快转型升级的阶段，推进新型智慧城市建设，符合新型城镇化建设、加快发展数字经济等重大战略的要求，对着力推动高质量发展、提高人民生活品质具有重要意义。

（二）广西新型智慧城市发展现状

近年来，我国智慧城市快速发展，成效显著，根据《2020中国智慧城市发展研究报告》，北京、上海、深圳等一线城市为我国智慧城市第一梯队，杭州、广州、成都为第二梯队。总体来说，广西新型智慧城市处于起步阶段，为推动广西新型智慧城市发展，自治区党委、政府出台了一系列政策文件，统筹广西新型智慧城市发展布局，各设区市根据本地实际，有序推进新型智慧城市建设，2013年南宁、柳州、桂林、贵港、钦州、玉林等纳入国家智慧城市试点城市，广西逐步进入智慧城市规范发展阶段。

1. 自治区层面出台多项指导政策文件

自治区党委、政府为推动广西新型智慧城市发展，出台《广西壮族自治区国民经济和社会发展第十四个五年规划和2035年远景目标纲要》《数字广西发展“十四五”规划》等政策文件，从顶层规划设计，为具体实施路径等提供指导意见和工作要求。

2.国家试点城市积极推进取得新成效

南宁等六个国家智慧城市试点城市经过多年建设取得积极成效，信息基础设施得到明显改善，社会管理和公共服务智慧化水平不断提升。南宁市设立智慧城市专项资金，2019年以来共下达资金3.1亿元，安排实施项目218个，重点打造“爱南宁”App助力智慧城市发展。柳州市以“龙城市民云”为载体，打造智慧城市公众服务平台，通过构建城市物联网管理支撑平台，提升城市物联建设效率与城市治理精度。桂林建设智慧城市大脑，服务社会治理、政务服务、防汛减灾、扶贫助困、文化旅游等重点领域，打造“实景三维桂林”赋能世界级旅游城市建设。贵港采用PPP模式建设智慧城市，打造“两平台两中心”构建智慧城市大脑和中枢，建成智慧政务、智慧交通、智慧教育、“智慧荷城”App等47个项目。钦州依托云计算大数据中心，将城市治理、民生服务、行政许可、社会服务等智慧化应用的效率提升80%。玉林以“爱玉林”App为抓手，为市民提供各个领域的“一站式”服务，容县建成全区第一个县域智慧城市项目——“智慧侨乡”。

当前，广西新型智慧城市建设呈现三个特点：一是基础设施建设突飞猛进。2021年，全区已建、在建数据中心共计787个，规划最大承载能力达到34万标准机架，为广西新型智慧城市建设发展提供重要算力支撑。截至2022年上半年，全区5G基站开通数达50678座，与2019年相比，数量规模增长11倍多。二是公共服务移动应用平台广泛应用。“智桂通”移动开放生态体系上线运行，在全国首创集成“政用、商用、民用、客用”等全领域数字化应用服务，注册用户超6500万。继“爱南宁”App成为成功范例后，柳州、玉林、梧州、贵港、崇左等地分别建设“龙城市民云”“爱玉林”“爱梧州”“智慧荷城”“爱我崇左”等App，提供城市服务统一入口。三是智慧疫情防控成效明显。自治区推出“桂战疫”“桂核酸”等应用，崇左部署“4+2”智慧防疫电子哨兵，百色部署“外防输入”系统，大部分设区市上线疫苗接种预约、疫情动态查询以及各类便民服务，实现“不出门”办事，助力疫情防控与复工复产，保障广西数字经济、数字社会有序发展。

（三）广西新型智慧城市发展存在的主要问题

1. 统筹力度不强

一是体制机制未健全。新型智慧城市建设涉及发展改革、工业和信息化、住房城乡建设、大数据发展等多部门职责，广西尚未建立统筹新型智慧城市协调发展的体制机制，无法对新型智慧城市建设进行统筹协调和综合指导。二是顶层设计未完善。为规范和推动智慧城市的健康发展，国家发改委等八部委印发《关于促进智慧城市健康发展的指导意见》，北京、上海、海南、宁夏等17个省级行政区相继出台了省级纲领性文件，指导新型智慧城市建设发展。广西尚未出台自治区级纲领性文件，广西新型智慧城市的战略定位、建设目标和实施路径还未明确，尚未建立新型智慧城市绩效考评机制，不能充分发挥考核评估“以评促建、以评促改、标杆引领”的作用。

2. 产业发展不足

根据工信部数据，2022年上半年，广西软件和信息技术服务业收入为425亿元，仅占全国收入（46266亿元）的0.92%，占GDP比重为3.45%，尚未达到全国水平（8.22%）的一半。智慧城市产业大部分领域属于软件和信息技术服务业的范畴，软件和信息技术服务业收入体量不大，广西智慧城市产业基础较为薄弱，尚不足以对广西智慧城市建设发展形成有力支撑，缺少可以建设城市大脑、孪生城市等综合型平台以及从事网络安全产品研发的相关企业，在产业链上最为活跃的智慧应用领域，也普遍存在市场主体规模较小、研发投入少、竞争能力不强等问题。

3. 投资建设主体单一

广西新型智慧城市建设以政府或国企力量为主，仅有南宁采用混合所有制、贵港采用PPP模式组建智慧城市运营公司，其余设区市智慧城市运营主体大部分由地方财政投资，融资渠道单一，社会资本参与不足。

4. 数据价值不显

广西新型智慧城市建设应用过程中，汇聚了金融、医疗、旅游、交通、文化等领域的海量数据资源，但由于数据质量不高、数据权责不清晰、数据市场交易规则不健全等问题，导致数据“不愿”“不敢”开发利用，海量数据“束之高阁”，无法进入到数据要素市场流通，无法充分发挥数据生产要素价值。

（四）广西新型智慧城市发展的相关建议

1. 加强统筹协调联动

建立并完善广西智慧城市统筹协调机制。以国家“促进智慧城市健康发展部际协调工作组”为蓝本，成立自治区新型智慧城市建设领导机构，负责协调自治区发改委、工信厅、大数据局等有关区直部门，协同推进新型智慧城市相关工作。各设区市对应成立市级新型智慧城市建设领导机构，形成上下联动、横向协同的统筹协调机制，并形成跨层级、跨部门工作合力，推动自治区、市两级新型智慧城市一体化协同发展。

2. 健全完善顶层设计

一是出台自治区级纲领性文件。积极对接国家和自治区重要政策文件，充分吸收新型智慧城市先进省份经验，加强研究谋划，明确广西新型智慧城市建设总体思路、发展目标和主要任务，以全区“一盘棋”的思想，对广西新型智慧城市建设进行综合指导。二是强化考核评估引导。在国家现有新型智慧城市评价指标体系的基础上，构建一套符合广西实际的新型智慧城市评价指标体系，开展常态化考核评估工作，引导广西新型智慧城市健康有序发展。

3. 发展壮大智慧产业

一是出台智慧城市与智慧产业融合发展配套政策。加强税收、审批、金融等方面的政策支持，打造适宜智慧产业发展的营商环境，依托中国—东盟数字经济产业园、中国电子北部湾信息港、南宁·中关村科技园等重点产业园区，吸引软件和信息技术服务业、电子信息制造业市场主体进驻，重点引进智慧产业龙头企业，以龙头企业为核心构建产业链，形成强大的产业集群效应。二是充分发挥各设区市优势，打造“产城融合”亮丽名片。鼓励各设区市、符合条件的各县结合自身优势，突出地方特色，在区位、生态、产业等多元优势上持续发力，打造“产城融合”的智慧名城，如鼓励桂林市打造“智慧旅游”名城，柳州和玉林打造“智能制造”名城，巴马打造“智慧康养”名城，东兴打造“智慧边贸”名城。

4. 鼓励多元主体参与

一是鼓励公众参与。充分发挥新型智慧城市“以人为本”的核心理念，建立公众主动参与解决身边“痛点”“难点”问题的渠道，让公众真正享受智慧城市建设带来的幸福感和获得感。二是鼓励社会资本参与。创新政府和社会资本合作模式，借助企业资金、技术、人力等资源，减轻地方财政资金压力，提高项目运营效率。三是开放交通、市政、医疗、教育等各领域应用场景，引导优质企业参与场景建设，探索新型智慧城市项目增值服务，增强项目自我造血能力，确保项目实现长期稳定运营。

5. 加快推进城市数字化转型

城市数字化转型是塑造城市核心竞争力，实现城市治理和服务能力现代化的必然要求，是新型智慧城市建设发展的重要牵引。以《关于加快数字化转型发展深入推进数字广西建设的实施意见》为纲领，加速推进各设区市城市数字化转型工作，加快构筑数据要素市场、数字“新基座”和数字化创新生态，推动数字经济、数字社会和数字化治理三大领域实现高质量发展，为广西新型智慧城市建设发展夯实基础、筑牢根基。

6. 健全智慧城市安全防护体系

一是要以法律法规为准绳，积极助力完善数据保护、网络安全、技术安全等相关的法律法规，积极建立城市数据字典标准、数据安全标准等。二是要以技术手段为依托，加大支持国产化自主创新的力度，确保智慧城市关键基础设施自主可控。

三、广西数字政府大脑研究

根据《2020联合国电子政务调查报告》显示，全球电子政务整体发展水平不断提升，全球电子政务发展平均指数（EGDI）从2018年的0.55上升到2020年的0.60，我国电子政务发展指数从2018年的0.6811提高到2020年的0.7948，排名第四十五位（排名上升二十位），达到全球电子政务发展“非常高”的水平，说明我国正在积极推动数字政府建设工作。本文通过对我国数字政府发展历程的回顾，厘清数字政府的概念及内涵，从而引出对国内数字政府大脑的概念、发展必要性、发展现状、发展趋势等相关讨论，并提出广西数字政府大脑的建设思路。

（一）数字政府大脑的概念

1. 数字政府的概念及发展历程

（1）数字政府的概念

数字政府理念历经20世纪90年代开始的“数字地球”“数字城市”“智慧地球”“智慧城市”概念演变，至习近平总书记在福建工作时提出“数字福建”建设，再到十九大提出的“数字中国”建设，中国政府数字化转型的新兴治理模式逐步演变。但对于数字政府的定义目前仍是众说纷纭，尚无共识。

关于数字政府的定义随着信息技术的发展以及定义主体的不同而

变化，结合当前智能化的背景，我们认为当前对数字政府的理解可以是利用大数据、区块链、人工智能等技术手段，运用在经济调节、市场监管、社会管理、公共服务、生态环境保护等政府职能中。通过创新政府治理机制，完善制度基础，推动数据资源、信息资源的整合、开放、共享，在技术、组织与制度的共同演化下，实现国家治理体系和治理能力现代化。

（2）数字政府的发展历程

20世纪80年代，随着个人计算机的大规模普及应用，第一次信息化浪潮到来。20世纪90年代中期开始，以美国提出“信息高速公路”建设计划为重要标志，互联网开始了大规模商用进程，信息化迎来了第二次浪潮。当前，信息化正在开启以数据的深度挖掘和融合应用为主要特征的智能化阶段，信息化建设的第三次浪潮到来。

对应三次信息化发展浪潮，我国的数字政府发展历程可分为：政府信息化起步阶段（改革开放至1998年）、电子政务建设阶段（1999年至2016年）、数字政府建设阶段（2017年至今）。

数字政府建设阶段不同于前两个阶段，这个阶段发展的动力来自数据驱动，构建以数据为关键要素的数字经济，运用大数据提升国家治理现代化水平，利用大数据促进保障和改善民生，切实保障国家数据安全，从数字化、信息化向智能化转变。

2. 数字政府大脑的概念

与数字政府大脑理念相似的概念有智慧政府、政务大脑、政府公共服务大脑、数字治理、智能治理、智慧治理，这些概念都包含着政府治理与智能化相结合的含义，既相互联系又有所区别。

从我国数字政府所处的发展阶段可以看出，数字政府大脑与智能治理这一系列概念的内涵相同。本文将数字政府大脑定义为依托信息技术（大数据、云计算、人工智能技术）构成的技术支撑系统，关注政府治理行为和过程的智能化问题，并在治理理念、机制、效能等方面进行智能化变革，构建统筹全局、以整个社会的需求和应用为发展导向，基于大数据和人工智能驱动的智能化管理机制，实现更为高效和智能的政务服务。

（二）发展数字政府大脑的必要性

近年来，政府数字化转型正在成为全球公共治理和公共服务发展的趋势。我国政府也在积极探索和实践，并走出一条具有中国特色的政府数字化转型之路。

1. 后疫情时代要求政府治理更加智能

新冠肺炎疫情的暴发改变了我们工作和生活的方式，深刻影响了社会发展，但也为完善政府治理体系带来了新的机遇。我们看到疫情危机加快了数字政府大脑的建设步伐。国家政务服务平台建设“防疫健康信息码”，汇聚并支撑各地共享“健康码”数据9.2亿条，累计服务6.9亿人次，支撑各地区和国务院有关部门共享调用170亿余次。信息技术的深度应用为全面抗疫、维护社会稳定和经济活动发展发挥了巨大作用。

2. 信息技术为政府治理带来历史性机遇

当前，数字化、网络化、智能化为特征的信息化浪潮蓬勃兴起。IDC预测，全球数据总量到2025年将增长到175ZB。其中，90ZB的数据将由物联网设备生成，49%的数据将被存储在公有云环境中。崭新的数字和数据技术以及相关应用指数级增长和快速演进，势必影响政府的运作模式。2019年10月，我国首次提出将数据作为生产要素参与收益分配，标志着中国正式进入“数字红利”大规模释放时代，只有积极应对即将到来的数字社会，及时创新政府治理模式、改革治理机制，才能通过新的方式创造公共价值，而建设数字政府大脑便是其中关键的一环。

3. 社会需求需要政府治理智能化

经济社会的快速发展推动了个人需求的多样化，个人兴趣、行为及心理等迥异多元，这给政府服务供给提出了新的要求：如何满足人的个性化需求。交通、医疗、安全、生态等领域都迫切需要新的治理方式来提升治理效能，提高治理对象的满意度。同时，随着政府治理结构的扁平化发展，也要求政府主动打破信息不畅、条块分割的传统结构，而人工智能信息处理能力的优势恰好可以解决这一信息连接问题。特别是在预测未来方面，数字政府大脑为政府决策提供了参考依据，帮助政府更好地整体把控，进而提出具有前瞻性的决策方案。

（三）数字政府大脑的发展现状

1. 部分省市典型案例

自2016年起，上海、广东、浙江、江西等多个省市规划并启动了城市大脑建设，并在城市旅游交通、应急救灾、医疗教育等多个领域开始推广应用。

上海：将政府丰富的治理经验与庞大的政务数据、社会数据相结合，创新运用大数据、云计算和人工智能等前沿技术构建的平台型人工智能中枢，目前可提供智能人口预测、智能规划、智能营商、智能监管和智能区情等五大基础能力的输出，已为11个政府部门提供了

23个应用场景的支持。

广东：通过开展“数字政府改革”，建设政务云平台、政务大数据中心、公共支撑平台三大基础资源平台，根据民生、营商、政务等相关业务场景，提供“粤省事”移动民生应用、广东政务服务网、协同办公平台三大应用。“粤省事”App实现了“实名+实人”身份认证、高频事项指尖办理、关爱弱势群体、优化营商环境。

浙江：建设杭州城市大脑，将与城市治理相关的数据通过归集、分类和平台接入后，城市大脑平台通过算法建模进行快速分析，实时将结果传入城市相关基础设施促进公共资源优化配置，实现城市智能运行，最终演化为治理城市的超级人工智能。目前杭州城市大脑覆盖了城管、卫健、文旅、交通等11个领域，共48个场景。

江西：建设集城市运行管理、协同指挥调度、城市预测仿真和政务管理体验等功能于一体的鹰潭智慧新城决策指挥中心，平时用于城市管理、公共服务、产业发展各领域数据的集中接入和挖掘分析，实现城市运行情况实时监测和可视化展现。当出现突发事件的时候，统一调度公安、交通、医疗等行业应急部门协同处置，联动指挥。

2. 部分厂商典型案例

合合信息：2021年依托于智能OCR识别技术和2.3亿家企业全景实时数据，推动城市产业数字化和数字产业化的转型升级。通过智能文字识别及商业大数据领域的核心技术，对全量企业、全产业链和区域经济进行多维度政企数据融合、分析、挖掘，推出了数字政府智能解决方案。

中智政源：2022年通过RCS富媒体、Chatbot机器人、RPA信息流等技术打造“两集一网一枢纽”架构平台，可以以高效、无创、简便的方式连接打通各系统构建智慧政务系统，从而加快数字政府建设进程。

3. 经验总结

上述省市及厂商的典型案例都展现出了新的数字政府建设模式：一是注重各领域协同调度，打通各政务系统。二是强调数据应用，将各方面数据进行汇聚，利用数据进行分析、决策与预测，实现数据驱动政府治理。三是解决全域需求，不局限于政府内部的智能化，而是结合政府的智能需求与民生的智能需求，以社会的发展为导向，将社会、经济、政府全部纳入数字政府大脑。

（四）数字政府大脑的组成结构

1. 总体框架

如图8-1所示，数字政府大脑是整个数字政府建设的枢纽与核心，以政务云网基础设施和前端物联感知体系的政府数字化底座建设为依托，通过构建数据汇聚治理、应用支撑能力、人工智能算力算法三大技术体系以及配套的制度保障、标准规范、安全保障、运营运维四大保障体系，为各级政府对外履行经济调节、市场监管、社会管理、公共服务、生态环保五大职责相关的纵向各行业应用系统智慧改造、横向跨部门协同场景智慧建设，以及对内政务运行体系的数字机关系统建设提供集约化的技术平台支撑，从而在中观和微观层面促进各行业领域主管部门提升精细化治理能力，在宏观层面辅助各级政府提升科学决策和指挥调度能力，最终实现全方位推进政府数字化转型、全面提升政府履职效能的目标。

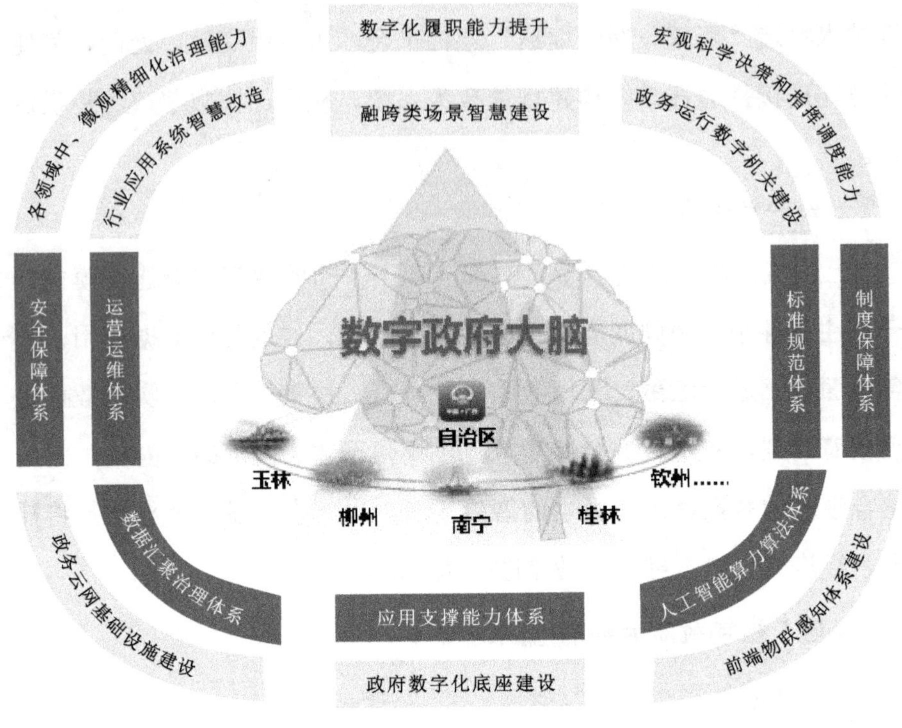

图8-1 数字政府大脑框架图

2. 功能定位

数字政府建设的核心本质可以认为是一个“数据价值实现”的过程，即：利用数字技术手段，汇聚、共享、挖掘并激活全辖区政务相关数据的潜在价值，优化政府各部门职责体系、促进跨部门协同、提升整体履职效能，从而实现治理能力现代化。因此，数字政府的技术构成应与之相适应，自下而上大致可包括数字政府底座、数字政府大脑、政府履职应用系统三大部分，而各部分分别承担了“数据价值实现”过程中的不同角色。其中，“数字政府底座”负责为后两者提供数据采集传输的工具、载体和通道，“数字政府大脑”扮演最重要的加工、挖掘数据潜在价值的中枢关键角色，“政府履职应用系统”则充分利用“数字政府大脑”的数据加工挖掘成果，以各部门协同高效处理业务、服务公众的方式，使数据价值最终予以实现，并且在履职过程中及时总结反馈，作为各部分持续优化改进的需求输入，形成良性循环。

若将数字政府整体视作一个“人”，还可从“拟人化类比”的视角来方便理解上述三者间的关系：

1. 数字政府底座负责构筑良好的“身体素质”，例如：敏锐的五官感知（物联感知体系）、畅通的筋脉血管神经（电子政务外网）、健全强健的各项器官和充沛的能量精力（政务云平台），从而为人的日常思考和行为提供生理基础支撑。

2. 数字政府大脑专注于不断地学习、思考和研究，沉淀和积累各类知识经验，持续提升“认知水平”（包括基于通用知识的基础认知和基于专业知识的深度思考），从而为人的生活（通用类）和工作（专业类）行为模式的优化以及效能给予方向性指引。

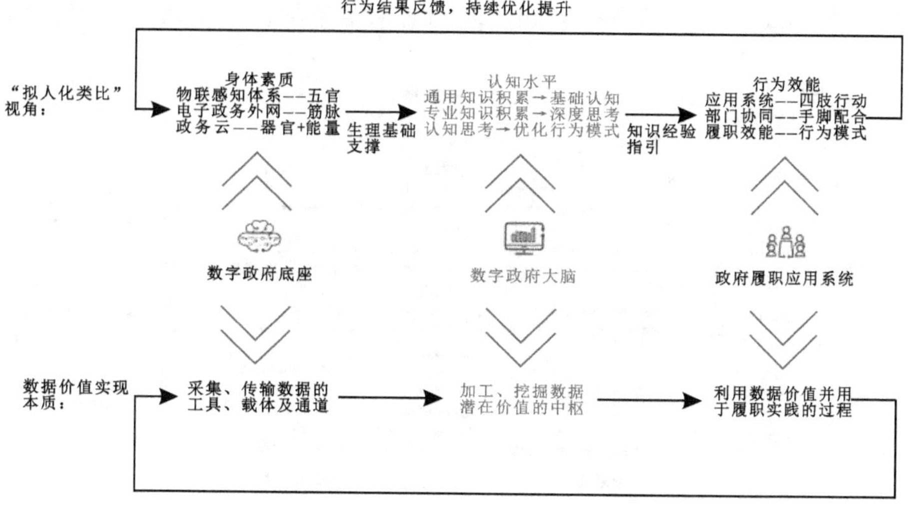

图8-2 数字政府大脑总体定位示意图

3.政府履职应用系统类似人的四肢，负责将人脑里的各种思考和研究付诸工作或生活的具体实际行动而产生最终结果，而政府各横向和纵向部门间的协同类似手脚配合，因此重点关注“行为效能”的提升，其中基于认知水平而形成的行为模式的科学合理性就显得尤为重要。与此同时，日常工作生活行为势必会遇到各种瓶颈和挑战，因此也将不断对“身体素质”和“认知水平”提出持续优化的需求反馈。

图8-3数字政府大脑业务架构示意图展示的是：在数字政府大脑的支撑下，以数据融合驱动各部门相互沟通、共享协同，打造统一的政府工作体系，从而打破过去以单个部门垂直业务面向公众的模式，而以“一体化服务型政府”的整体形象，在政府5大职能领域通过诸多“业务应用场景”为公众提供覆盖线上线下渠道的体验式场景服务，使公众充分体验到政府各部门之间的协同性和一致感，提升对政府服务的满意度。

（五）数字政府大脑发展趋势

数字政府大脑仍在探索期，面临着诸多挑战，未来数字政府大脑

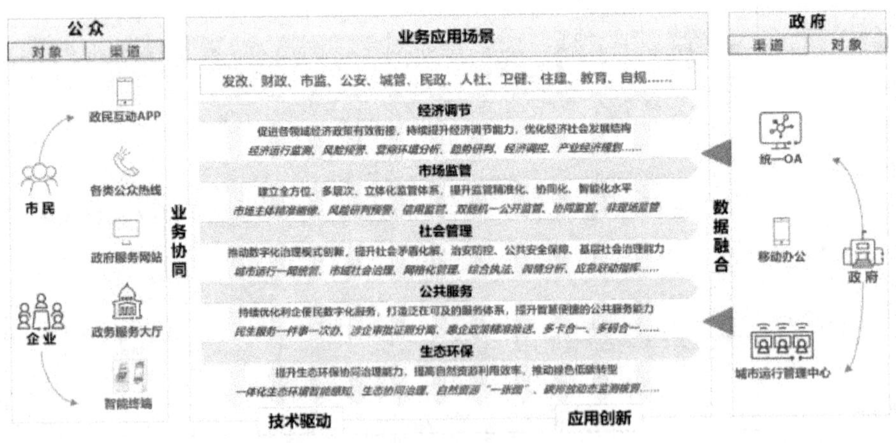

图8-3 数字政府大脑业务框架示意图

在发展定位、应用领域、标准规范等方面将不断发展。

1.数字政府大脑未来具备完整的标准规范制定体系

目前关于建设数字政府大脑没有相应的标准规范，需要一系列的标准规范来引导数字政府大脑高效发展，未来数字政府大脑需要保证数据的一致性、各业务领域互联互通的可操作性、数据的安全性、民众的隐私性等。

2.数字政府大脑未来具备社会风险预警能力

技术固然能够带来进步，但同时也会加大风险，随着数字政府大脑的深入应用，需要警惕"信息孤岛"、防范个人隐私滥用、注意由于现实世界与数字世界的差异导致的决策失误。因此数字政府大脑建设将具备社会风险预警能力，能够及早预见风险、防范风险，同时智能制定风险应对措施，进一步反馈学习，迭代升级大脑智能，持续走得更远走得更好。

3.以支撑融跨类业务场景落地为重点，助力数字化转型

数字政府建设的最大难点是"打通部门间的业务壁垒面临重重阻力"，这已成为业界的共识。2022年6月23日下发的《国务院关于加强数字政府建设的指导意见》将"坚持整体协同，……统筹推进技术融合、业务融合、数据融合，提升跨层级、跨地域、跨系统、跨部门、跨业务的协同管理和服务水平……"明确为数字政府建设的"基本原则"之一，而"协同"一词更是在文件中出现了23次。不难看出，未来各级政府"体制机制改革创新"的着力点必然在如何加强部门间的高效协同从而提升治理能力现代化上，因此政府数字化转型"双轮驱动"的另一轮——技术创新，理应在制度创新的引领下提供相应的助力，而数字政府大脑作为

最关键的数据、应用和AI能力中枢自然当仁不让，将支撑融跨类业务场景落地作为发展重点，同时也能通过数字技术的创新倒逼政府推动相关体制机制流程的优化变革。

4. 围绕挖掘和释放数据要素价值不断扩充能力支撑范围

政府数字化转型的国务院《指导意见》中的另一个重要“基本原则”即“坚持数据赋能，……充分发挥数据的基础资源作用和创新引擎作用，提高政府决策科学化水平和管理服务效率，催生经济社会发展新动能”。数字政府大脑的所有能力都是围绕如何挖掘和释放数据要素的价值而不断积累丰富，从实现若干部门间数据的简单对接交换开始，逐步向全域数据的集中汇聚、深度治理以优化各部门业务有序高效协同迈进，再上升至利用人工智能算法模型为政府精细化治理和辅助决策提供支撑，未来再通过数字孪生逐步实现全域治理的在线仿真计算、推演预测、虚实空间交互等。随着数字政府数据资源体系的不断完善，各业务领域的应用场景也不断拓展，数字政府大脑随之也不断融合更多的技术而创新扩充出更加丰富的数据、应用及AI支撑能力。

5. 集约化的建设运营模式，立体化布局，持续迭代演进

从全国各地近几年的实践来看，数字政府大脑基本采用统筹集约的建设运营模式，国务院《指导意见》也明确提出“构建智能集约的平台支撑体系”的重要任务要求，包括政务云平台、网络平台和重点共性应用支撑能力。与此同时，随着“放管服”改革不断深化、不断加大向基层赋权的力度，相应的“技术能力”也将有序地向基层赋能。因此，数字政府大脑未来将有可能逐步衍生为省一市一县（区）

多级有序分工协作的模式，并进一步为镇或社区级赋能形成“微脑”，从而呈现集约化建设运营和立体化布局的发展趋势。另外，前面提到数字政府大脑将随着数据资源体系和业务应用场景的不断完善和拓展而不断扩充能力边界，同时其已有的能力也将会在上述过程中不断地迭代优化、持续演进。

（六）广西数字政府大脑建设思路

广西数字政府大脑的建设将从运行体系、全域感知、技术治理、应用创新等方面来进行谋划。

1. 打造全域数据的感官系统与智能治理手段

目前，广西数据治理工作已初见成效，建成了政务数据主题库和业务信息库等。从发展角度看，需要对互联网数据、物联感知数据等全域数据进行感知获取，为广西数字政府大脑提供广泛、可信的数据来源，在基础标准与行业标准的双重指导下对数据进行充分的融合与迭代治理，为广西数字政府大脑的认知训练过程提供高质量的数据支撑，为数据开放提供基础保障。

2. 形成对智能应用与开放生态圈的有力支撑

构建大脑赋能的智慧政府应用。数字政府大脑具有“开放、共享”基因，利用其数据底座、计算能力和智能工具百宝箱，自动化构建智能应用并支撑开放生态产业圈发展。通过构建各个维度的数据融合来促进数据有机关联、互动和协作，从技术融合推动数据融合、业务融合、组织融合，最终实现各类数据融合的数字政府智慧应用新体系，形成数据应用开放生态新格局。

3. 强化对广西数字政府整体效能的态势感知

随着人工智能技术的日趋成熟，使得智能化的技术治理成为数字政府建设的重要手段。在海量全域数据不断感知融合的基础上，在算法与算力的基础上，将人工智能技术作为大脑技术的支撑，使得数字政府大脑具备对数据的关联与融合、智能计算以及开放的能力，强化广西数字政府整体效能的态势感知，提供分析决策支撑，提高全局治理水平。

4. 构建广西数字政府改革与发展的核心驱动

以数字政府大脑作为广西数字政府新发展的驱动，指导数字政府发展路径，以技术治理为核心，开展全区数字政府标准化、协同化发展。数字政府大脑是在广西“五个一”（一云承载、一网通达、一池共享、一事通办、一体安全）政务数据治理模式基础之上的创新设计，其基于“五个一”模式所产生的运行数据资源，实现数据即时、在线、准确地采集、分析、运营，从而引导数字政府高质量发展，是广西数字政府建设、管理与运营的引擎。

专栏：数字广西集团

2020年是中国—东盟数字经济合作年，今年的中国—东盟博览会主题为“共建‘一带一路’，共兴数字经济”，数字广西集团作为广西投资集团服务“数字丝路”建设的重要平台和数字广西、中国—东盟信息港建设的中坚力量，精彩亮相第十七届中国—东盟博览会。

“我们要坚持创新驱动发展，加强在数字经济、人工智能、纳米技术、量子计算机等前沿领域合作，推动大数据、云计算、智慧城市建设，连接成21世纪的数字丝绸之路。”2017年习近平总书记在首届“一带一路”国际合作高峰论坛上强调。面对新时代新使命，自治区党委、政府顺势而为、高位谋划、聚力推进，提出了“中国—东盟信息港”“数字广西”建设等重大战略，在此背景下，数字广西集团应运而生。自诞生起，它就被自治区政府赋予“一主体三平台”的战略定位，即广西政务大数据运营开发应用主体，广西及中国—东盟数字经济产业平台、大数据应用产业孵化平台、互联网巨头合作平台。

成立两年以来，在自治区党委、政府的坚强领导和广投集团的直接领导下，数字广西集团快速发展，资产规模超过15亿元，预计2020年将实现营收75亿元，迅速成长为广西数字经济发展的龙头企业。公司先后在10多个数字经济领域开展布局，已拥有35家子公司，获评“数字广西建设标杆引领重点示范企业”“数字广西建设优秀成果奖成长型大数据企业”，拥有1项发明专利，19项软件著作权，获得涉密信息系统集成乙级资质，自主研发和实施的“南南铝加工5G智慧工厂”、疫情防控健康码体系等29个项目和研发成果荣获国家级和省级奖励，为公司打造核心竞争力、塑造发展新优势奠定了坚实基础。

（一）服务数字政府，提升政务治理效能

党的十九届五中全会明确“十四五”时期经济社会发展主要目标，强调要进一步推进“行政效率和公信力显著提升”。数字广西集团充分履行国企担当，牢记保障政务数据安全的使命，聚焦“三大服务”，全力做好数字政府项目建设。2023年以来，公司及所属企业累计承建自治区各厅局委办和各地市数字政府项目超过40个，成为广西数字政府建设的主力军。

1. 服务民众办事

数字广西集团承担了广西数字政务一体化平台、广西公共资源交易平台等多个自治区级数字政府项目的建设工作。其中，广西数字政务一体化平台实现了从自治区到行政村五级全覆盖，企业开办“一窗通”等事项步入全国领先水平。平台注册自然人数超100万人，受理事项超220万件。政务App正式上线，助力广西成为“掌上办事”之省。中介超市系统在13个地市上线，累计成交金额2893万元。项目成功入选国家工信部2020年大数据产业发展试点示范项目名单，树立了广西数字政府建设的标杆。

2. 服务政民互动

过去，群众百姓与政府部门之间的沟通渠道不畅，遇到困难常常无处求助，广西12345政府服务热线启动运营解了这个难题。“12345”政府服务热线是在自治区大数据发展局指导下，由数字广西集团建设运营的地方政府综合性政务服务热线。该项目打造“对外统一受理、后台相关部门联动办理、监察机关全程督办”服务流程，集热线咨询、投诉、建议等功能为一体，涵盖电话、网站、微信、移动客户端等渠道，大大提高了行政效率。该项目荣获了“2020年度中国最佳政府服务热线”的国家级殊荣。

3. 服务民生健康

在自治区医保局指导下，数字广西集团打造了广西药品集团采购服务平台。该平台作为全国首个省级药品集团采购平台，运用5G、云计算、物联网等先进技术，实现广西药品集团采购全流程数字化。2019年8月正式上线运营以来，共有近1700家医疗机构，500余家企业在平台完成申报注册。平台协助自治区医保局组织全区2000多家定点医疗机构参加了国家药品集中采购试点工作，第一批集采的25种药品，平均降价59%，预计可为群众减少用药负担超过7亿元。

（二）助推产业合作，催生经济发展新动能

2020年11月20日，习近平总书记在亚太经合组织第二十七次领导人非正式会议上指出："我们要主动应变、化危为机，深化结构性改革，以科技创新和数字化变革催生新的发展动能。"数字广西集团坚持合作共赢谋发展，"以搭建平台为核心，以产业落地为引领"，积极与互联网巨头开展合作，推动数字经济产业聚集发展。

1. 建设中国—东盟数字经济产业园

在自治区发展改革委、大数据发展局、南宁市人民政府和广投集团的大力支持和指导下，数字广西集团积极引入中科院信息工程研究所、中航建设集团等央企和行业头部企业共建园区，导入华为鲲鹏体系、中国电子PKS体系，形成信创"全产业+适配"链条，以推进中国—东盟信息港建设、实施数字广西建设标杆引领行动、推动数字经济生态产业落地为目标，聚焦信息技术应用创新产业，力争将产业园打造成为立足广西、辐射西南中南、面向东盟的"中国信创第一园"。作为自治区政府新基建"双百双新"重点项目，产业园总投资约26亿元。预计到2025年，产业园产值超过300亿元，带动就业超过3万人，亩均年税收超50万元。数字广西集团将力争把中国—东盟数字经济产业园打造成为信创产业的"广西名片"。

2. 打造产业聚集新高地

数字广西集团在中国—东盟信息港核心区域打造广投数字经济示范基地，引入了包括阿里、华为、浪潮、奇安信等46家数字企业入驻，构建集研发创新、投资孵化、产业落地、成果转化、培训认证、综合展示于一体的数字经济产业聚集区，成为引领和带动广西和东盟国家数字经济高速发展的“闪亮名片”。2020年年末，基地实现产值150亿元，上缴税费超5亿元。未来将积极引入国内外数字企业和生态伙伴入驻，推动资源共享、业态融合、产业升级，打造中国—东盟数字经济产业发展新高地。

3.加速产业落地

数字广西集团与华为公司共建中国—东盟（华为）人工智能创新中心、中国—东盟信息港鲲鹏生态创新中心，建设及运营由工信部授牌的中国—东盟网络安全交流培训中心，并与达闼科技共建了中国—东盟信息港云端智能研究院，构建了“三中心、一研究院”的研发合作新格局。其中，中国—东盟（华为）人工智能创新中心已对接超过300家企业，为29家企业提供人工智能云服务（云服务券），已落地南南铝加工铝表面质量端云图像检测系统等32个重点项目，预计可为企业节约成本6000万元，带动企业人工智能研发投入超过1亿元，培养超过600名专业化人才。

实现自主可控计算机产线落户南宁。与深圳宝德公司在南宁合作落地的基于华为鲲鹏技术的国产化自主可控计算机产线于4月30日正式下线，实现了自主可控计算机“广西制造”。产线一期产能为15万台PC、2万台服务器，满产后年产值达30亿元，目前已为广西信创产业项目提供超过8万台自主可控设备。

（三）数字改变民生，促进社会治理现代化

突如其来的疫情对我们的城市管理体制提出了重大考验。如何打好、打赢这场疫情防控的无硝烟战争，无疑是对城市管理极端特殊场景的压力测试。数字广西集团聚力在开放、协作、发展中构建安全的数字社会，为城市治理数字化转型发展输送了源源不断的内在动力。

1.大数据服务城市治理

“自从用了‘爱广西’App，扫码坐地铁非常方便，直接过闸，不用排队买票；疫情期间，我的口罩、防疫用品还有广西健康码，都是在‘爱广西’App上预约购买和申领的，非常实惠方便。”南宁市民黄女士对“爱广西”App带来的便利深有体会。

“爱广西”App，是数字广西集团积极建设数字社会，释放惠民红利的一个缩影。该应用是广西首个覆盖全区的政务服务和生活类应用，整合了全区和14个地市的“一网通办”政务服务和“一号认证、一码八桂、智慧医疗、智慧教育”等近50项便民服务应用，能够为社会公众提供超过90种掌上政务和掌上生活类数字民生服务，得到了广大市民的高度认可和好评。目前，“爱广西”App注册用户数已突破1100万，政务服务累计提供12万次指尖服务，减少提交纸质材料超40万份，电子社保卡已经实现全区7000多家药店扫码购药。

2.数字经济赋能乡村振兴

作为自治区政府国有独资数字经济平台企业，数字广西集团义不容辞肩负起国有企业的社会责任，用数字化手段赋能脱贫攻坚。数字广西集团结合广西区位优势和产业特点，依托“互联网+”技术，推动“社会扶贫网+消费扶贫网+乡村振兴网”三网合一，为探索建立解决相对贫困的长效机制而持续努力。2020年7月9日，广西消费扶贫平台暨中国社会扶贫网广西频道上线运营，该平台作为自治区总工会唯一指定扶贫产品采购平台，开展了“广西百万工会会员扶贫活动”。截至2022年11月底，平台已注册工会组织1.2万余家，进驻扶贫企业200余家，参与人数145万人，为全区百万会员提供扶贫产品线上购买服务，签约金额超过3亿元，带动脱贫9.2万人。

3.携手平安集团，打造金融、医疗新业态

在自治区政府的大力推动和支持下，2020年4月16日，数广集团与平安集团合资组建的金融开放门户（广西）跨境金融数字有限公司、广西平安好医生互联网医院有限公司正式成立，共建广西首个跨境金融数字一体化平台和广西首家互联网医院，共同推动广西跨境金融和数字医疗生态发展。

（四）科技抗疫，彰显硬核力量

悠悠万事，民生为大。疫情期间面对突出的矛盾和风险，数字广西集团积极响应党中央和自治区党委、政府的号召，充分发挥国企担当，迅速集结、积极作为、精准赋能，高效推动疫情防控与复工复产工作。

1.全国首创“数据+生态”健康码体系

疫情期间，数字广西集团在自治区大数据发展局的领导下，推出了“广西健康码”，在全国首创“统一数据标准、统一基础数据、统一身份认证、统一开放机制、统一渠道生态、统一用户体验”的“六统一”机制，整合支付宝、微信等29个主流平台接入广西健康码。截至2022年11月30日，健康码累计亮码超4亿人次，并实现了全国跨地区互认。

2.热成像无感体温筛查系统实现精准管理

在疫情防控的关键时刻，数字广西集团推出热成像无感体温筛查系统，该系统基于热成像的基本原理，对人体表面温度进行精准快速的检测，具备无感精准检测、实时报警、事后回溯等特点。系统先后在全区多个火车站、医院、学校及有关单位等重点场所投入使用近80套，为广西疫情联防联控和复工复产，打赢疫情防控阻击战提供强有力支撑。

（五）坚持创新理念，引领企业高质量发展

“创新是企业经营最重要的品质，也是今后我们爬坡过坎必须要做到的。”数字广西集团坚持以科技创新引领企业发展，努力打造和增强高质量科技供给，增强企业自主研发能力，引领企业高质量发展。

公司旗下云上广西网络科技有限公司、云宝宝大数据产业发展有限公司等多家企业和多个项目，荣获工信部第三届“绽放杯”5G应用征集大赛全国赛总决赛二等奖、科技部科技产业化二等奖、2020年度中国最佳政府服务热线等省部级奖项50余项。

2020年11月，数字广西集团旗下梯度科技公司的“智能云平台”项目，在全国首届退役军人创业创新大赛中，荣获广西赛区第一名、全国总决赛二等奖；2019年4月，获得中国信息通信研究院、云计算开源产业联盟颁发的“可信云评估证书”。

“2020年是中国—东盟数字经济合作年。当前，广西数字经济产业正迎来多重利好战略叠加的重大机遇期。站在历史新起点，数字广西集团将在自治区党委政府的领导下，全面落实习近平总书记在第十七届东博会上的致辞精神，积极推进‘数字丝绸之路’建设，以担当、创新、开发、共赢的核心价值理念，奋力谱写广西社会经济高质量发展新篇章。”广投集团副总经理，数字广西集团党委书记、董事长刘洪说。

第九章　广西数据价值化

2020年4月9日，国家层面发布了首个要素市场化的文件《中共中央国务院关于构建更加完善的要素市场化配置体制机制的意见》，文件中将土地、资本、技术、劳动力和数据一起并列为生产要素，数据已成为建设数字政府、推动经济社会可持续发展和治理能力现代化的国家基础战略性资源。习近平总书记2022年2月的重要文章《不断做强做优做大我国数字经济》，反复强调数据作为一种新型生产要素的属性，指出“发展数字经济意义重大，是把握新一轮科技革命和产业变革新机遇的战略选择”。数据作为数字经济高速发展的原料——“石油”，里面蕴含着巨大的社会和经济价值，成为新时期推进产业结构优化升级、促进产业链和创新链深度融合的重要抓手。

在数字经济时代，数据成为新的关键生产要素。数据要素所引发的生产要素变革，正在重塑经济活动中的需求、生产、供应和消费，同时也在改变社会的组织运行方式。

数据正在带来新的价值增值，成为企业经营决策新的驱动力，成为商品服务贸易新的重点内容，成为社会全面治理新的有效手段。发展数据要素市场、加快推进数据价值化成为数字经济发展的关键。

一、数据价值化的内涵

数据价值化是指以数据资源化为起点，经历数据资产化、数据资本化阶段，实现数据价值化的经济过程。

（一）数据资源化简单地说，就是对数据的“加工”

通过信息化、数字化技术和管理，在数据采集、数据标注、时序数据库管理、数据存储、商业智能处理、数据挖掘和分析、数据交换等技术领域迅速成长发展，加工基础信息成为高质量的数据。并在企业内部或更大范围内将各类数据源的数据“加工”成完整的数据资源供应链。在数字化转型较为成熟的企业中，均有较完整的数据资源供应链。

（二）数据资产化是“结合”或“融合”具体场景，挖掘及发挥数据资产价值

数据资产化不仅是常见的数据决策分析，还体现在业务数字化、数字化业务的各个环节。从生产驱动价值转变为数据驱动价值，将高质量的数据与具体业务场景融合，产生商业价值，我们常听到的“流量变现”即为数据资产化的典型体现，使数据资源转化为数据资产，数据通过市场流通交易给使用者或所有者带来经济利益

（三）数据资本化是动态地“衍生”出各类数据资本交易

随着数据价值化发展，数据要素市场格局逐渐明晰，形成包含数据交易主体、数据交易手段、数据交易中介、数据交易监管的“四位一体”市场格局，通过数据交易、流通等实现数据要素社会化配置。数据资本化依赖于数据要素市场体系、数据要素应用体系和数据要素安全体系三个体系的建立。在数据要素市场体系中，建立数据确权机制和数据确权基本框架；建立数据定价规则，为数据交易提供价值评

估和价格依据；建立数据交易市场化机制，制定数据流通交易规则，引导培育数据要素交易市场。同时，营造便于数据要素流通的市场环境，降低数据领域新技术、新业务和合作伙伴的准入门槛。数据要素应用体系聚焦于推动数据要素全面深度应用，深化数据驱动的全流程应用，例如，开展重点行业应用试点示范，支持重点行业企业探索各具特色的数据应用模式等。而数据要素安全体系重点在于推动数据安全监管体系建设，明确安全主体责任和防护要求，构建形成覆盖数据资源全产业链的安全监管体系；建立数据市场风险防控体系，建立面向企业的数据安全备案机制，提升数据安全事件应急能力。

二、数据要素价值化的框架

数据要素市场发展以数据要素价值化为核心，主要是实现数据要素的流通和增值。数据从低质量、碎片化的原始形式，到最终成为可流动的数据资本，需要经历复杂的价值化动态过程。中国信息通信研究院发布的《数据价值化与数据要素市场发展报告（2021年）》提出数据要素价值化的框架，即数据资源化、数据资产化、数据资本化。

首先，对于数据而言，数据要素资源化主要以信息通信技术为载

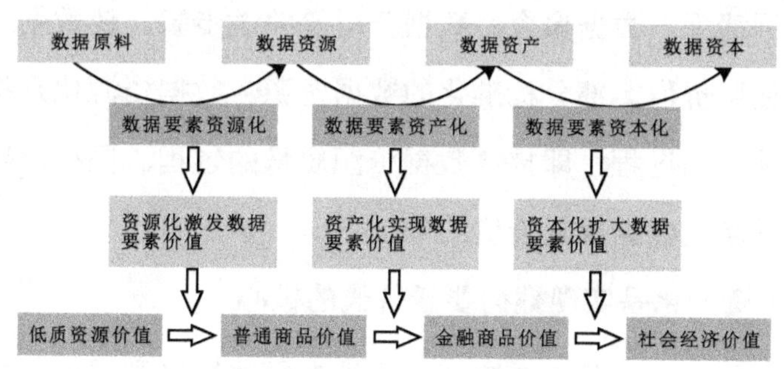

图9–1数据要素价值化框架

体，目前我国加快推动数字产业化，推进产业数字化转型，这就为所有数据的采集、整理、聚合、分析打下必要的基础。

其次，数据要素资产化则是将数据原料进行标准化处理，以适应新时期数字经济的发展规律，为投入产出的管理提供数字化决策，并建立以数据产权约束为基础的管理体制，以确保这部分数据资产包含的所有权益不受损害且保值增值。

最后，为了增加数据产权的可交易性，数据要素资本化则是有明确权属的数据资产进入市场交换，通过数据交易中心等交易平台将数据要素以资本的形式流动起来并实现其价值，其实质是数据资产的市场化配置。

三、数据成为生产要素的价值形态

（一）资源化是激发数据要素价值的基础

据国际数据公司（IDC）统计，截至2021年，中国的数据产量约占全球数据总产量的23%，位居世界第一，预计到2025年，中国的数据总产量将达48.6ZB，约占全球的1/3。虽然中国数据产量丰富，但是这些原始数据是独立的、碎片化的，需要对这些原始数据进行数据采集、数据清理、数据聚合、数据分析等关键步骤，使数据原料变成有序、有使用价值、部分标准化的数据资源。数据资源化是指对数据原料“提纯”的过程，即提高数据资源质量的过程。同样，数据要素资源化也是激发数据要素价值的基础。

（二）资产化是实现数据要素价值的核心

数据资产是企业拥有或控制，能带来预期经济利益的数据资源。

并非所有的数据资源都是数据资产，只有具有可控性、可量化、可变现的数据资源才能变成数据资产，其实质是形成数据交易，产生流通价值的过程。数据资产化过程包括了数据资产确权、数据价值评估、交易流通和数据安全保障四个方面。数据要素权属界定，保障数据要素融通的总体效率和安全性，是数据价值生产、数据资产价值评估、数据融通交易以及最终实现数据要素价值最大化的前提与基础。在数据要素的基础上，数据资产管理更突出其资产视角，强调其成本、费用、价格、收益等维度，数据资产的标准化更加有利于数据交易流通。数据资产定价是一个动态行为，需要在数据资产交易过程中实现。在数据资产价值管理过程中，数据资产价值评估在前，数据资产定价在后，数据资产定价建立在数据资产价值评估的基础上。2021年南方电网发布的《中国南方电网数据资产定价方法(试行)》是能源行业首次发布的数据资产定价方法，其规定了南方电网公司数据资产的基本特征、产品类型、成本构成、定价方法，并明确了相关费用标准，这为能源行业数据要素流通和交易提供了积极的指引。

（三）资本化是扩大数据要素价值的手段

数据在要素市场流通、交易并将数据资产变为数据资本的过程就叫数据资本化。数据要素资本化能够使数据要素资产保值增值，带来期望收益。数据资本化阶段，数据要素被赋予金融属性进入资本市场，推动资本集聚，促进资源合理配置，国内第一家大数据交易机构——贵阳大数据交易所在成立伊始就明确采用增值式交易服务模式，以更好地反映数据交易的乘数效应，放大数据要素的价值。目前，数据要素市场已经开始数据资本化的应用场景探索，例如：

1. 数据资产质押融资

华夏银行——数据资产质押，针对缺乏固定资产的电商企业，华夏银行杭州分行通过电商平台获得企业经营数据，创建信贷估值模型，分析后可以短时间放贷。

2. 数据信托

中航信托发行3000万数据信托，数据持有者将自己所持有的某一个数据资产包作为信托财产设立信托后，通过中航信托进行收益权转让，让数据增值并产生收益，向社会投资者进行信托利益分配。

四、广西加快推动数据价值化的必要性和紧迫性

近年来，国家对数据资源的开放和共享进行了一系列重要的政策推动。数据被明确为一种新的生产要素，建设数据强国已列入国家发展总体战略。这为广西等地区加快数据价值化提供了政策红利。广西区域丰富的自然资源和产业基础，以及与东盟的地理位置优势，都为数据价值化的实施提供了丰富的数据源。面对新的经济发展形势，广西正通过引入新经济发展模式和新产业，提升经济发展质量。数据价值化是科技创新的重要手段，可以为经济结构的优化提供强大的支撑。随着云计算、大数据、AI等新兴技术的快速发展，数据价值化已成为可能。广西应把握这个历史机遇，加快数据价值化进程。在全球范围内，越来越多的地区和企业都在积极推进数据价值化，形成强大的竞争优势。广西如果不加快数据价值化的步伐，可能会失去在未来经济领域的竞争地位。

当前，广西正处在经济社会发展转型的关键时期，数字经济已成

为驱动发展的新引擎。当前，广西正积极融入“一带一路”建设，构建面向东盟的国际大通道、大通关体系，打造我国西南中南地区开放发展新的战略支点，这将带来更多的数据流动和融合。特别是随着大数据、物联网、人工智能等技术的发展，广西在公共服务、社会治理、交通出行、产业转型升级等方面都产生了大量数据，数据量不断增大，数据类型不断丰富。这将为广西加快推进数据价值化创造更多机遇，提供更大空间。因此，充分利用数据要素助推广西经济社会发展是当务之急。

五、广西数据价值化发展现状

（一）数据资源汇聚范围不断扩大

数据资源全面汇聚。出台实施《广西加快数据要素市场化改革实施方案》，加快形成“1234”数据要素市场新发展格局。全区完成公共数据资源开放目录梳理、注册、发布，已汇聚72个区直部门，14个市、63个县（市、城区）共507个部门，截至2022年3月累计上架数据资源目录21951条，挂载了2万余个数据资源，其中挂载409个接口、2022个库表[①]1.1亿条结构化数据，汇聚人口、法人、自然资源与空间地理、社会信用、电子证照等五大基础库，涉及信用服务、医疗卫生、社保就业、公共安全、交通运输、教育文化、市场监管等22个重点领域，极大破除跨部门、跨领域、跨区域数据要素有序流通的体制机制障碍，促进数据要素有序流通、高效配置，充分释放数据红利，

①来源：自治区大数据发展局、信息中心

支撑数字经济高质量发展。

（二）数据开放共享水平持续提升

数据资源开放水平走在全国前列。2020年，广西成为全国首批政务数据开放共享国家标准试点地区，有力推动了我国政府数据开放生态体系的建设。根据《2021年度中国地方政府数据开放报告》显示，广西“开放数林”综合指数为43.39%，同比增加超10个百分点，从2020年的全国第十提升至全国第六，稳居西部第三，省域数据开放总量和省域开放数据集的平均水平居全国前列。2018—2021年省域的“数林匹克”四年累计分值为75.83分，居全国第十、西部第四，开放数据水平进入全国上游行列①。建成全区统一的公共数据开放平台，支撑自治区、市、县、乡、村五级公共数据资源开放应用，有效提升全域公共数据开发利用水平。

数据资源“一池共享”成效初显。推动形成数据共享交换平台体系，2020年自治区数据共享交换平台接入区直、中直、市直部门2186个，发布国家部委数据接口代理60个，累计发布数据资源目录4.8万条，挂载5.1万个数据资源，资源挂载率为98.81%；2022年一季度全区16个单位累计使用国家部委数据资源28265万批次2.83亿条，相比2021年同期增长2804%、2808%，重点解决了跨地区、跨部门、跨层级数据信息难以共享、业务难以协同、基础支撑不足等突出问题，实现部门间信息共享与业务协同应用。目前，全区43个单位参与数据共享交换，全区交换数据7.39亿批次17.01亿条，分别增长213%、123%。累计支撑设区市、县（市、区）申请数据3352批

①资料来源：复旦大学数字与移动治理实验室发布的2021年度《中国地方政府数据开放报告》

次、使用数据90161万批次14.7亿条。开放平台注册用户达2916个，文件资源被下载79073次，66个接口资源被调用104万次，2705个目录资源被申请使用[①]。

专栏：广西公共数据开放平台

公共数据开放平台既面向政府部门，又面向社会提供数据服务，既是政府采集数据、开放数据的窗口，也是社会公众生产数据、获取数据的渠道，是实现政府与企业、社会、公众双向互动的重要数据服务载体。广西公共数据开放平台由自治区信息中心建设运维管理，覆盖自治区、市、县、乡、村五级数据资源。

广西公共数据开放平台作为数据开放利用的重要载体，是贯彻落实党中央、国务院和自治区决策部署，由自治区信息中心建设、管理和运维的全区统一的数据开放平台。自上线以来，已接入89个自治区本级部门，14个设区市、95个县（市、区），围绕社会公共数据开放需求，累计发布公共数据资源目录8877条，开放数据总量26.68亿条。公共数据广泛应用于政务服务、便民生活等重点领域，已产生应用成果超过100项。2022年广西“开放数林”指数排名全国第五，并蝉联2022年度“数开丛生”奖项，“开放数据，蔚然成林”的愿景正在逐步实现。

下一步，广西将持续扩大公共数据开放的深度和广度，加强高容量数据集以及高价值、高利用率、高需求度的数据开放，以多样化、常态化、专业性的引导赋能活动，持续推动数据开发利用。同时，加快推进公共数据资源平台与共享平台、开放平台的对接整合，形成全

①资料来源：自治区信息中心《2022年一季度广西数据共享开放水平持续提升》

区统一的数据集聚平台，为建立全区统一开放的数据要素市场，助力广西数据要素市场化改革，提供有力支撑和坚实基础。

（三）数据要素市场交易稳中有进

广西作为我国重要的边境地区，数据要素市场在这里被赋予了特殊的地位和作用。地处华南，与许多东南亚国家接壤，由于地理位置优越，具有丰富的数据资源，包括自然资源数据、人口数据、经济数据、文化历史数据等，为数据要素市场的发展提供了优质的原材料。近年来一直致力于推动数字经济的发展，大数据、云计算、人工智能等新兴产业在这里蓬勃发展，形成了一批数据产业园区和企业，为数据要素市场提供了强大的技术支持。广西相邻东南亚，是我国对外开放的前沿，数据在这里得到了广泛应用和传播。无论是制定区域发展策略，还是进行国际交流合作，数据都发挥着不可或缺的作用。广西数据要素市场交易活跃，不仅本地的企业和机构积极参与，附近的华南地区省市和东南亚国家也频繁进行数据交易和合作，使之成为重要的数据交易中心。

近年广西出台《关于构建更加完善的要素市场化配置体制机制的意见》，加快培育数据要素市场，2021年全区数据要素市场交易规模达到4405.93万元①，占西部地区数据交易市场规模约100亿元的0.44%②，看齐紧追国内领先的重庆数据交易市场。高要求推动南宁建立北部湾大数据交易中心，建立了数据API交易、数据加工服务、数据洞察产品、数据包服务、数据解决方案落地的数据交易平

①来源：自治区大数据发展局2021年年度工作实施进展情况

②来源：重庆商报《重庆数字经济再添新动力西部数据交易中心落户江北》

台，创新交易方自有数据、授权运营数据以及数据运营商等3类数据供应模式、形成面向场景的数据交易和API商店级数据交易2种数据交易机制并发布《北部湾大数据交易平台业务准则》等四项基本数据运营制度，覆盖数据采集、存储、计算、清洗、分析、咨询、展示、应用的全产业链数据交易生态，构建涵盖产权界定、价格评估、流转交易、担保、保险等业务的综合服务体系，规范有序发展大数据交易，全面打造面向东盟国家的数据交易的“广西样板”。2020年交易中心登记注册企业超过120家，数据服务调用次数超过1.2亿次，数据交易规模从2020年的1500万元增长到2021年9月的4067万元[①]，一年内规模涨幅近2倍，加速成为全区数据要素市场交易主要支柱。

专栏：北部湾大数据交易中心揭牌

2020年8月11日，北部湾大数据交易中心在南宁揭牌。该交易中心是面向中国与东盟区域汇聚、处理、使用和交易各类数据产品的枢纽，也是建设中国—东盟信息港和实施数字广西战略的基础设施平台之一。

北部湾大数据交易中心是由中国—东盟信息港股份有限公司（以下简称“中国东信”）作为主发起人，数字广西集团、上海数据交易中心、贵州数据宝网络科技有限公司作为联合发起人，共同组建。

中国东信是平台型信息科技公司。该公司总裁鲁东亮介绍，交易中心是以“政府指导，自主经营，市场化运作”为原则组建的国际化数据资源交易服务机构和数据服务全生态交易平台，可以为客户提供

①来源：自治区大数据发展局、信息中心

一站式全生态数据服务。

在职能上，该交易中心可以为平台上下游合作伙伴提供数据采集、存储、计算、清洗、分析、咨询、展示、应用等全链条、全方位、一站式的生态服务，以交易佣金、授权使用费、资源使用费、定制产品开发费、数据深度加工服务费等为盈利模式，为金融、交通、农业、工业、贸易等各行业提供覆盖信息核验、营销获客、精准服务、金融服务、智能制造等关键环节的深度撮合服务。

北部湾大数据交易中心的成立也有其战略意义，其立足于能充分发挥数据、技术、人才、生态等方面的引领带动作用，推进数据交易和经济社会各领域深度融合，把广西数据交易生态和产业做大做强，合力打造广西数字经济发展新引擎。

（四）数据资源融合应用全面铺开

深入实施《广西实施数据要素融合应用“百千万工程”三年行动方案（2021—2023年）》，构建高效协同的数据要素市场应用体系，建设一批工农行业发展、政府管理、社会治理、民生服务等领域数据应用场景，择优推广160个“百千万工程”应用解决方案，全面打造数据开放应用生态圈，促进全区产业数字化转型升级、数字产业链补链强链延链和治理服务能力智能化精细化。推进社会治理领域数据应用，引导广西企业征信服务平台与广西综合金融服务平台对接，促进金融数据互联互通，为入驻的86家金融机构提供18571次企业征信报告查询服务，有效解决银企之间信息不对称问题，提高金融机构贷审效率和金融风险防范能力①。开展民生服务领域数据应用，完成

①来源：自治区大数据发展局

84549项不动产互联网业务案卷受理，324616次接口调用，实现数据“多跑路”、群众“少跑腿”或“不跑腿”，大幅提升居民和企业办事的便利程度。

六、广西数据价值化发展建议

（一）加强对数据所有权归属的研究

数据确权是构建数据采集标准化、数据开放共享、数据交易流通、数据安全保障等数据治理的前提。数据所有权归属的难点在于数据所有权主体的确定，主要原因是对于数据的法律属性存在不同认识，尚未达成共识，主要有两种观点：一是数据所有权归生产者所有；二是数据所有权归控制者所有。因此，需要充分发挥政府在数据确权中的政策性指引作用。

（二）加强对数据价值评估和数据定价的研究

数据价值评估是数据定价和数据交易的基础，只有明确数据包的价值，才能根据数据包的价值进行定价，并促成交易。应当建立数据要素价值评估基本框架，根据数据的行业、类别、属性等建立多层次的数据要素价值评估体系，为数据交易定价规则的制定提供基准，从而提高数据要素实现价值创造的效率，为数据要素市场发展营造公平合理的环境。

表9-1 各大交易所定价方式

序号	名称	定价方式
1	贵阳大数据交易所	可信第三方定价：固定定价、自动定价、实时定价
2	上海数据交易中心	协商定价：拍卖定价、自由定价

续表

3	武汉东湖大数据交易中心	可信第三方定价
4	长江大数据交易中心	协商定价：自由定价
5	浙江大数据交易中心	可信第三方定价：实时定价
6	华中大数据交易中心	协商定价：自由定价
7	钱塘大数据交易中心	可信第三方定价

（三）加强对数据交易规则和数据交易市场的规范

数据交易规则的完善和数据交易市场的建立，是数据实现市场化配置的基础。一是在保障数据合法性的前提下，明确数据交易主体、交易标的与范围、交易条件、交易价格等双方的权利与义务。二是明确我国数据交易法律法规以及争议解决机制，规范数据交易行为。三是要尝试建立起涵盖中央、地方、产业链、企业等数据要素的宏观、中观、微观监控管理平台，提升数据要素监控、预警和管理能力。

专栏：广西贵港：深入推进数据要素市场化改革，不断激发数据活力

近年来，广西贵港市大数据发展和政务局认真贯彻落实习近平总书记关于实施国家大数据战略，加快建设数字中国的重要讲话精神，深入推进数据要素市场化改革，取得一定成效。

（一）全面增强数据要素供给能力，持续提升数据共享开放水平

一是强化公共数据归集共享。依托贵港市大数据平台，持续开展数据汇聚攻坚行动。截至目前，贵港市已汇聚政务数据资源至自治区数据共享交换平台5.8亿多条，位居全区前列；汇聚开放数据资源至自治区公共数据开放平台2.38亿条，较2022年新增9300万条。二是开展电子证照扩量提质攻坚行动。依托自治区电子证照系统，组织贵港市各级各部门将已产生的存量和新增电子证照汇聚至自治区电子证照库，实现各类电子证照按标准“应归尽归”。截至目前，贵港市已汇聚电子证照类型201类，电子证照数量达640多万条。

（二）全面增强公共数据治理效能，持续提升数据质量规范化水平

一是开展政务数据资产普查，实现目录清单化管理。以政务服务事项清单为基础，组织贵港市各级各部门逐一梳理政务数据资源目录和公共数据开放目录，明确数据资源分类分级、共享开放条件、信息项等要求，制定贵港市统一的共享清单和开放清单。截至目前，贵港市共编制政务数据资源目录334项、公共数据开放目录426项，实现“应编尽编”。二是强化数据目录和数据资源质量管控。按照自治区数据治理统一标准，定期组织贵港市各级各部门对已在自治区数据共享平台挂载的数据目录进行质量把控，确保各项数据目录命名规范、分级分类合理、数据集完整、更新及时，形成持续、规范、可用的数据资源，不断提升数据目录及资源的完整性、准确性、可用性和时效性。

（三）全面增强数据要素安全管理，筑牢可信可控的数字安全屏障

一是建立健全政务数据安全管理制度。研究制定《贵港市政务数据安全监督制度》《贵港市政务数据安全事件应急预案》等制度规范，进一步明确网络安全和数据安全主体责任和职责范围，确保各项工作有据可依，依规执行。二是推进公共数据分类分级管理，梳理编制重要数据资源目录和核心数据资源目录清单。截至目前，共梳理出公共信用信息系统、房屋网签系统、贵港市住房公积金业务办理系统等3个系统、5项重要数据资源目录，实行分类分级管理。三是强化数据安全监督检查。与贵港市委网信办、贵港市公安局联合印发了

《2023年全市网络安全检查工作方案》，参照数据安全分类分级指标和防护规范，对各有关单位的重要数据和核心数据的管理和安全防护情况进行监督检查。四是强化云网支撑能力建设。按照自治区统一部署，开展广西“护网2023”网络安全攻防实战演习，对贵港市电子政务外网和壮美广西贵港市·政务云进行攻防演练，查摆当前云网安全防护存在的问题，及时纠正解决安全风险隐患，不断提升云网安全防护能力。

第十章　广西数字乡村

数字乡村建设取得积极进展。自治区积极推进数字乡村发展，在横州市、恭城瑶族自治县、富川瑶族自治县、平果市等国家数字乡村试点的基础上，又遴选了灵山、天峨等10个县（市、区）作为自治区数字乡村试点地区，实现数字乡村试点在全区14个设区市全覆盖。自治区持续加大信息服务普惠覆盖力度，全面开展信息进村入户工程，实现村级信息服务站点全面覆盖，大力推进偏远农村及边疆地区通信网络深度覆盖，全区已有建档立卡贫困户、边境居民、残疾人等特殊群体196万人享受网络精准扶贫通信资费优惠政策。横州市“数字茉莉”大平台作为优秀案例，被中央网信办、农业农村部等7部委联合印发的《数字乡村建设指南1.0》收入其中，为全国各地数字乡村建设提供了有益参考。

一、农村网络基础设施建设卓有成效

一是4G/5G网络覆盖率全国领先。目前，广西全部行政村实现100%覆盖4G网络，自然村4G网络覆盖率99.6%，5户以上自然村基本覆盖4G网络。按照适度超前、按需建设原则，在乡级以上行政区5G网络基本覆盖的基础上，逐步推进5G网络向农村地区延伸。截至

2023年2月，全区行政村5G网络覆盖率达到100%。光纤网络全面覆盖全区所有行政村，自然村光纤网络覆盖率达到93.3%，基本实现20户以上自然村光纤网络通达。

二是农村居民享受城乡一体的信息通信服务。全区2349.81万互联网宽带用户中，农村用户占1003.28万，网络成为新农资，手机成了新农具，电商遍及广阔农村，偏远地区农民通过网络接入了数字社会。

三是以千兆光纤和5G为代表的新型信息基础设施向农村地区快速延伸。全区累计建成5G基站6.2万个，其中农村地区1.5万个，5G网络覆盖了50%的行政村，智慧农业物联网终端用户数达到3.35万。

四是实施智慧广电村村通、户户用工程。完成全区极度及深度贫困地区、边境市县的行政村光缆联网及“广电云”信号覆盖，使农村地区广电网络用户能收看70套高清节目，2套4K超高清节目，24套数字广播电视节目，实现中央、自治区、各市县广播电视节目的全覆盖。

五是持续开展应急广播体系建设，累计建成广西应急广播云平台和68个县级应急广播体系，覆盖828个乡镇（街道）、10680个行政村（社区），应急广播的覆盖率超过60%的县（市、区）。应用北斗通信技术终端，加强农机管理平台应用能力建设。

二、农村基层信息化程度稳步提升

大力推进农业大数据中心建设。以广西农业农村大数据中心和广西农业云平台、农业农村大数据平台、农业全产业链平台为基础，构建4大类39小类农业专项数据资源库，范围涉及农业生产、农产品市场流通、科技服务等领域，为广西大宗农产品生产和优势产业发展、产销信息分析预判、农资价格预警监测等提供了决策依据。平台的建设模式被农业农村部评为全国“互联网+现代农业”百佳实践案例。

完善、拓展、巩固脱贫攻坚信息平台建设。建设包括巩固脱贫攻坚成果、防返贫监测、乡村建设、乡村治理、考核评估等功能的广西巩固脱贫攻坚大数据平台。上线“广西防返贫监测e申请”微信小程序，覆盖全区14个设区市111个县，整合全区农户4413.74余万人（含脱贫户和监测对象约644万人）、行政村约1.6万个（含5372个脱贫村）以及2016年以来的9.8万个产业项目（涉及资金886亿元）等方面相关数据。

三、农业数字化转型升级效果显著

（一）农业数字化水平持续攀升

根据中国电子信息产业发展研究院发布的《2020中国数字经济发展指数》，广西农业数字化水平从2016年的二十六名跃居全国第五名。目前，广西全区有至少500个果蔬种植基地实施了智慧农业开发，各市围绕智慧农业实时在线监测、智慧农业物流网、生猪养殖数字化、无人机作物病虫害防治及无人机直播水稻、数字果园、海鸭蛋蛋黄酥产业数字化、大蚝身份标识和全程数字化监管、奶水牛产业数字化、乳制品智能化、农贝贝智能化养殖鸡舍等，以及百色芒果、沃柑、融安金橘、恭城月柿、“全州禾花鱼”、资源红提等进行农业数字化转型，取得积极成效。

同时，广西深入推进农业大数据建设，扎实开展重要农产品监测预警，为农业数字化转型和现代农业高质量发展提供有力支撑。2018年以来，广西壮族自治区立足优势特色产业，积极推进重要农产品监测预警工作，重点监测农产品价格运行和供需形式变化，提升农产品市场监测预警和研判能力。广西14个设区市82县建立了602个重要农产品产地市场和批发市场价格监测点，形成一系列对上有决策参考价值、对外有市场影响力的分析报告，为确保农业生产稳定发展和农产品市场稳定运行提供了有力支撑。

（二）农业生产服务平台不断推广

广西农业农村大数据平台于2016年获评全国“互联网+”现代农业百佳实践案例，2017年获评全国农业农村信息化示范基地（服务创新型），2019年被推介为数字农业农村新技术、新产品、新模式优秀项目；“壮美广西·农业云”获评为数字广西建设优秀成果，跻身十朵“优秀云”。

广西慧云信息技术有限公司自主研发的“耘眼”一站式农业生产服务平台，利用人工智能、大数据技术以及农业数据科学，一方面签约全国优秀农业专家入驻，为农业生产者提供大量优质的技术指导视频、技术课程直播；另一方面整合了大量优质农资、农用产品，从一键扫码自动诊断病虫害，到推送用药方案评估、植保营养方案推荐等智能农技服务，实现了农业生产“一站式”服务。农户利用“耘眼”有效识别病虫。以沃柑为例，应用该平台前平均病虫害处理响应时间是24小时至48小时，应用该平台后缩短至12小时至24小时；将病虫害发生概率由应用前50%降低至20%，每亩用药成本由应用前2000元降至1500元左右。以阳光玫瑰品种葡萄为例，将优等果率由应用前25%提升至应用后45%；单位面积化肥用量应用前为每亩75千克，应用后降至每亩50千克；每个生产季施药次数应用前10至12次，应用后降为7至9次，降低了农药残留风险。在广西农业系统中，目前“耘眼”平台已广泛应用于柑橘、葡萄等产品种植，服务面积超300万亩，日均处理农业服务事项1万次。近年来，在自治区农业农村部门的引导下，慧云公司积极参与广西特色优势农产品品牌打造和销售工作，通过打造广西柑橘单品大数据平台，进一步提升产业效能。

在广西，捷佳润、慧云信息、华胥水牛生物等一批本土信息技术企业，通过承担信息化、数字化项目的长期运营，推进数字农业、智慧农业在传统产业落地，以数字化改造提升传统产业，实现了地方得到发展、生产力得到提升、农民得到增收、企业得到利润、消费者得到高品质农产品的多方共赢局面，开拓了农业农村信息化发展的宽阔大道。捷佳润智慧农业解决方案在全国16个省份得到推广，并积极走出国门，覆盖东盟等国家农业基地40多万亩。

四、农村数字治理工作有序展开

（一）探索建立广西数字乡村建设“1+2+3+N”工作模式

完善农业农村相关的大数据技术和应用的顶层设计。相继印发《广西加快数字乡村发展行动计划（2019—2022年）》《广西实施数据要素融合应用“百千万工程”三年行动方案（2021—2023年）》等文件，积极面向全国公开征集数据要素融合应用解决方案，深入推进新一代信息技术助力农业农村领域的数字化转型。

“1”是建立“一套”行之有效的工作机制。成立自治区实施乡村振兴战略指挥部数字乡村建设专责组，建立自治区数字乡村建设统筹协调机制，形成工作合力。组建数字乡村建设工作专班，由自治区党委网信办从本办以及相关单位抽调骨干力量组成，具体负责推动落实全区数字乡村试点建设各项工作。

“2”是找准“两个”工作抓手。一手抓项目带动数字乡村试点建设，一手抓数字乡村建设基础研究。组织各县（市、区）将数字乡村试点建设工程打包成项目，开展项目编制及可研，建立广西数字乡村项目库，收录项目302个，推动数字乡村试点建设系统化、规范化发展。联合自治区相关部门，成立广西数字乡村研究院，研究方向包括数字乡村建设规划、技术研发与应用、理论研究与传播等，为数字乡村建设工作提供智力支撑。

“3”是抓实“三项”工作举措。充分发挥《广西数字乡村发展行动计划（2022—2025年）》《广西数字乡村白皮书》和《数字乡村建设指南1.0摘要》指导作用，从理论、典型案例分析等不同维度指导开展数字乡村建设工作。研究制定广西数字乡村建设标准评估评价体系，深入开展调研，摸清情况，为全面推动实施数字乡村建设筑牢基础。通过组织线上线下培训、召开联络员会议和现场会等多种方式，全方位推动数字乡村试点建设工作。

“N”是聚集多家生态合作单位。主动对接有意参与广西数字乡村建设工作的区内外知名企业，充分发挥企业在技术产品、实践经验、人力资源等方面的优势，聚焦数字乡村建设、助力乡村振兴，沟通交流广西数字乡村建设思路，借力推动广西数字乡村建设工作全面深入发展。

（二）积极打造推广农业农村数字化标杆应用

全区自2019年起，持续开展数字广西建设标杆引领行动，共认定数字广西标杆引领重点示范项目（企业、平台）662个，其中大数据与农业深度融合重点示范项目90个。数据要素融合应用“百千万工程”共评选了“广西糖业大数据云平台”“生猪产业数智生态服务平台”“‘金色乡村’广西农村信用大数据平台”等数据要素与农业、乡村振兴融合应用案例22个，为数字乡村建设发展提供可借鉴、可复制、可推广的案例参考。

（三）加快加大涉农政务数据的共享共用

例如，在助力巩固脱贫攻坚成果方面，截至目前广西巩固脱贫攻坚成果和防止返贫监测信息平台已汇聚返贫监测相关数据目录43个、数据1.6亿条，为防返贫监测数据对比和监测分析提供有力数据支撑。在助力提升乡村金融服务水平方面，通过政务数据的有序共享、融合应用，通过自治区数据共享交换平台与自治区农村信用社“桂盛富民金融服务平台”交叉验证，目前已累计验证有效客户360.18万户，授信户数301.52万户，推动服务三农“整村授信、户户有信”的金融创新，便利农户快速融资创业就业、增产扩能。

（四）建设广西数智乡村振兴管理云平台

一是打造“智慧乡村”治理新手段。建设广西数智乡村振兴管理云平台，县级应急广播体系覆盖10680个行政村，为村务管理提供支撑，提高乡村治理效率。

二是打造乡村党建新模式。通过“壮美广西·党建云”、云视讯等方式加强乡村基层党建管理，推进党组织管理标准化、规范化以及活动多样化。

三是打造“5G平安乡村”“百姓安全天网”平台，提供村委治理、治安安防、生态保护、防灾预警等场景服务，打造全天候、全方位、多用途的安防监控体系。

五、农村电子商务蓬勃发展

据《2021全国县域农业农村信息化发展水平评价报告》显示，2020年广西电商服务站行政村覆盖率达到93.6%，高于全国14.7个百分点。2021年广西新建农村电商物流服务站点998个，行政村快递服务覆盖率76.7%。加快推动14个县域商业体系示范县建设，推动改造升级20个县域综合商贸服务中心和县级物流配送中心、50个乡镇商贸中心；开展百企千店进乡村，推动改造升级100个新型连锁便利店。

为全力打好“稳消费拓市场攻坚战”，深入实施“桂品出乡”，助力乡村振兴，持续开展了广西“33消费节”缤纷购物季、中国一东盟国际消费季、全国采购商广西行等系列活动，并在2022年年末举办首届广西新丝路跨年电商节，依托电商平台聚势造节，丰富东盟产品供给，创造新的消费场景，营造节庆消费氛围，力争推动形成广西电商活动品牌IP，打造广西版“双11”。

近年来，自治区商务厅大力推动电子商务进农村，依托国家电子商务进农村综合示范建设，健全和完善县乡村三级物流配送体系、电商综合服务体系、电商人才培育体系，推动农产品上行。广西现有66个电子商务进农村综合示范县，县（市）覆盖率达92%，2015年至今，示范地区网络零售额达463.05亿元，培育农产品网销单品（SKU）5180个；农村电商业务累计培训39.39万人次，电商带动就业人数71.39万人；累计建成电商物流服务站点5102个。

自治区商务厅创新举办了网上年货节、三月三直播电商节、“农产品网上行”等一系列电商促消费活动，打造了螺蛳粉、茶叶、海鸭蛋、蛋黄酥等“桂味”网红产品，推动广西沃柑、砂糖橘、沙田柚、百香果、火龙果等水果批量化、标准化网销全国，百色芒果、融安金橘、横县茉莉花、桂林罗汉果、玉林百香果、灵山荔枝、富川脐橙等成为广西电商产品品牌新名片。

各示范县在推进综合示范项目建设过程中，因地制宜，大胆创新，积极探索可持续的电商发展路径，形成了一些好的经验做法，如：横州市打造“电商+产业+扶贫”模式，搭建电商服务体系，建立人才培训机制，完善产业链供应链体系，建立质量品牌体系，培育电商“新优品”，打造了茉莉花茶、甜玉米、木瓜丝、横县大粽子、富硒大米等一批特色产品品牌。富川县打出“明星电商单品+系统电商产品”的组合拳，围绕“富川脐橙”大力培育“系统电商产品”，培育“富川香芋南瓜”“富川状元芋”四季生鲜单品，形成“春芋夏梨秋薯冬橙”全年无淡季的电商产品品牌。推广“电商+旅游”，开展“电商+乡村旅游+农产品”联合营销，通过线上农产品消费服务，线下农家游体验，培育出七彩虎头、潇贺岔山等网红景点。融安县以融安金橘地方特色产业为核心，通过扩产业、抓服务、定标准、推溯源、强品牌、拓渠道、提物流，持续探索“特色产业+供应链+本土电商+精准扶贫”农村电商发展模式，带动金橘产业做大做强。

随着数字乡村建设的深入，民族团结进步网络宣传教育覆盖范围更广，中华民族共同体意识铸得更牢，各族群众在网络平台交往交流交融中越走越近、越走越亲。以“壮族三月三·八桂嘉年华”等重大民族节庆、活动为载体，组织广西区内主要新闻网站开展民族团结主题网上宣传，制作一批展现广西民俗风情、山歌、美食等民族特色的融媒体产品；组织媒体深入广西8个边境县（市、区）开展“边疆党旗红”主题采访，全方位、多角度展现广西各族人民在边境基层党建、兴边富民等方面的新做法、新经验；组织开展“绿水青山党旗红”乡村振兴系列专访，突出党建引领，充分展示广西各县（市、区）在“十四五”开局之年，在乡村振兴一线的新作为和新成效；在“民族团结进步宣传月”、全区民族工作会议期间，增加民族团结主题网上宣传。

六、农村数字普惠金融

近年来，广西在数字普惠金融和乡村振兴方面不断加大力度，取得了显著成果。广西决策层意识到数字化和金融科技对于推动乡村经济发展的重要性，并积极探索和推进数字金融服务的创新发展。

一方面，广西加强了金融科技赋能，积极构建移动支付、网络小贷、智能投顾等数字金融服务平台。通过引入新技术和创新模式，拓宽了农民和乡村居民的金融服务渠道。广西农村合作金融机构助力乡村振兴涉农信息管理系统的投入使用，可通过微信小程序自助申请贷款业务，使外出务工人员可以远程办理贷款业务。这使得贷款申请和审批的流程更加高效，大大提升了农民的金融服务体验。

另一方面，广西推动了数字化乡村建设，通过数字金融服务满足乡村的多样化和多层次的金融需求。广西农信社互联网贷款的授信累计已经达到136.77亿元，开发的“涉农信息管理系统”被广泛应用在全区的镇和村级机构中。系统通过建立乡村“党建+金融”生态圈，整合了政府和村委的管理信息要素，实现了将银行服务带到农户家门口的目标。通过智慧门牌，农民可以方便地办理转账、理财、缴费、代理保险、购物和授信申请等金融业务。这种便捷的方式大大提升了乡村居民的金融服务获得感。

为了进一步推动数字乡村建设，广西还着重加强了乡村治理的数字化建设，在乡村社会治理中发挥了积极作用。通过进行数字化管理，将乡村的党建和金融服务有机结合起来，实现了“整村授信，户户有信”的目标。广西已经成功创建了信用县、信用乡镇和信用村，为近580万农户家庭提供评级授信服务，极大地提升了乡村群众的金融服务水平。

总之，广西在数字普惠金融和乡村振兴方面取得了令人瞩目的进展。通过积极推进数字化乡村建设和加强金融科技赋能，广西为农村经济发展提供了强有力的支持，不断巩固和扩大普惠金融和乡村振兴的战略成果。

专栏：数字乡村案例

数字乡村案例1：广西壮族自治区恭城瑶族自治县推行“两化一会”赋能屯组打造社会治理新模式案例

1.背景情况

恭城瑶族自治县位于广西东北部，北倚三湘、南望粤梧，总人口30万人，瑶族人口占53%，辖6镇3乡117个建制村。近年来，恭城以“屯组制”建设作为社会治理的终端抓手，依托数字平台，积极探索推行“两化一会”（网格化、智能化、研判会），开展“忠孝心、敬畏心、互助心”“自治、德治、法治”“守规矩”的“三心三治一守”乡村治理活动。当前，全县划分网格232个，行政村全部配齐配优屯组长，设屯2061个、组4396个，形成“县、乡、村、屯、组”五级合力，实现政府治理、社会协调、村民自治的良性互动，形成规范有序、充满活力的乡村治理新形态。

2. 做法及成效

工作思路重点聚焦基础网格建设，在原有“三心三治一守”社会治理模式基础上，以搭建数字平台为突破口，积极探索推行“两化一会”赋能屯组，以网格化夯实治理基础，以智能化激活治理方式，以研判会提升治理效能，构建共建共治共享的社会治理新格局。

具体做法：一是织密“红色网格”，组建屯组队伍。按照居住相邻、易于集中、便于管理原则，以每10—15户农户组成一个组，每2—3个组组成一个屯，将屯组作为最末端网格置于社会治理网中。选优配强屯组长，把政治强、作风正、邻里关系和谐、有影响力的党员、村民骨干等纳入屯组长队伍中，派驻到各村民小组，协助开展管理工作。行政村（社区）党组织负责管理屯组长，把党小组建在组上，推动基层党建网络与社会治理网络“双网结合”。同时为屯、组长划分“红色责任田”，由屯组长协助村委开展管理工作，形成“县、乡、村、屯、组”五级联动管理网络。

二是创新实践载体，激发屯组活力。发挥“自治”力量，建立以屯组长为骨干的村级义务巡逻队120多支，负责村屯治安的日常巡逻和常态化夜巡，发挥屯组长贴近群众作用，进家入户察民情、传信息、讲政策；建立“小事情马上办”组织机构，聚焦群众“小事”，不办结不下马。强化“法治”保障，利用“屯组”制深化法律“七进”活动，将法治内容融入乡村文体娱乐活动。坚持“德治”引领，设立“道德值日组长”“三清三拆先行员”“政策宣讲员”等专岗，明确屯组长“责任清单”，由屯组长对村民遵守村规民约、落实“门前三包”环境卫生责任制等情况进行宣讲。

三是健全网格队伍，以网格化夯实社会治理基础。以构建基层社会治理全能网为目标，科学合理划分网格232个，同时将网格精细划分至每个自然屯，设置微网格2571个。聘请117名村辅警担任专职网格员，由驻村第一书记、工作队员、村定工干部、半定工干部担任网格员。按照“网中有格，格中有人，人人尽责，人在网中走，事在格中办”要求，由屯组长担任网格信息员，进一步健全网格化服务队伍，形成“县网格协调员+乡网格管理员+村网格信息员+微网格采集员”网格化服务管理格局。

四是搭建数字信息平台，以智能化激活社会治理方式。建立“三网”融合监控平台，结合网格设置，整合公安天网、村屯微天网、百姓天网三大模块，实现社会治理“一口接进、一屏统览、共享应用”。建立县、乡、村三级综治管理中心，打造反映社情民意的县、乡、村三级社会治理信息系统，同时开通移动终端，通过建立“互联网+网格化”基础数据库，及时收集分析热点、敏感、复杂矛盾纠纷信息，加强群体性、突发性事件预警监测。建立“屯组微网格”微信群，依托志愿服务队、巡逻队、道德值日等各类实践载体，将日常发现的矛盾纠纷事件，及时上报网络员。网格员通过一部手机，即可实现矛盾纠纷发生和处理情况报送，实现基层治理精准化、基层服务高效化，推动基层社会治理手段由“管控”向“智控”转变。

五是依托视联网系统，以研判会提高社会治理效能。针对镇村联动不足、分析研判和隐患消除不及时等问题，依托综治视联会议系统，建立乡镇和村（社区）两级社会稳定形势分析研判工作机制，由乡镇组织辖区村（社区）定期召开分析研判会。乡镇主要领导、政法委员、涉事领域的分管领导、派出所、司法所、法庭及乡镇二级站所负责人与村（社区）支部书记、村辅警、网格员，共同对重点人员、矛盾纠纷、公共安全、治安问题等开展分析研判，协调解决重要事项，制定对策措施。

取得的成效包括：数智赋能屯组，打破信息壁垒，实现全方位、多角度治理格局，进一步深化“三心三治一守”社会治理，打通了五级网格机制。截至2022年10月底，通过平台上报社会治理信息2477条，办结率99.76%，排查各类矛盾纠纷227件，调解成功225件，调解成功率为99%。近年来，群众安全感持续排名自治区前列，村屯基础设施建设和环境卫生不断改善，村屯风气逐渐转变，邻里和谐得到促进，文明礼貌、尊老爱幼、助人为乐等美德蔚然成风。

3. 典型经验

创新实践载体，探索推行“两化一会”赋能屯组的社会治理新发展模式，通过队伍建设、载体赋能、平台搭桥，有机整合各方资源，有效解决了当地传统基层治理面临的村民参与度低、决策有失科学性、治理忽略时效性等问题，全面提升基层社会治理能力，为全区乃至全国提供了乡村社会治理新模板。

数字乡村案例2：广西壮族自治区横州市构建“数字茉莉”大平台打造产业经济新引擎

1. 背景情况

横县于2021年7月29日正式撤县设立横州市。横州市是世界茉莉花都、中国茉莉之乡，茉莉花产业为主导优势产业，拥有40多年发展史，目前种植面积超过12万亩，花农33万余人，茉莉花和茉莉花茶产量均占全国总产量80%以上，占世界总产量60%以上。以茉莉花为主导产业的横州市现代农业产业园在2019年通过国家现代农业产业园验收。近年来，横州市重点推进茉莉花全产业链信息化建设，打造“数字茉莉”大数据平台升级版——“数字茉莉”供应链服务平台，以数字赋能助力乡村振兴、带动农业增效农民增收。

2.做法及成效

一是“数字茉莉”种植管理平台，以物联网技术实现源头把控，升级供给侧安全体系。

开展横州市现代农业产业园茉莉花生产数字化试点建设，自主投资370万元，建设了20亩的数字茉莉大棚，在种植环节利用物联网和大数据技术进行智能光照、温湿控制、自动灌溉、自动施肥，通过智慧种植实现单产提高、降低成本和保证质量安全。在茉莉花核心区开展茉莉花种植面积确权识别、灌溉等工作，通过对卫星影像的连续分析监测，动态掌握全市茉莉花种植的情况和变化，并建设标准化茉莉花种植数据库，同时，辅助农户进行茉莉花补贴申领和发放。对中华茉莉园中灌溉泵房进行升级改造，实现远控+24小时恒压供水；对田间末端管网进行维修完善，解决花农灌溉难题。田间总共安装150套智能物联网水表。

二是打造“数字茉莉”交易平台，通过数据智能化实现智慧市场，升级全过程监管体系。与银行合作建设“数字茉莉”电子交易平台，通过配套电子秤、大数据分析实现实时到账、记录交易、信用贷款和发布交易指导价，实现交易环节更公正、更便捷、可溯源、可监督。

三是推进大数据平台建设，以平台搭建加快产业融合，升级现代化服务体系。本地龙头企业通过“数字茉莉”平台发布供应信息，花农接单按品质要求种植、管理、采摘，逐步实现订单种植。通过大数据分析帮助企业精准预测市场、计算产能、成本和利润空间等，实现产品差异定价，以市场倒逼企业延伸产业链。横州市龙头企业逐步开发出茉莉精油、茉莉康养、茉莉文创、茉莉香米等高附加值产品。

四是推进大数据平台建设，以平台搭建加快产业融合，升级现代化服务体系。强化科技创新，组建茉莉花产业研究院，打造茉莉花专家智库，提升整体行业核心竞争力。强化电商物流支撑，以创建全国电子商务进农村示范县为契机，构建智能物流体系，降低物流成本，增强农产品上行力度。开发茉莉花茶进项税核定扣除税收管理系统税务模块，通过在“茉莉花数字化交易服务体系”中实际发生的采购交易数额抵扣增值税务进项税额，结合垫资证据链帮助茶厂规避法律和税务风险，将申报数额结合成熟模型进行对比分析，自动筛选风险企业数据供税局参考核对，确保税务优惠政策落实的同时，减少和避免偷税漏税的发生。截至2022年7月，49家享受茉莉花进项税核定扣除税收优惠政策的茉莉花加工企业中48家已完成注册，并自主定时按时进行核定税务申报。

3. 主要成效

横州市以农业产业为依托，打造“数字茉莉”供应链服务平台，重点推进茉莉花全产业链信息化建设，通过茉莉花种植数字大棚，使用物联网技术管理和收集，进行茉莉花核心区种植面积确权识别、灌溉、金融服务挂联电子交易平台、电商大数据分析助推产品开发，实现线上交易、产业管理、数据统计、在线金融、信息管理等数字化升级，以数字赋能带动农业增效农民增收，助力乡村振兴。2021年3月

1日，《中欧地理标志协定》正式生效，横州市茉莉花茶获欧盟官方认证，国际市场影响力和竞争力进一步提升。2021年本案例入选中央网信办主编的《数字乡村建设指南1.0》。

2022年，横州茉莉花茶以品牌强度883、品牌价值160.46亿元，横州茉莉花以品牌强度866、品牌价值57.68亿元的好成绩上榜2022中国品牌价值评价区域品牌（地理标志）百强榜单，分别位列第十九位和第六十二位，两者品牌价值达218.14亿元，再度蝉联广西最具价值农产品品牌。

数字乡村案例3：广西壮族自治区富川瑶族自治县深化“三联驱动”模式，助推富川电商产业发展案例

1.背景情况

富川瑶族自治县围绕开展“党旗领航·乡村振兴”行动计划，组织全县电商产业链上46个党支部、250多名党员，以深入推行组织联建、人才联育、服务联动“三联驱动”模式为抓手，着力做好电商产业“生产、加工、销售”三篇文章，形成了乡村产业振兴与数字乡村建设同频共振、融合互促的局面。

2.做法及成效

一是深化组织联建，让电商产品“壮”起来。首先，强化支部引领。聚焦富川脐橙、香芋、冰淇梨等产业，强化“产业”党支部引领，采取公司运营、合作社组织、农户参与的“党支部+公司+合作社+农户”模式，为农户提供市场信息、电商技术等方面的服务，有效联结了1个万亩脐橙生产基地、2个万亩香芋种植基地、3个1000亩以上果场、6个500亩以上果场，服务电商产业延链、补链。其次，打造电商党建联盟。吸纳近20家电商生产、加工、包装、销售、物流等企

业和经济组织，成立全县电商党建联盟，统筹推动产销信息对接、电商直播相关人才培育、红色暖心公益活动等工作。最后，推行联盟共建。电商党建联盟与县脐橙协会、设计包装企业等11家行业协会和企业签订共建合作协议，加强对富川农产品文创、规格、体验的重构与创新，加强品牌发展的渠道铺设、孵化体系、宣传矩阵、溯源体系建设，培育出了“富川脐橙”“富川冰淇梨”“富川香芋南瓜”“富川状元芋”四季生鲜单品，形成了“春芋夏梨秋薯冬橙”全年无淡季的电商农产品供应体系。

二是深化发展联动，让电商产品“美”起来。首先，联动助力电商产业园发展。依托富川农产品电商产业园成立电商红色孵化中心，共吸引55家企业入驻富川电商产业园，并不断完善产地预冷、分拣分级、初加工、集散配送、产地直销等功能，带动全县注册网店达2363家，吸引电商产业从业人员达23476人，富川电商产业园成为桂东北地区最大的产地农产品集散地。其次，联动助力附加值提升。加强跨行业跨领域两新组织党组织间合作，在包装标准上，由电商党建联盟统一设计包装，强化对富川脐橙地理商标的保护；在产品包装设计上重点突出瑶族文化和本土特色，推出的“梨享生活”“橙意满满”“恰饭”等包装设计深受消费者青睐，进一步提升了产品附加值。最后，联动助力物流体系完善。发挥县、镇、村党组织引领作用，通过邮快合作、驻村设点等方式，完善“村党组织+商超市场+群众”的电商物流体系，实现全县12个乡镇、137个行政村级快递物流节点全覆盖。

三是深化人才联育，让电商销售“活”起来。一是做好电商人才培育。首先，依托全县12个乡镇“人才超市”建立电商乡镇人才库，并为电商人才、创业人员和从业者统一提供政策扶持、业务培训、企业孵化、电商咨询等服务。2020年6月以来，累计开展电商技能培训87场次，培训16088人次，培育本土农产品带货主播211人，组织和指导直播315场，孵化电商企业56家。其次，建立五级“红色乡土直播间”。按照“1个县级红色乡土总直播间+1批企业（基地）红色乡土直播间+1批镇级红色乡土直播间+N个村级红色乡土直播间+X个户级红色乡土直播间”的要求，在县电商产业园、富川“酸状元”等企业（基地）、福利镇浮田村建设了覆盖县、企业（基地）、乡、村、户的五级“红色乡土直播间”体系，常态化开展直播销售进乡村活动。成功举办脐橙节、脐橙推介会、电商大集等大型推介活动，农产品网络销售额达15.57亿元。最后，加大“村播”人才培育。实施“村播+”人才培养工程，通过杭州MCN等网红孵化机构，大力培养党员技术人才、农村创业青年、返乡大学生，不断推进“直播+产业”“直播+旅游发展”等“村播+”电商发展模式。2020年以来，全县新开设1800多个抖音账号，注册网店2000多家，实现农村电子商务交易额达35亿元，其中农产品网络零售额15.57亿元。

3. 典型经验

富川创造性地以“三联驱动”模式为抓手，破解了农产品在生产、加工、销售三个环节传统模式下的粗放型生产和加工、销路不畅以及市场信息不对等的难题，实现农产品“上网入市”，增加农民收入。

数字乡村案例4：广西壮族自治区平果市：“四维密码”解锁“数智农牧”，赋能乡村振兴

1. 背景情况

平果市林业资源和土地资源丰富多样，林地、耕地、山地、坡地等多种地形交织，平果市政府坚持早谋划早发展，多年以前就已经开始着重发展林下养鸡和种桑养蚕两大产业，并逐步将林下养鸡和种桑养蚕打造成为平果市两大农业支柱产业。平果市以林下养鸡和种桑养蚕两大传统优势产业为突破口，紧扣国家数字乡村试点县的历史机遇，以数据和技术赋能农业产业发展，用工业化的理念和思维构建农业产业全流程数字化、智慧化的闭环管理模式，推动平果市林下养鸡和种桑养蚕两大传统支柱产业从规模化向数字化和智能化转型升级，让产业发展更可持续、农民增收更有保障，建成有平果特色的“数智农牧”品牌标签。

2. 做法及成效

（1）整体思路

平果市依托林下养鸡和种桑养蚕两大传统优势特色产业，有针对性地引进广西富鹏农牧有限公司和广西时宜农业科技有限公司两家龙头企业，依托物联网、大数据、云计算等技术，以数据思维、闭环思维为导向，开发从终端、云端到用户端的全方位数字化建设和数字化管理体系，打造覆盖采购、工艺设计、生产全过程的智能化、信息化、透明化、可视化、一体化管理模式，让数据和技术全面贯穿空间、时间、流程、生长周期“四维”体系全流程，解锁“四维”数字密码，形成“四全”智管的“数智农牧”产业新模式。

（2）具体做法

平果市采取“公司+基地+农户”的养殖管理模式，在数字产线、数字车间的支撑下，全面实现规模农业企业生产过程的数字化管理。具体来看，主要开展以下四方面数字化建设。

一是建设统一入口，助力全空间即时管理。为实现公司、基地、农户各个空间的一体化、智能化管理，平果市推动龙头公司打造种养殖合作系统，通过云端采集各区域养殖户各类基础数据，结合物联网信息、用药情况、免疫情况、疾病情况，形成完整的数据对标体系，在移动端统一入口支持下，全面动态呈现养殖情况、销售情况、死淘情况、养殖生产指标等信息，管理员实时掌控数据、一屏总览大局，解决人工统计难、周期长、信息传达不及时问题，辅助管理员和农户快速做出最优决策，随时随地进行订苗、订料、订药，实现跨空间远程化即时管理。

二是部署智能终端，实现全天候智能值守。为保证养殖环境的稳定性和合适性，平果市推动龙头公司通过搭建环控系统、视频监控系统、安全节能直流灯光控制系统，以及部署风机水帘自动喷雾环境控制设备，安装温度、湿度、二氧化碳、氨气检测器、监控摄像头，实现对各个环节生产情况的实时跟踪掌握和养殖环境的自动化调控，保证温度和湿度、氨气浓度等指标合理，进而提高产蛋率、出栏率、上蔟结茧率等直接影响产量的指标。

三是构建标签体系，支撑全过程精准溯源。平果市推动龙头公司通过建设养殖溯源系统，在特定的逻辑加密算法支持下，生成产品质量安全追溯标签，以标签加贴、一物一码的方式，实现养殖产品从育苗、繁育到加工、包装、销售的全过程信息录入、传递和汇总，助力从养户领苗、农户养殖、销售环节到仓储环节、服务环节、考核环节的全过程溯源监管，保证产品质量安全。

四是沉淀数据资产，辅助全周期科学养殖。平果市对数据价值历来高度重视，通过普及应用自动供料系统，实现对单位养殖数量、饲料配比数据、单位饲喂数据的自动记录，并自动发出短信、电话等预警提醒，减少了人工劳动量，显著降低排污量以及用水量和用电量，打造了数据赋能下的精准化、高效化、智能化养殖模式，林下养鸡实现人均饲养种鸡5000羽，较传统人工喂料增加了1倍，同时明显提高了种鸡日产蛋量，并且大幅度降低料肉比，由原来传统养鸡4.0—4.2:1降低到3.2—3.6:1。

（3）取得成效

平果市以“公司+合作社+农户”的农业产业化经营模式，带动20810户农民从事林下养鸡和种桑养蚕，年出栏富凤优质土鸡2500多万羽，年总产鲜茧约3150吨，农户年均增收8万—10万元，超过2700户脱贫户（监测户）通过林下养鸡或种桑养蚕巩固了脱贫成果，增收致富，成效显著。目前，在林下养鸡方面，平果市年产值达7亿元，已建成年产量65万吨的饲料厂，年孵化4000多万羽的孵化场、20000平方米的金沙富凤鸡繁育基地；在种桑养蚕方面，平果市桑蚕产业覆盖12个乡镇64447.83亩，实现年产值约3.18亿元，已建成时宜蚕桑现代化示范区和年收购2000多吨的蚕茧收储中心，农业产业效益不断提升。

通过数字化赋能，平果市林下养鸡和种桑养蚕两大传统支柱产业全流程数字化建设已成规模，真正实现了从规模化向数字化、智慧化的高效转型升级，林下养鸡和种桑养蚕两大支柱产业已覆盖全市12个乡镇171个行政村，解锁“四维”密码红利赋能平果农业发展，将农民与产业深度联结，促进农业增效、农民增收。

3. 典型经验

平果市立足自身特点，以发展特色现代农业为重点，将数据和技术作为发展驱动力，通过引进现代化生产龙头企业，大力推动数字平台的推广应用，构建政府引导、市场主导、社会参与的协同推进机制。同时，通过打造规模化经营、数字化支撑和以利益联结为纽带的一体化农业经营联合体，营造公司助力合作社、合作社带动农户的联动发展格局，解决了农业产业体量大而管理不精细、覆盖广而服务不到位以及投入大而成本不可控等传统产业的固有问题，带动农业产业和推进乡村振兴取得显著成效。

数字乡村案例5：广西壮族自治区兴业县卖酒镇数字乡村·智慧网格管理中心

1. 项目背景

近年来，传统的治安防控措施已难以满足现实需求，加之基层工作量大，人手不足，卖酒镇党委政府积极推进安全维稳和社会综合治理工作，努力营造安全稳定的社会环境。卖酒镇立足雪亮工程基础设备，探索社会治理新模式，创新成立卖酒镇数字乡村·智慧网格管理中心，此项举措是新时期新形势下推进立体化社会治安防控体系建设的一项重要举措，对于增强预警预防、打击犯罪、整体防控、基础管控和提升社会治理能力，提高平安建设现代化水平具有十分重要的意义。

2. 主要建设内容

2022年5月，卖酒镇数字乡村·智慧网格管理中心成立，采用“用户出资安装，企业提供技术，政府管理平台”的思路筹措资金开展建设。该中心整合综治中心、应急、公安、消防等部门资源力量，依托电信、移动两大运营商技术支撑，将辖区内的重要交通卡口、企事业单位、重点水域、商超、学校、规模养殖场等纳入监控范围，设置高清摄像头2587个，显示大屏12块，天翼云播92个。中心的智慧大屏集合了乡镇介绍、智慧党建、天翼云播、平安乡村、疫情防控以及政务公开等板块，建成后的中心成了一张基层治理的“安全网”。

（1）智能监控，为基层治理插上“千里眼”

平安乡村板块有实时视频、云回放、电子地图、消息告警、AI服务、更多应用等功能，利用全镇设置的2587个高清摄像头，12块显示大屏，通过实时视频，中心可以24小时动态监控全镇社会动态，安装摄像头的农户可以24小时动态监控家庭场景。对需要回放查看的，可以通过云回放查看相关摄像头储存的视频，既能满足群众看家护院、陪伴家人的现实需求，又能满足基层社会治理的基本需求。

（2）消息警告，为基层治理接上“报警器”

平安乡村板块功能中的消息告警、AI服务，具备自动检索、自动告警功能，如AI服务功能具备人脸布控、车牌布控、区域入侵、口罩识别、客流统计等功能，中心管理人员可以根据全镇开展的禁毒工作、防溺水工作、校园安全工作、疫情防控工作需要，将有关信息录入系统进行人脸布控；也可以将有关车牌号码输入系统进行车辆布控；还可以把水库、鱼塘、学校周边等重点位置作为监控区域，设置区域入侵，一旦出现有关情形，系统立刻发出警戒，并自动推送信息至中心平台，消息告警成了社会治理“情报员”。

（3）天翼云播，为基层治理装上“大喇叭”

天翼云播是在天翼看家平台基础上建立的，天翼云播支持创建音频（文字转语音、在线录音、上传音频文件三种方式）。天翼云播可支持1对500发起实时播报，实时播报过程中可同步录音、呈现设备连接状态，实时播报结束后生成播报历史报告。天翼云播也可创建定时播报（写标题+选音频+选设备+设时间）、播报列表记录。支持多个音频文件按顺序播放，支持用户指定日期、指定每天不同时间段播放，支持单次播放或者多次循环播放。2023年6、7月份强降雨期间，通过“云广播”，将预警信息发布系统与应急广播有效对接，全天候滚动播放汛情信息，成为助力防汛工作的最强音。又如，当发现有车辆违停或治安问题，中心管理人员可以直接用天翼云播通知相关工作人员和群众，实现“足不出户声音传千里”。

（4）防疫报备，为基层治理搭建“服务台”

数字乡村智慧平台结合疫情防控工作需求，上线了“返乡报备”功能模块。该模块主要用于返乡人员的防疫风险排查和精准服务，快速汇总疫情防控信息，便于防疫办、各村协同作战，及时掌握返乡人员情况。返乡人员可以通过微信扫描二维码，按页面提示登记信息进行返乡报备。中心管理人员通过数字乡村智慧大屏及时了解返乡人员的返乡时间、核酸结果、交通工具等信息，根据登记的信息，落实属地管理责任，对返乡人员实行网格化管理，由专人对信息报备人员进行健康管理和异常状况处置。

（5）信息公开，为基层治理添光彩

数字乡村智慧大屏，既是乡村治理的“指挥中心”，也是信息公开的“展示窗口”，汇聚视频监控画面、乡村地图、辖区人口等信息，展现村容村貌，治理成效。如，“智慧党建”模块，村组织结构、党员人数、党建新闻等信息在“智慧党建”模块界面中一览无余，点击打开“智慧党建”模块，可以清楚地看到“三会一课”的学习次数、支部会议次数等相关信息，打破了地理空间对党建工作的限制，在家也能查阅党建信息。

3. 主要成效

兴业县卖酒镇立足“雪亮工程”，探索社会治理新模式，创新建立卖酒镇数字乡村·智慧网格管理中心（以下简称中心），打造卖酒镇全域“一张屏”场景可视化、任务数字化、管理便捷化管理平台，通过中心开展社会治理，推进社会宣传立体化，彰显乡村振兴“内在美”，让人民群众获得感、幸福感、安全感更有保障。

（1）彰显乡村振兴“内在美”

中心通过图片展示近年来兴业县卖酒镇打造的产业项目和涌现出的周覃社区、睦村、党州村等乡村风貌提升示范点，将开展新时代文明实践志愿服务活动从线下搬到线上，展现了卖酒镇在产业兴旺、生态宜居、乡风文明、治理有效、生活富裕方面取得的成果，描绘出乡村振兴壮美画卷。

（2）推进社会宣传“立体化”

中心结合党委、政府中心工作，运用天翼云播开展线上宣传工作，与传统宣传相互补充，形成立体化宣传格局。中心建成以来，共播放各类宣传政策35680条，其中疫情防控宣传12590条，防汛救灾宣传8530条，森林防火宣传9540条，养老保险宣传5020条。

（3）提升公众安全“满意度”

卖酒镇全镇2587个高清摄像头、12块显示大屏，构建了一张“安全网”，对违法犯罪分子形成了强烈震慑。中心建成以来，平台向派出所提供有关线索7条，卖酒镇治安案件发生率同比下降30.23%。

（4）增强人民群众“获得感”

卖酒镇坚持以人民为中心思想，解决群众急难愁盼问题，通过中心长期关注精神障碍患者、残疾人、孤寡老人、留守儿童、妇女等人群，为群众及时送上“贴心服务”。中心建成以来，受理群众求助8条，帮助找回走失老人3名。

第十一章　广西数字经济国际合作

一、广西深耕东盟数字经济“新蓝海”

2023年广西政府工作报告提出，要“大力发展数字经济，提升常态化监管水平，支持平台经济发展”。当前，广西数字经济不断发展壮大，新一代数字技术加快应用推广和产业转化。同时坚持合作共赢，与东盟合作共建数字丝路，联结起面向东盟合作的新纽带。数字经济已成为中国与东盟国家合作发展的“新蓝海”。广西深入贯彻落实“网络强国”“数字中国”发展战略，持续强化数字赋能，坚持数字合作，推动共建共享中国—东盟信息港，不断构筑面向东盟的“数字丝绸之路”，推动中国—东盟数字互联互通。广西聚焦公共服务、技术创新、跨境经贸、特色服务、数字人文交流五个领域，推进面向东盟的数字化建设，推动数字设施互联互通，积极打造连接中国与东盟的“数字丝绸之路”，建成一批技术先进、具有社会和经济效益的应用场景。

（一）数字基础不断完善

现已开通国际海缆3条、陆缆12条，建成南宁国家级互联网骨干直联点、3条国际互联网数据专用通道，连接东盟国家电路（专线）超过300条，面向东盟的出口带宽超过400G，北斗应用落地泰国、老挝等东盟国家。我国首个面向东盟的广西F根镜像节点和国家域名顶级节点已在南宁建成运营；建成二级节点累计标识注册量超3.2亿，标识解析量超8.7亿，数字基础设施不断夯实。[①]中国—东盟跨境征信服务平台拥有东盟十国超700万家海外企业征信数据，为境内近3万家外贸企业提供了深度数据查询服务；北部湾大数据交易中心累计交易规模超7300万元，挂牌交易数据产品达261个，实时接口调用次数超10亿次，信息共享不断拓展。与此同时，广西积极推进建设中国—东盟跨境支付、跨境金融服务平台等一批面向东盟的跨境平台。南宁市企业在东盟地区已建成海外仓9个，建成了一批面向东盟的跨境电商直播基地，经贸服务不断升级[②]。

下一步，广西将紧紧围绕中国—东盟信息港，建设好中国与东盟的数字桥梁，用好中国—东盟自贸区3.0版的谈判机遇，积极吸纳东盟国家数字经济建设领域技术人才和领军人才，以广西为试点降低数字经济人才准入标准；积极打造中国—东盟绿色算力枢纽，面向东盟输出算力服务，争取先行先试点优惠政策；积极打造面向东盟跨境数据流通基地，推动数据跨境流通应用、公共数据适度放开、标准互认等；积极打造面向东盟数字产品输出基地，培育好5G、北斗应用、机器人、跨境直播、跨境影视产品、跨境游戏、跨境电商等产业链。

（二）数字企业海中弄潮

2022年10月，广西印发《加快广西数字经济对外投资合作的实施意见》，这是全国首个省级出台的数字经济领域支持企业对外开展投资合作的文件。中国—东盟信息港股份有限公司、数字广西集团有限

---

①来源：广西大数据发展局

②来源：南宁日报《广西积极推动面向东盟的数字化建设和应用走深走实 南宁市企业在东盟地区建成海外仓9个》

公司、北投信创科技投资集团有限公司、润建股份有限公司、云上广西网络科技有限公司等一批广西本土数字经济企业，扬帆出海，挺进东盟，构建跨境数字经济产业链，建设数字基础设施、建立跨境数字经济服务平台。

润建股份在东盟地区已构建“市场拓展、项目交付、服务支撑”的端到端体系，积累近百家中资出海企业及东盟行业客户、当地合作伙伴，形成了润建生态合作伙伴圈，海外收入近1亿元。

润建股份有限公司投资近2000万元，在东盟国家参与跨境数字经济产业链数据中心及园区网络的基础设施建设，提供通信信息技术服务、行业数字化和智能化服务，开展跨境电商相关业务等。印尼是一个农业大国，但农业机械化水平落后，生产效率低。该国一直致力于引进高科技农业，但苦于互联网基础设施落后，只能看着高科技设备望洋兴叹。在印尼爪哇岛，润建股份与玻库特拉公司开展了首个综合性智慧项目合作，包括智慧乡村、数字农业、智慧文旅等。广西在印尼爪哇岛播撒“农业智慧”的种子，爪哇岛的农业发展开启了崭新的一页。智慧乡村的第一阶段是将玻库数字园区建设为示范点，通过互联网+光伏+鱼塘、鸡舍立体养殖+旅游等方式，建设“小而美”的综合数字园区，进而联合周边的农场与农户，扩大数字农业的示范效应，从而建成广西在印尼的智慧乡村示范项目。

专栏：中国—东盟信息港股份有限公司

中国—东盟信息港股份有限公司（简称“中国东信”）是经国务院批复成立的国有控股的平台型信息科技公司，是总部落户于南宁的“中国”字头企业，肩负着建设运营中国—东盟信息港和数字广西的重要使命。公司采用“一体两翼、协同赋能”的业务布局，“一体”为信息技术IT，包括数字政企、数字产业、信创产业，“两翼”分别为“通信技术CT”和“金融科技FT”，三大板块相互协同，共同致力于成为数字化赋能专家和数字丝路引领者。公司将充分发挥平台型企业优势，努力打造“产业、资源、客户”的超级“链接器”，开发汇聚数字应用产品的“工具箱”，致力于成为重点领域的数字经济“运营商”。

创新成果方面，已经获得和正在审查的专利140项，已经获得的软件著作权340项，研发了全球首款通信导航一体化模组，牵头制定了国内eSIM标准。重大项目方面，获得了3项国家级数字经济重大专项，2项广西壮族自治区级重大专项，承担了多项自治区重大平台的建设运营。公司建设运营的华建通、商贸通、蔗糖通、云通信、易连接五个产业互联网平台位居国内行业第一。荣誉资质方面，获得了广西唯一经过中国人民银行备案的企业征信牌照，国际软件能力成熟度最高等级（CMMI5）认证，2021年第七届网络安全大赛广西第一名，荣膺国家互联网应急中心CNCERT网络安全应急服务省级支撑单位，泛糖科技荣获第三届中国互联网大赛“工业互联网+精益生产”专业赛二等奖，中国走进东盟十大成功企业，通过CNCFKCSP全球云原生认证，连续五年获得南宁最佳/优选雇主；拥有高新技术企业证书，质量管理体系认证证书，涉密信息系统集成甲级资质证书，广西信息系统集成一级资质证书，广西瞪羚企业，广西壮族自治区认定2021年新型研发机构，荣获2021年度广西科学技术奖三等奖，2022年广西五一劳动奖等。

（三）数字平台加快推进

广西对信息港重点项目库实行动态管理，充实中国—东盟远程医疗中心等一批重点项目，年度重点建设项目开工率91%。南宁国家级互联网骨干直联点运行不断优化，柳州国际互联网数据专用通道建成使用，广西移动、广西联通完成跨境陆缆传输系统相关工程，中国电信东盟国际信息园建成开园，中国—东盟星动云算力中心等加快推进，老挝、柬埔寨和缅甸云计算中心建设完成，菲律宾、越南数据中心项目加快建设。

专栏：中国—东盟“商贸通”数字化平台

走进中国—东盟信息港股份有限公司智能展示中心，3米高的电子显示屏上，边民互市交易的数字在不断跳动——水果、坚果、糖料、大豆等一宗宗商品交易额正快速更新。

这是集交易、通关、金融和物流为一休的外贸服务平台——中国—东盟“商贸通”数字化平台（以下简称“商贸通”）。在“互联网+”支持下，这一平台可以实现广西与东盟国家之间贸易全流程的数据化、可视化管控，降低外贸相关企业运营成本，提高服务效率，防范贸易领域风险。

“我的主要工作是运送乳胶。以往通关需要人工审核，速度很慢。现在采用人脸识别，最快10分钟就能办好。”一名泰国司机说。“商贸通”提前录入了东盟外贸企业的相关信息，货物运抵口岸时，轻轻一扫即可快速通关，极大提高了通关和运输效率。

“商贸通”整合了外贸企业常用的金融服务，企业足不出户即可实现金融业务线上办理。“以前，办理结汇业务只能跑银行，递交一张张票据，然后柜员再逐张审核，至少得花几个小时。”越南安来机电有限公司工作人员陈红河说，现在依托跨境金融服务子平台，只需要15分钟就能办完业务。

距离南疆国门友谊关约8公里，坐落着中国—东盟自由贸易区凭祥物流园。一辆辆来自印度尼西亚的货车，满载着机电零件，经扫描登记后有序驶入。为了优化和扩展物流供应链，凭祥物流园2020年7月上线跨境物流信息服务平台，这是“商贸通”的组成部分。

“平台涵盖需求发布、需求汇总、需求竞价、合同签订、物流确认、费用结算等功能。”凭祥物流园园区工作人员指着电脑屏幕说，“通过平台发布需求，外方确认后就会着手运输，运输的每个环节都被记录在这个系统上”。

截至2021年12月，“商贸通”已覆盖广西崇左、东兴和百色三地共计13个互市点、16家口岸服务中心、9家结算银行以及2家第三方支付公司，交易额累计超1000亿元人民币。中国—东盟信息港股份有限公司董事长鲁东亮介绍，未来公司还将运用人工智能、区块链和物联网等技术，持续建立口岸智慧互联的信息化平台，推动广西外贸由“通道经济”向“口岸经济”转型，推动口岸经济与加工制造业、商贸物流业融合。

（四）数字技术赋能经济

中国—东盟北斗（南宁）/GNSS中心建成落户，助推北斗导航应用走向东盟；广西大学、桂林电子科技大学等高校和企业在面向东盟的大数据舆情分析、北斗技术应用等方面取得新的成效；中国—东盟跨境医疗合作平台、跨境旅游服务平台、职业教育云平台建成使用，中国、越南、老挝、缅甸、泰国等5国群众实现跨境远程看病。

总部设在南宁的中国—东盟技术转移中心帮助广西数字企业对接菲律宾相关运营商、通信公司等，通过开展云通信项目、嵌入式SIM技术、面向B端客户的智慧办公解决方案及云计算中心建设，助推广西数字技术业务走进东盟市场，为构建“数字丝绸之路”提供科技支撑。

目前，中国—东盟技术交易平台已汇集中国与东盟国家的科技需求1125条，科技成果1万多项，专家3835名。中国—东盟技术转移中心与泰国等9个东盟国家分别建立政府间双边技术转移工作机制，与7个东盟国家组建了技术转移联合工作组，建立包含2600多家成员的技术转移协作网络。

作为广西本土面向东盟的技术转移示范机构，广西东盟技术转移中心以促进中国与东盟国家技术转移和成果转化为核心使命，与文莱、印尼、缅甸、老挝、泰国和马来西亚等东盟国家的科技主管部门，开展多频次、高质量、强互动的联络沟通，夯实双边技术转移工作机制，围绕数字经济、生物医药、现代农业等重点领域加强技术转移与交流，推进合作更加深入。

根据中国信息通信研究院发布的研究报告，中国对数字技术的应用位于全球先进行列。中国数字技术具有物美价廉、售后服务便利等优势，再加上中国与东盟国家地缘相近、人文相通，中国数字技术进入东盟国家市场前景广阔。

图10-1东盟各国驻邕总领馆代表到中国—东盟北斗GNSS（南宁）中心考察。

5年多前，广西北斗综合应用示范工程全面启动实施，广西北斗产业迎来了扬帆起航的新起点。经过这几年的建设，已经搭建了广西北斗综合位置服务平台，为全区智慧糖业、西江智能通航、城市精细化、东盟跨境运输等多个领域提供北斗高精度位置服务支撑，完成16万套北斗各类型终端的推广，为构建广西北斗应用生态圈、实现北斗在广西规模化应用打下了良好基础。北斗卫星导航系统工程总设计师杨长风如此评价：“广西北斗综合应用示范项目为我国北斗走出去做出了积极有益的探索，形成了可复制、可推广的经验、模式，取得良好成效，值得推广。”

在广西北斗卫星导航应用和产业化推进工作领导小组统筹下，广西根据国家北斗产业化发展“十四五”规划总体布局，推进广西北斗产业在规模化应用、支撑体系建设、产业集聚、国际化拓展等方面发展。

（1）产业加速集聚

在来宾、崇左等甘蔗主产区，大多数甘蔗一体化砍运车辆上都安装上了北斗系统，通过对甘蔗砍运一体化车辆的精准定位和科学调度，可实现运蔗车辆的动态可视化监管，规范企业运蔗车辆的行为，提高甘蔗砍运效率、车辆调度效率，减少车辆排队等候进厂时间，进而提升产糖率，降低企业生产和管理成本。

广西围绕“北斗+交通”“北斗+应急”等方向，在糖业、水运等领域全方位促进北斗产业集聚发展。目前，中国—东盟空间信息技术创新示范基地已引入20余家企业落户，已培育出1家规模以上企业、5家高新技术企业，获得专利授权等知识产权近百项。北斗卫星导航与位置服务产业悄然开花。

（2）合作不断增强

2019年，中国—东盟北斗/GNSS（南宁）中心揭牌，这是继中阿北斗/GNSS中心之后运行的第二个北斗中心，旨在发挥南宁的地缘优势，辐射东盟，加快中国和东盟国家的合作进程，为推动北斗系统走出去贡献重要力量。

近年来，广西充分发挥区位优势，推动交流互动，不断扩大北斗的应用领域和试点领域，稳步推进北斗在东盟国家道路应急救援、智慧农业、跨境贸易等领域的应用。中国—东盟北斗/GNSS（南宁）中心负责人称，“中国北斗·东盟行”等专题活动将重启，将进一步增强与东盟国家间的互动，引导龙头企业的产品、技术、服务通过“南宁渠道”走出去，加强北斗国际交流合作，促进北斗国际合作常态化发展。

大道之行，壮阔无垠。自治区大数据发展局相关负责人表示，根据《广西推进北斗技术应用与产业发展实施方案》，广西将加强北斗卫星导航系统基础设施建设，拓展北斗技术行业应用，打造北斗产业集聚区，加大面向东盟的应用示范和推广力度，如加快中国—东盟时空中心建设、积极争取北斗综合应用东盟示范项目等，加强与东盟国家之间道路应急救援服务体系的对接，为商旅人员在东盟国家地区提供救援保障，同时还将面向东盟，开展智慧农业、灾害预警、农产品原产地溯源、在途监管等示范应用。

（五）数字应用拓展场景

广西积极推进北斗导航系统与各种数字化技术的融合应用，并努力在亚洲地区构建数据共享与合作的网络。广西北斗CORS一张网的建设将有助于提高广西及中国与东盟地区的空间信息服务能力。同时，北斗道路应急救援服务在泰国、老挝等地的落地也是广西推广北斗应用的重要举措。这些都将显著提升广西数字化技术在区域间的影响力。此外，广西还积极开展在智慧城市、跨境旅游、跨境医疗、智慧教育、减灾防灾等领域的数字化合作，并探索在工业互联网、人工智能等领域的应用场景。这都将对推动广西的数据价值化和数字化发展产生积极影响。广西继续开展面向东盟的数字化标杆评选活动，将有助于展示广西在数字化应用方面的优秀案例，提升其在东盟地区的影响力和知名度。

总的来说，广西正在全方位地推进与东盟的数据价值化合作，这对于提升广西的数字化应用能力和推动其经济发展具有积极意义。

（六）数字人文深化交流

举办“第四届中国—东盟人工智能大会”“中国—东盟信息港之夜”等活动，旨在推进中国和东盟在人工智能等领域的进一步交流，通过吸引高质量项目的落地，加快广西在数字经济领域的发展。线下互访的形式可以加强和深化与东盟国家政府、高校、企业及行业、社会组织之间的交流合作，为未来的项目合作、技术交流等奠定更为稳固的基础。此外，通过推进面向东盟的公共文化数字化建设和文化产业数字化发展，将会使得文化交流变得更为方便快捷，同时也能推动广西地区文化产业的进一步发展。

二、广西面向东盟的数字治理研究

近年来，广西以中国—东盟信息港建设为支点，深入推进面向东盟的数字化建设，全面开展面向东盟的数字治理，统筹规划，出台政策文件，共享政务数据，推广数字应用，各方面取得了显著成效，但仍存在跨境数据合作机制未完善，数据标准未统一等问题。总结当前广西面向东盟的数字治理合作实施路径，提出对策和思路，有利于推进广西与东盟的数字技术合作，进一步加速数字广西和中国—东盟信息港建设。

（一）东盟的数字治理现状

1. 统筹数字治理规划，推进数字化发展

东盟积极推动规划系统集成，加强数字治理效能。2016年出台《东盟个人数据保护框架》，提出保护数据，支持数字贸易和创新。2018年制定《东盟数字信息治理框架》，促进东盟跨境数据流动认证，推动东盟地区的数字信息互联互通。2021年出台《东盟数字总体规划2025》《东盟数据管理框架》《东盟跨境数据流动示范合同条款》，推进数据管理指标考核、建立跨境数据传输评估标准，创造了良好的数字治理环境。

2. 建立数据管理机制，加强数据安全保护

东盟着力提升数字化管理能力，全面构建以数字化改革推动形成数据集成、数据应用、数据监管的数字化治理架构，并对数据隐私违法收集、泄露、滥用等设置了相应的处罚措施。新加坡设立个人数据保护委员会，加强个人数据的保护，监管个人数据收集、使用。马来西亚设立个人数据保护部，加强数据监管，强调对数据信息泄露的保护，明确处罚责任，维护网络空间安全。

3. 加快推进数字应用平台，提升数字化服务

东盟高度重视区域内电子商务、数字支付等数字共享开放平台建设，推动数字化服务落地。文莱伊斯兰银行推出数字银行平台，促进在金融科技方面的信息共享。新加坡建设互联贸易平台，催生了一批

活跃的在线自由职业者以及共享经济产品。泰国推出电子政务4.0，实现数据联网共享，IPv6部署率从约2%增至30%，增速位于全球第五名。

（二）广西面向东盟的数字治理现状

1. 提供有效政策保障，数字治理体系基本完善

广西构建数字治理体系，加强网络、数据、应用等方面的综合治理，构建“一核双引一底四驱”数字广西新格局，建立“三纵、四横、五个一”的数字政府架构体系，打造广西数字政府“一核驱动、五个管用、多维创新”的发展新模式，建立广西数字政府一体安全联席会议制度、数据安全协调机制、数据安全联络机制，出台数字化建设的相关政策文件，为推进面向东盟的数字治理提供保障。目前广西共出台了84份政务数据治理相关政策。其中，数据创新应用类26份，数据资源整合与开放共享类18份，统筹政务数据治理规划16份，数据安全类、基础资源建设类、数据资源类共24份，形成了自治区数据治

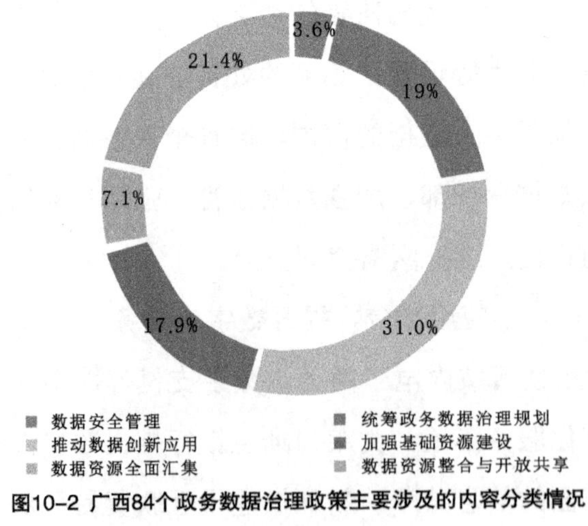

图10-2 广西84个政务数据治理政策主要涉及的内容分类情况

理标准和规范。

2. 加快基础设施建设，数字互联互通取得成效

广西着力推进与东盟信息网络的互联互通和共建共享，拥有12条国际陆地光缆，13个国际通信节点，1个国家域名CN顶级节点。广西连接东盟国家电路（专线）超过300条，面向东盟的出口带宽超过400GB，光缆线路总长度达到249.7万公里，互联网省际出口带宽4050万兆，5G基站超过5.8万座，在建大中型以上数据中心18个。南宁国家级互联网骨干直联点建成运营，各电信企业区内网间平均时延从50毫秒降至4毫秒，降幅近90%。南宁国际通信出入口局建成运行，柳州国际互联网数据专用通道获批建设。

3. 建设数据汇聚平台，数据共享与开放水平明显提高

广西建设自治区公共数据开放平台、政务数据共享平台、公共资源数据平台，加强数据共享共用，推进数据交易。全区2659个单位的政务数据资源共享目录超1.8万条，目前汇聚数据总量超78.42亿条，比2021年增长49.3%，接口调用次数超38.64亿次，比2021年增长110.8%。建成“广西互联网+监管”数据中心，累计向国家平台推送1172.9万条监管行为数据。2022年1月国家“互联网+监管”系统数据显示，广西监管事项认领率达到86.9%，排名全国第一；省级监察实施清单认领率由76%提升至95.9%，市级检查实施清单编制率由76%提升至92.9%，县级检查实施清单编制率由68%提升至93.6%。北部湾大数据交易中心建成运营，登记注册企业超过120家，数据服务调用次数超7亿次，入选工信部2022年大数据产业发展试点示范项目。

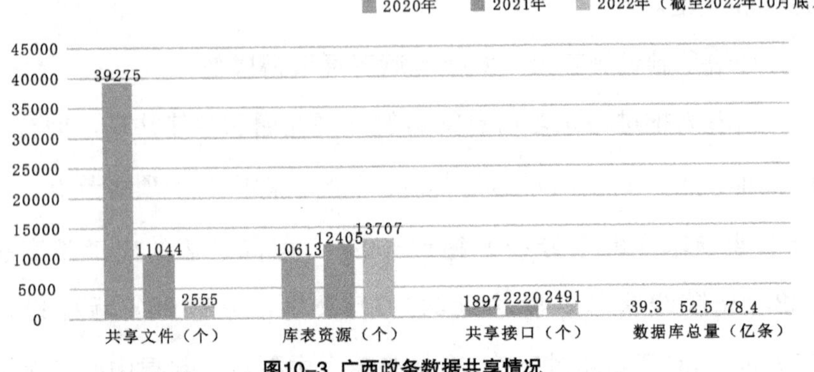

图10-3 广西政务数据共享情况

4. 开展多领域数字合作，数字应用成效显著

广西全面推进数字在旅游、医疗、政务、教育等方面在东盟的应用。推动数字科技与文化旅游深度融合，构建数字赋能的中国—东盟文化旅游新体系。推动“一键游广西”项目与越南、老挝、柬埔寨、泰国等国家的相关企业、平台合作，实现资源共享。加快建设中国—东盟跨境旅游服务平台，为游客提供专业的东盟国家旅游产品，完善多语种信息服务和跨境旅游指南功能，加快实现“一键游东盟”。建立中国—东盟远程医疗中心，与越南、泰国的医院开展线上交流。广西全面推行电子健康卡，发放超过3600万张，累计使用量1.2亿次。广西企业数字化服务走进东盟，OTT在线教育平台为印尼2万多所伊斯兰寄宿学校搭建一个完整的数字教育生态系统，Gchat软件为东盟国家政府智慧政务及智能办公系统提供强有力的技术支持，老挝超8500名公务员使用政务系统线上办公。中国—东盟职业教育云平台面向东盟地区建立双语教育资源云平台。

5. 推进数字贸易服务，跨境电商业务量快速增多

2021年，广西共完成跨境电商零售进出口约11097万单，同比增

长159.8%；交易额约57.6亿元，同比增长177.56%，位居全国跨境电子商务综合试验区前列。中国—东盟新型智慧城市协同创新中心引进来自东盟的企业，与东盟电商平台合作，开展与泰国的在线电子商品交易。Lazada跨境电商南宁枢纽中心正式投入运营，将南宁作为面向东盟的跨境电商重要基地和自建物流体系的关键节点。

（三）广西面向东盟的数字治理面临的挑战

1.面向东盟的数字治理合作存在政策壁垒

一是我国与东盟在数权法律制度建立上不同步，建设差距较大。我国近几年连续出台了《网络安全法》《个人信息保护法》《数据安全法》等法规，数据保护立法逐步完善。东盟国家除了新加坡、泰国、马来西亚、菲律宾、印尼、越南出台数据保护的相关法律法规外，柬埔寨、老挝、缅甸和文莱等国家尚未出台数据保护的相关法律。二是我国与东盟跨境数据合作机制还未形成。目前，我国尚未加入任何跨境数据流动国际性规则组织，新加坡和菲律宾已加入美国主推的跨境隐私规则体系（CBPR）。东盟受日本和欧盟的影响，以欧盟2018年实施的《通用数据保护条例》(GDPR)为蓝本修改国内成法，或新修立法，很大程度影响我国与东盟进一步建立数据共享合作机制。

2.数字化水平发展呈现差异化

我国与东盟的数字化发展水平参差不齐。一是东盟国家信息通信基础设施发展不均衡且总体水平不高。大部分东盟国家对数字基础设施的投入不足，宽带服务网络使用成本高，导致数字基础设施建设滞后，信息化程度较低。二是东盟的数字人才资源匮乏，有数字技术和产业经验的跨界人才及初级数字技能型人才双重缺失，很难满足国际数字合作的要求。东盟引导国外人才参与本国数字经济建设时，劳动力市场和培训系统尚无足够的能力应对本国人才培养的需求。

3. 数字治理标准尚未统一

中国与东盟在数据收集、个人隐私、数据安全、互联网金融、互联网物流、海关等诸多方面尚未形成统一的标准和规范，一定程度上影响了双方数字经济领域合作的广度与深度。东盟国家在数字治理监管方面，受监管模式和监管手段的制约，监管制度、措施建设还存在滞后、空白等问题，影响数字治理与应用的发展，更制约着数字治理与应用合作的进程。

（四）广西面向东盟的数字治理合作实施路径

1. 以数字经济合作为引领

加强数字基础设施领域、电子商务领域、数字技术研发领域合作交流，拓展“数字丝绸之路”的软实力和硬实力，推动跨国科技创新合作，推进广西与东盟在数字治理领域的合作。积极开展数字经济合作，深化数字人才培养与技术交流，加强数字化战略的双向对接，营造稳定的合作环境，不断提升双方数字经济的创新发展与合作水平。

2. 以数据要素产业园为支撑

加快构建广西面向东盟的数字经济平台，提供数据信息共享。建立数据要素产业集聚区，培育数据产业创新企业，开展多种形式的研发和市场合作。探索发展跨越物理边界的中国—东盟“虚拟”产业园区和产业集群，加快产业资源虚拟化集聚、平台化运营和网络化协同，构建虚实结合的产业数字化新生态，发展集数据采集、治理、存储、传输、开发等于一体的产业体系，打造产业链条完整、体系健全、流通顺畅、安全保障有力、应用场景丰富的数据要素产业集群。

3. 以数字化治理合作平台为载体

探索广西与东盟在数字治理领域实施合作的重要载体，持续促进中国—东盟信息港基础设施、信息共享、技术合作、经贸服务和人文交流五大平台服务功能升级，打造中国—东盟政务信息搜索引擎、线上交易中心、线下电子商贸服务等。

4. 以开展国别合作为战略指引

落实中央、国务院战略规划，结合地方实际，推动广西—东盟高质量合作关系走深走实。一方面，积极向信息基础设施较为完善的新加坡学习经验，提升信息基础设施水平。另一方面，利用自身优势，鼓励广西企业在柬埔寨、老挝、缅甸等数字发展滞后的国家进行数字基础设施建设，实现信息服务领域互融互通。联合老挝、印度尼西亚、越南等东盟国家开展物联网节能降耗、虚拟电厂（VPP）、智能电网示范建设，打造陆海新通道智慧能源合作走廊。

（五）广西面向东盟的数字治理对策建议

1. 争取跨境数字合作的政策支持

以《中国—东盟关于建立数字经济合作伙伴关系的倡议》《东盟互联互通总体规划2025》为重要基石，积极争取跨境数字合作的政策支持，加强双边、多边战略合作，与东盟各国之间建立常态有效的沟通、对话机制，达成数字深度合作的共识。

2. 继续夯实面向东盟的数字基础设施

推动区内互联网出口带宽、光缆线路长度增长，加快部署建设5G网络，扩大千兆光网覆盖范围，运营好南宁国家级互联网骨干直联点，提高区内数据中心使用效能，完善直联点网络安全和数据安全保障措施，进一步强化国际互联网数据专用通道运营管理，提升网络安全应急处置能力，夯实数字基础设施。扩大我国与东盟在数字基础设施建设上的合作规模，增加发展高速互联网、下一代网络电信基础设施、承运人服务、基于开放互联网的视频服务、智慧城市等新的数字化合作内容，积极服务东盟的数字基础设施建设。

3. 加强跨境数据安全保护

筑牢网络安全和数据安全底线，健全广西网络和数据安全保障体系，加强数据安全监管。积极参与数字领域国际规则和标准制定，研究探索广西与东盟在数据保护上的法律法规和工作准则。建立跨境数据流通的标准与规范，共建政府、企业、公民多方数据安全管理机制。建立广西面向东盟的数据保护能力认证、跨境数据流动和交易风险评估等数据安全管理机制，完善“事前预防—事中监控—事后处置”全流程监管机制。共建跨境综合性协调机构，加强数据治理、数据资产确权，推动双边、多边数字治理合作，进一步加强数据安全保护。

4. 持续挖掘面向东盟的数字化应用场景

支持数字经济企业在海外注册子公司，推广区内优势产业数字化管理模式或平台在东盟国家智能制造领域的应用，深入电子政务、跨境金融、跨境电商、线上教育、疫情防控、文化旅游等方面的合作，重点打造“智桂通”“桂战疫”“桂融会”“一键游广西”等一批重大平台建设，支持建设面向东盟的互联网新型通信服务应用平台、跨国跨区域物联网应用平台。

5. 深化面向东盟的数字技术合作

推动广西龙头企业、高校、科研院所在数字旅游、数字教育、数字医疗、数字农业等领域与东盟机构合作。鼓励建设面向东盟的互联网、大数据、区块链、人工智能、数字孪生、元宇宙等一批数字技术创新平台，促进中国—东盟创新资源“产学研用”深度融合，打造一批数字技术应用示范项目。持续推进中国—东盟检验检测认证高技术服务业集聚区建设，积极开展面向东盟的计量、标准等检验检测认证服务。

6. 构建全链条多维度人才培养评价体系

建立满足广西与东盟数据治理合作发展需求的人才培养和评价机制，整合高校、企业、社会资源，推动跨国数据治理合作创新人才培养模式，建立健全多层次、多类型的跨国数据治理合作人才培养体系。支持与东盟高校、企业联合建立实习培训机制，开展跨国数据治理合作教育培训，培养跨国数据治理合作领域创新型领军人才，吸引海外跨国数据治理合作高层次人才来华就业、创业。

第十二章　广西数字经济发展对策建议

一、加快数据要素市场化进程

作为西部省份，广西在数据规模、数据类型、数据应用上，形成属地化特色化的数据开发应用新模式，将有利于广西抓取数字经济领域竞争新赛道优先权。一要加快构建数据要素治理体系，以《广西壮族自治区大数据发展条例》实施为契机，在数据的分级分类、数据的指标体系建设、平台互联互通、应用适配、数据安全等方面，尽快与国家标准衔接；针对空白领域大胆开展先行先试，探索新型数据要素的治理逻辑与制度规则，逐步完善数据要素管理的制度体系，明确数据产权的归属和保护措施，保护数据创造者的合法权益，鼓励和保护数据创新和创造，加强数据隐私保护、网络安全等方面的预防和监管，降低数据泄露和滥用风险。二要积极打造面向东盟的数据通道，充分发挥广西衔接东盟、粤港澳大湾区、西部陆海新通道等国际国内两个市场的区位优势，加快制定作为国内算力对东盟服务的合作支点和输出门户的工作举措，通过探索组建合作区制定特别机制的方式推动多地协同、合作共赢，大力提升与东盟及“一带一路”沿线国家和地区数据要素市场需求的匹配度。三要建立数据开放与共享机制：鼓励政府和企业主动开放数据资源，建立公开透明的数据资源库，鼓励数据的共享与交流，促进数据要素的市场流动。建立公平、公正、高效的数据交易市场，提供数据信息的交易和交流平台，优化数据要素的配置和分配，促进数据市场的繁荣和发展。四要培育数据企业和创新团队，加强数据人才培养和引进。鼓励和支持数据科技创新企业的成长和发展，提供创业支持政策和资金支持，引导和培养一批具有竞争力的数据企业和创新团队。加大对数据人才的培养力度，建立相关的教育培训体系，吸引和引进优秀的数据专业人才，提高数据要素市场的专业化和竞争力。

二、拓展数实融合深度广度

通过政府统筹配置数字创新资源、搭建发展基石，通过市场机制调节产业结构、营造良性环境，发挥政府与市场的协同效应是完善数字经济产业生态的重要抓手。在政府端，应遵循市场规律，制定产业政策、财税政策、金融政策等措施，推动数字经济发展。同时，政府也应做好各类基础设施和服务平台建设，积极发挥宏观引领作用。政府还需立足于全区产业结构和发展重点，引进优质的信创、人工智能等产业链较弱环节，推动建设产业链共生共享、互补互利的合作模式。政府还应为数字技术创新和产业纵深发展创造良好条件。在市场端，市场供求机制、价格机制、竞争机制和风险机制应得到充分发挥，以优化产业结构、打造数字化产业供应链的新生态。市场应顺应数字化、网络化、智能化的方向，推动制造业、服务业、农业等产业的数字化转型。通过数字技术的应用，提高全要素生产率，实现更好的经济发展效益。市场还应推动数字技术的广泛应用，充分发挥数字技术对经济发展的放大、叠加和倍增作用。通过政府与市场的协同合作，可以建立健全的数字经济产业生态体系，为数字经济的健康发展提供有力支撑。政府的引导与规划能够化解资源分散、信息不对称等问题，为市场提供良好发展环境。而市场机制的发挥则能够引导产业优胜劣汰、推动技术创新、实现资源优化配置。只有政府与市场紧密合作，才能真正拓展数实融合的深度和广度，助力数字经济蓬勃发展。

三、助推乡村振兴高质量发展

当前，乡村振兴建设正迎来数字化发展的重要阶段。在不断推进乡村数字基础设施建设的同时，加速数字技术在促进乡村产业发展和农民获利增收方面的应用和成效将成为乡村振兴的突破之道。要实现这一目标，需要在多个方面进行努力。

首先，提升数字技术在乡村中的开发、落地和使用水平至关重要。政府可以探索政府资金、国有资本和社会资本的联合共建模式，推动建设面向多种数字乡村应用场景的新技术和新产品的落地转化平台。特别是在有条件的县（市）可以率先打造“乡村大脑”，通过搭建乡村智慧管理平台，为农业生产经营、乡村治理等提供智能化的管理、服务和决策支持。

其次，要激活现有数字化设备的工具价值和增收价值。可以积极引入运营商、互联网企业和金融机构参与数字乡村规划，通过建设运营、项目回报、绩效考核、收益分配和风险分担等机制，推动一批共建项目落地见效。特别是在基础较好的农村地区，可以大力支持创意农业、观光农业、都市农业等新兴业态的发展，进一步促进游憩休闲、健康养生、创意民宿等新产业的兴起，为数字乡村注入新的发展动力。

除此之外，还需要加强乡村数字基础设施建设的整体规划和统筹。政府可以制定相关政策，加大投资力度，提高乡村的宽带网络覆盖率，推动乡村数字基础设施的全面改善。同时，也需要加强对乡村数字化建设人才的培养和引进，提供相关的培训和支持，培育一批乡村数字化建设的专业技术人才，推动乡村数字化发展水平的提升。

在推进乡村数字化建设的过程中，政府、市场和社会各方的合作至关重要。政府应起到引导和支持的作用，推动数字技术在乡村产业发展和农民增收方面发挥更大的作用。市场的参与和投资能够促进数字乡村项目的落地和实施，为乡村振兴注入新的活力。同时，社会的积极参与和创新能够为乡村数字化建设提供更多的思路和支持，形成政府、市场和社会之间的良好互动。通过多方合作，乡村数字化建设将为乡村振兴提供更多的机遇和动力。

四、提升公共服务体系满意度

为了进一步提升公共服务平台的效率和效益，可以基于效率和效益的原则来确定公共资源的配置，并将服务内容和运营绩效纳入考核指标，以激发公共服务平台的活力，并提升公众的满意度。

首先，可以采取以算力换效率的措施。推动数字大脑的提质扩面，积极整合广西的算力设施资源，并优先满足政务数据算力的需求。建立健全政务数据共享的协调机制，实现政务数据的资源整合和共享。同样，推进发票的电子化改革，促进政务数据的共享、流程的优化和业务的协同，加快数字身份统一认证、电子证照、电子签章、电子公文等互信互认的进程，从而切实提高服务效率。

其次，可以以智能增效能为方向。利用大数据技术赋能公共服务需求的精准识别，并坚持用户导向思维。根据企业、群众等不同用户的需求，加强基于大数据的事项办理需求预测能力，以打造主动式、多层次的创新服务场景。特别是在企业运营、医疗、食品安全、住宿、交通等重点事项上，强化供需对接，推动基础公共服务资源与群众关切相互匹配。

通过以上措施，可以实现公共服务平台的优化与提升。将服务内容和运营绩效纳入考核指标，可以激发公共服务平台的活力，进一步提高服务效率和质量。同时，基于大数据技术和用户导向思维，可以实现公共服务需求的精准识别和个性化满足，满足不同用户的需求，提升公众的满意度。

这些措施和原则将有助于公共服务领域的数字化转型和创新，促进公共服务效率的提升，提高公众的满意度，为广西的社会发展和经济繁荣做出积极贡献。

五、提高中小微企业数字化水平

随着科技的不断发展和数字化进程的加速，提高中小微企业数字化水平已经成为一种必然趋势。数字化不仅能够提高企业的运营效率和管理水平，还能够推动企业的创新和发展。推动中小微企业数字化可以从以下几个方面入手：

第一，强化数字化意识。中小微企业需要认识到数字化转型的重要性，了解数字化转型的内涵和价值。数字化转型不仅可以提高企业的运营效率，降低成本，还可以提升企业的竞争力，拓展市场空间。因此，企业领导需要重视数字化转型，并带头推动数字化意识的普及和强化。

第二，构建数字化战略。中小微企业需要制定数字化战略，明确数字化转型的目标、路径和时间表。数字化战略需要考虑企业的实际情况，包括组织架构、业务流程、供应链管理等，以提高企业的协调效率、运营效率和管理效率。同时，数字化战略还需要与企业的整体战略相结合，形成完整的战略体系。

第三，升级数字化设备。中小微企业需要投资购置数字化设备和软件，包括计算机、网络设备、服务器、数据库等，以满足数字化转型的需求。在购置数字化设备时，需要考虑设备的性能、可靠性、兼容性和安全性等因素，以满足企业不断增长的业务需求。

第四，引入数字化技术。中小微企业需要引入数字化技术，包括大数据、云计算、人工智能、物联网等，以提升企业的运营效率和管理水平。例如，通过大数据分析，企业可以更好地了解市场需求和消费者行为，以便更好地定位产品和服务。通过云计算，企业可以实现数据和资源的共享和协同，提高工作效率和降低成本。

第五，培养数字化人才。中小微企业需要重视数字化人才的培养和引进，建立数字化人才培养体系和激励机制。可以通过与高校、培训机构等合作，开展数字化人才培养计划，提高员工的数字化素养和技能水平。同时，还可以通过引进优秀的数字化人才，提升企业的数字化水平和竞争力。

第六，优化数字化流程。中小微企业需要优化数字化流程，将数字化流程与业务流程相结合，提高企业的运营效率和管理水平。例如，通过数字化流程优化生产流程和供应链管理，提高产品的品质、缩短交货期；通过数字化流程优化财务流程和管理会计，提高企业的财务管理效率和准确性。

最后，融入数字化生态。中小微企业需要积极对接产业链供应链核心企业、行业龙头企业、园区/产业集群等生态资源，基于工业互联网平台深化协作配套，利用共性技术平台开展协同创新。通过融入数字化生态圈，中小微企业可以更好地与上下游企业合作，实现资源的共享和整合，提高企业的竞争力。

总之，推动中小微企业数字化需要从多个方面入手，包括强化数字化意识、构建数字化战略、升级数字化设备、引入数字化技术、培养数字化人才、优化数字化流程和融入数字化生态等。只有全面推进这些措施，才能真正实现中小微企业的数字化转型，提升企业的竞争力和发展水平。

六、加强学科建设与支持

加大对高校建设数字经济学科的支持力度，促进数字经济与计算机科学、法学和管理学等多学科融合发展。加大对数字经济基础理论人才和团队的引进和培养力度。聚焦学校内部各学科的交叉融合，鼓励联合培养和交叉培养基础研究人才，培养既懂数字技术又懂经济管理的复合型人才。可利用数字经济专业站等多种形式支持重点企业参与数字经济领域人才培养，深化政企学跨界整合，提高应用型和实践型人才培养质量，强化数字经济领域应用型人才供给。完善创新数字经济领域人才评价机制与激励机制，着力打造一批基础理论功底深厚、研发技术高、应用能力强的数字经济复合型领军人才和骨干人才，为数字经济发展提供智力保障。